中華連氏

李　吉　连有根　王岳红 ◎ 编著

山西出版集团
三晋出版社

太皞伏羲氏

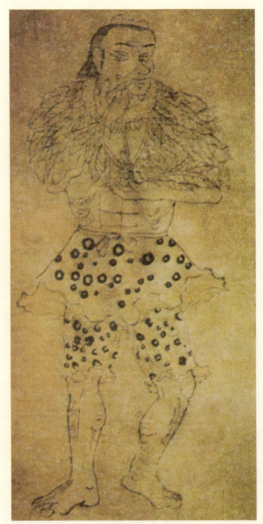

炎帝连山氏

黄帝轩辕氏

齐太公姜子牙

鲁周公姬旦

大始祖齐大夫连称

慎終追遠

連戰　敬題

《中华连氏》自序

连有根

（古上党连氏文化研究会会长）

巍巍华夏,孕五千年文明历史;泱泱神州,衍五十万连氏子孙。葵邱著迹,称公受封得姓;望出上党,四海连姓同根。裔布寰宇,宗亲溯源归祖;名播全球,历代先贤有声。除昏君,始祖乃名垂春秋;靖朝纲,双贤为大宋良卿。潜心教子,舜宾终身不仕;竭忠报国,南夫不畏奸佞。靖难慷慨就义,叩马壮哉连楹;名著《台湾通史》,英雄怀抱连横。秀琰英勇善战抗元,始誉忠贞;瀛洲筚路蓝缕创业,终成巨富。连氏代有人杰出,兴国安邦栋梁臣。先祖回眸应无憾,河山统一赖后生。

连氏望族,叶繁根深。大陆海外,皆有后人。辗转迁徙,各具原因。留戍定居,官方移民;躲避灾祸,职务迁升。日久年湮,难溯其踪;宗亲相遇,形同路人。虽知一族,辈分不明。华夏姓氏,各有传承;炎黄子孙,终归一统。连姓研究,应运而生。仰先祖之勤奋,慕贤哲之英明。溯本追源,疏浚理清。十数载殚精竭虑,万余里风雨兼程。览国史遍阅馆藏,读族谱潜心考证。收集碑刻拓片,纂修书籍论文。走访族人千余,罗列资料等身。承先人之宏愿,励后世以图新。

身处中华复兴盛世,心追连氏先贤古人。拓土肇基,垦荒僻壤,遂成上党望族;威武不屈,贫贱不移,留取后世美名。漂洋过海,背井离乡,换来台湾兴盛;血脉宗亲,隔岸相望,更盼祖国一统。君不见,昔日连氏祖居地,改革开放更繁荣。百里煤海献乌金,万丈银线送电能。航空铁路方便,太(原)长(治)高速过境。城镇繁华整洁,家家安居乐业;农村面貌巨变,户户物阜粮丰。宝峰湖、八仙湖,碧波荡漾;仙堂山、南罗山,壁立高耸。历史名臣,豫让连楹不畏死;当代帅星,朱总邓公布雄兵。漳河畔,唐宗建寺宋祖封赠;凉楼庙,庭坚留赋子仪屯兵。如今上党连氏宗祠,屹立祖地南峰。数百年沐风栉雨,更呈现沧桑峥嵘。连氏古茔桃林山,金龟探水佑生灵。当今天时、地利、人和盛世,四海连氏一展身手;承祖刚烈、忠贞、勤勉气节,重振先祖一代雄风。

而今《中华连氏》问世,当谢诸位同仁!省市县领导支持,众族人戮力同心。插图与文章并茂,令人手不释卷;装帧与印制俱佳,堪称书中精品。书先宗浩气,记吾祖功勋。承先哲、启后昆,万般辛苦化欢欣;明脉络、留祖训,百世流传振家声。

2008 年 4 月

肆　文献篇

中华连氏是一个姓源古老、历史悠久、人口众多的古老姓氏。它系出炎帝连山氏，著望于古老的上党地区，距今已有五千年的历史。

中华连氏姓源较多，族系纷繁，既有中原华夏族的齐、鲁胤绪，也有号称"荆蛮"的楚国后裔，还有在不同历史时期"胡姓汉化"的鲜卑族"大连氏"、"是连氏"和高车族"赫连氏"、"纂连氏"的成员，堪称中华民族大家庭的缩影。

中华连氏树大根深，枝柯遍布，既有"上党连氏"的宗枝主干，也有"渤海连氏"、"冯翊连氏"、"河南连氏"、"武功连氏"等分支衍派。

在历史发展的长河中，中华连氏不断繁衍生息，播迁流徙，遍布九州，远迁海外，成为炎黄子孙中人才辈出、精英荟萃的望族大姓。

一　连氏发祥四源头
上党连氏为主流

据 1990 年第四次全国人口普查资料统计，连氏人口约占全国汉族人口总数的 0.028%，达 360 万人左右，在数以千计的中华姓氏中，排名第 239 位。其中尤以福建、广东、山西、四川、河南等省较为集中，其余各省市也都有连氏族人。

在台湾当局 1978 年公布的姓氏人口数据中，连氏人口达 2.83 万，占台湾人口总数的 8.2%，位列第 74 位，是入台较早的大姓之一。以台北、台南、基隆、苗栗等县市较多。此外，在满、蒙、苗、壮、傈、土家等少数民族中也有连氏。可见连氏是一个源远流长、族系广博，人口较多的中华姓氏。

"参天之木必有其根，环山之水必有其源"，中华连氏也渊源有自。

据《元和姓纂》、《通志·氏族略》、《古今姓氏书辨证》、《广韵》、《姓氏博考》、《中华姓氏大辞典》等姓氏书所载，中华连氏的姓源主要有四：

一、出自姜姓，为炎帝连山氏后裔，是姓源最古老的连氏，以炎帝连山氏为始祖。

二、出自姬姓，为"周文王之宝裔，鲁元子之胤绪"，以齐大夫连称为开派之祖，是中华连氏的主流支派。

三、出自芈姓，为陆终第六子季连（一说第三子惠连）之后，以楚国连尹、连敖为得姓受氏之祖。

四、由鲜卑族"是连氏"、"大连氏"，高车族"赫连氏"等少数民族"胡姓汉化"而来，为融入汉族连氏。

以上连氏四支源头中，以出自姬姓的齐大夫连称之说最为通行，影响最大，流传甚广，是当今海内外连氏所公认的主流支派。究其原因，连称是见之于《春秋左

人文初祖——轩辕黄帝像

传》《国语》《史记》等"正史"的连氏第一名人,史迹卓然,言之有据,为众多姓氏书所引证,传世的族谱、家乘中,也多以其为开宗立姓之祖。

"炎帝连山氏"之说,虽然姓源古老,史籍有载,但因文献阙略,世系难明,后世的族谱、家乘中,也有姜姓连氏的记载,但未形成明显的传承体系。

出自芈姓的楚国季连氏(惠连氏)之后,和源自鲜卑族的"是连氏"、高车族的"赫连氏"等少数民族连氏,因在长期汉化进程中,已完全融入汉族连氏主流,难以稽考、分辨。

另外,福建省漳平市新乡白桥村族谱称:连氏为夏朝恭父之后,恭父妻吴氏。因恭父相夏有功,官封连城王,居山东,后裔以连为氏。广东汕尾市东冲镇龙溪乡大园村、江西石城县珠坑乡珠坑村及台湾部分族谱中,也有相似的说法。

此说因不见于经史志传,历代姓氏书中也缺乏记载,往往被人忽略,甚而视之为无稽之谈。但笔者在《路史》中却看到一点与此有关的信息。

据《路史·后纪四·炎帝下》记载,炎帝器(即榆罔)生钜、伯陵、祝庸。其中"钜为黄帝师,胙土命氏而为封钜,夏有封父,封文侯"。"伯陵为黄帝臣,封逢,实始于齐"。接着,该文记述说,封父、伯陵分别娶吴权之女阿女、缘妇,生子传后。

笔者推断,闽、粤连氏族谱中所称出自夏恭父,可能为"夏封父"、"逢父"音转字讹,这支连氏当为夏封父与吴氏之后裔,始封齐之连城,为齐国连氏之初祖。追源溯流乃是炎帝姜姓后裔,亦即"连山氏"后裔,因而无需将夏朝连氏另列一源。

综上所述,中华连氏既是一个"姓源古老、多源异派"的姓族体系,又是一个"百川汇海,多元一体"的历史结晶,它纵贯了五千年华夏文明,融汇了多民族的文化元素,从某种意义上讲,堪称五千年文明进化的轨迹,多民族大家庭的缩影。

因而,我们在表述、探索中华连氏的源流体系、发展脉络时,应本着历史唯物主义的原则,既要尽可能地发掘、追溯形成中华连氏的各个源头,也要本着"详近略远"、"宜粗不宜细"的原则,着眼于中华连氏的主要脉络,展示中华连氏发展的基本轨迹和文化特色。

（一）系出连山溯源远
　　　　植根上党世泽长

　　"系出连山氏，望出上党"是近代台湾爱国史学大师连雅堂先生，在其手撰的《台南连氏家乘》一文中的开篇首句。也是姓氏谱牒学著述中表述家世渊源最常用的标准格式。

　　"系出连山氏"，说的是连氏的姓源所出；"望出上党"，是讲连氏的郡望所在。

　　对"系出连山氏"一语，有的学者认为，"连山氏即连南夫"，为龙溪连氏始祖。并进一步解释说，连南夫为宋代爱国大臣，晚年隐居龙溪秀山，死后追赠兵部尚书，后人因称此山为"尚书峰"，连南夫葬于尚书峰旁之龟山，后人因称此山为连山，"连山氏"由此而来，台湾连雅堂家族出自龙溪马崎，因而推论雅堂先生所说"系出连山氏"，即指连南夫。

　　笔者认为，"系出连山氏"，是指连氏姓源所出，当在先秦时期，而非是指宋代龙溪开派之祖连南夫。事实上台湾连雅堂家族上溯龙溪马崎连氏始祖，也仅仅追溯到马崎始祖连佛保，对连佛保以上渊源并未作进一步追溯、确认。而连南夫到连佛

保的传承世系，至今学术界尚有不同的认识。即使连南夫是连佛保远祖，也不能用开派始祖代替连氏姓源所出，因为在宋代连南夫之前的先秦时期或春秋时期，连氏早已产生，连南夫不是连氏的姓源所出。

　　而福建各地之所以有连山、连江、连江县、连坂村等地名，是因为连氏族人于唐末、五代入闽定居后，以族名地、以族名江、以族名山而来。这些地名不是连氏的姓源，而是连族定居的产物。

　　据笔者所知，"连山氏"的称谓，并非始于宋代，早在先秦时期就见之于经传史籍，"连山氏"是炎帝神农氏的别称。

　　唐代孔颖达在《周易正义》中就指出："案《世谱》等群书，神农一曰连山氏，亦曰列山氏。"

　　《史记·五帝本纪》的"正义"中，引晋人皇甫谧的《帝王世纪》云："神农氏，姜姓也。母曰任姒，有蛟氏女，登为少典妃，游华阳，有神龙首，感生炎帝，人身牛首，长于姜水，有圣德，以火德王，故号炎帝……又曰魁隗氏，又曰列山氏，又曰连山氏。"

　　宋代罗泌《路史·后纪三·炎帝》中也说："炎帝神农氏……肇迹列山，故又以列山、厉山为氏。……八八成卦……所谓连山易也，故亦曰连山氏。"并注释说："列山

者,亦连山之音转也。"

宋代郑樵《通志·三皇记》亦说:"炎帝神农氏起于烈山,亦曰烈山氏,亦曰连山氏。"《中国古今人名大辞典》《汉语大词典》等工具书中,亦都有神农炎帝亦曰列山氏、连山氏的解释。

而对连山氏的表述最为系统的当属现代学者王献唐和何光岳两位先生。王献唐先生在其《炎黄氏族文化考·列山考》(齐鲁书社 1985 年 7 月第一版)中说:"炎帝神农起于厉山者,久有此说","周、汉而下,相率沿称。列、烈、厉同隶'祭部(指声韵)',古本同音通用,厉字又作丽、作赖。赖与厉、烈古音亦通。……其作连山者,连与列、厉皆一声之转,连山亦犹列山、厉山。《世纪》谓八卦,夏人因炎帝曰'连山'。《礼》言,夏谓之'连山',夏人用之也。神农卦卜之术,本无专名,后人以其出于列山氏,因呼为'列山',又转为'连山'"。何光岳先生在其《炎黄源流史》(江西教育出版社 1992 年 4 月第一版)一书中,在引证和赞同王献唐先生的上述观点时,又进一步阐述说:"所谓'连山',实即轮番进行刀耕火种,'连山'而行,故名。解放初期,松番、茂汶一带还有刀耕火种的习俗,这便是烈山(连山)氏的遗风。"

长治炎帝铜像

这样,就把炎帝神农氏,亦称"连山氏"的历史渊源、文化内涵、音韵转换等诸方面的原由作了全面系统的诠释,充分肯定了炎帝神农氏即"连山氏"这一称谓。

在历史发展的长河中,"连山氏"这一古老的姓氏,遵循着"由繁化简,复姓改单姓"这一姓氏发展的规律,演变为单姓连氏、山氏、列氏,成为连氏最古老的姓源之一。由于炎帝姓姜,故这支连氏被称为姜姓连氏。据何光岳先生的《炎黄源流史》和众多古籍记载，炎帝部族原先生活于陕、甘高原姜水河畔，以游牧为生，以羊为部族图腾，"姜"字即是女子跪着挤羊奶的象形文字。后来，炎帝部族沿渭水东下，进入黄河中、下游地区，在伊洛河流域和上党地区建立伊、耆二个邦国，故炎帝亦名伊耆氏。伊国在今河南伊、洛河流域；耆国，亦名"饥国"、"黎国"，在今山西省长治、晋城一带，亦即古上党之地。

据《汉书·地理志》、《山西通志》、《潞安府志》等志书所载，"上党"之名由来已久。因其"居太行山之巅"，地势极高，上与天齐，称为"上地"，与天为党，称为"上党"。

上党地区南控大河，北通幽、并，西依太岳，东屏太行，表里山河，雄视中原，漳河、沁水穿行其间，是一处物华天宝的富饶之地，因而成为炎帝部族繁衍生存的区域之一。遗存于上党地区的多处新、旧石器遗址可资证明。

由于黎国是炎帝部落活动的中心区域，人数众多，影响很大，"黎民"一词成为民众的代称。殷商时，黎国仍是其重要方国，因位于上党，亦称"党国"，因人数众多，支族庞大，又称"九黎"，史书中"西伯戡黎"，即指其地。

2005 年 6 月，黎城县、长治市等地文物考古部门，在今黎城县西南 1 公里处的塔坡水库，发现了占地 40 余亩的黎侯墓群，共有墓葬 92 座，其中的两座大型墓葬中出土了玉器、青铜器等珍贵文物，证明上党黎城确是殷商古代黎国，是炎帝部落活动的区域。

由于时代久远，文献阙失，历代炎帝的传承世系，众说不一。有史书载，炎帝部族立国 500 余年，历传 8 代：帝临、帝承、帝魁、帝明、帝直、帝厘、帝哀、帝榆冈。8 代人长达 500 多年，显然不可能，中间定有遗漏。也有史书中称炎帝神农氏传 70 世，也难以置信，故《吕氏春秋》称炎帝共传 17 世的说法较为合理。

据《通鉴外纪》载，迁居于今山西上党地区的炎帝部族，始于第五代帝明和第六代帝直，因教民农耕，种植五谷，被称为"神农氏"，亦称"帝植"。第八代炎帝榆冈时，曾在今山西晋东南（上党）与晋中一带之地建有"榆州国"，春秋时为晋国曲沃武公所灭，"其社存焉，谓之榆社，地次相接者，称为榆次"（即今晋中榆次市）。

炎帝榆冈时，势力衰败，诸侯离心，不断受到蚩尤部族的侵扰。于是炎帝部族联

中国河罗(洛)文化科学研究学教育基地

合正在兴起的黄帝部族,将蚩尤部族驱逐出中原地区,黄帝成为炎黄部落联盟的首领,炎帝部族降为诸侯方国。

据《路史·后纪四》记述,黄帝封炎帝榆罔之子参卢于路。路亦作潞,即今上党地区潞城一带(亦称潞安),春秋时潞子婴儿即其后裔,赤狄、白狄皆其族属。20世纪80年代考古工作者曾在长治市北分水岭发现两座春秋大墓,证明该地即故潞国之地。在出土的殉葬品中有羊首铜钜,佐证了以羊为图腾的姜姓炎帝族曾在此繁衍生息的历史。

炎帝连山氏及其后裔,从建国伊、耆,受封黎、潞,直到春秋时期,千余年来,一直以上党地区为其繁衍生息的中心区域,因而有关炎帝连山氏(即神农氏)的古迹遗存、传闻史迹及纪念性场所,几乎遍及上党各地,形成了一个历史悠久、蕴藏丰富、特色明显、地域广阔的文化体系,也是中华连氏最早的活动遗迹。

如晋城高平市的羊头山相传即是炎帝神农氏的活动中心,因其山形似羊头,

炎帝陵碑（明代）

长治市东北的百谷山（老顶山），相传也是神农尝百草、种五谷之地，有百草堂、炎帝庙等古迹遗存。而长治城北二里多的黎岭村，相传即炎帝后裔初建黎国建都之所。

至于"神农尝百草"、"测日影"、"日中为市"、"精卫填海"等民间传说，更是流传甚广，不胜枚举。故众多史书将上党地区列为炎帝连山氏活动的中心地区之一。

凡此种种，都说明炎帝连山氏之根深植于上党地区，上党就是中华连氏发祥最早、名声最著的祖庭圣地。

由于先秦时期炎帝连山氏中最著名的历史人物是齐太公姜尚，故而被推为姜姓连氏开派之祖。在存世的一些族谱家乘

羊头山风光

而羊为炎帝部族图腾，故称羊头山。是炎帝"教民稼穑，种五谷、尝百草"的地方，有神农城、神农祠、神农井和五谷畦等多处遗迹，有炎帝上庙、中庙、下庙三大神祠，至今有炎帝陵古塚、炎帝陵庙，在周边的赤祥村、徘徊村、三甲村、王何村、桥北村、扶市村、薄沟村、永录村、南赵庄、箭头村、掘山村、邢村等十余个村庄，几乎村村都有炎帝祠庙，而相关的石刻碑碣也屡有发现。

中,也有连氏出自姜姓——炎帝连山氏的记述。

如,四川省金堂县青白乡江连氏的族谱称:"吾祖始自姜姓。太公辅周而有天下,立功盖世,郡(国)封于齐。吾祖齐公之族也……因岁荒连年,赈济于民,故得(周庄王)赐姓以连也。"

广东龙门县龙江镇咀八旗村族谱亦称:"溯念吾祖,实传姜姓,周朝姬庄王元年丙辰岁(前696年)赐称连公,于齐国山西上党郡潞安府潞城为食邑。"

而前述闽、粤族谱中出自夏朝恭父(封父、逢父)的连氏,源于炎帝器(榆罔)后裔,封于齐国连城的记述,也可作佐证。

虽然我们无法确知炎帝连山氏后裔中谁是上党连氏的开宗立派之祖,也难以理清炎帝连山氏在上党的传承世系,但上党作为连山氏活动、建国的中心区域,却是不争的事实,炎帝连山氏在上党地区留有连氏后裔也应是顺理成章的事情。

历经五千年风雨沧桑,历代王朝的兴衰更替,今日之上党仍是连氏繁衍生息的

一年一度四月初八盛大公祭炎帝活动

中心区域。

据 1990 年山西省第四次全国人口普查资料统计，山西共有连氏 3 万余口，而上党地区就占 2 万多人。其中有一部分据族谱所载是属于"周文王之宝裔，鲁元子之胤绪"，出自姬姓连氏（如长治襄垣等地连氏），也有一部分渊源不明，当属于姜姓连氏后裔。当然，在没有确凿的证据之前，我们只能统称之为上党连氏。但无论如何，炎帝连山氏植根于上党，则是毋庸置疑的事实。

1990 年山西省连氏人口分布情况表（据全国第四次人口普查资料统计）

单位：人

长治	人口	忻州	人口	太原	人口	临汾	人口	晋城	人口	晋中	人口	吕梁	人口	运城	人口	大同	人口	朔州	人口	阳泉	人口
合计	12597	合计	3434	合计	3040	合计	2958	合计	2513	合计	1986	合计	1462	合计	1337	合计	1068	合计	510	合计	278
襄垣	4152	忻州	2572	南城	762	乡宁	1503	高平	1003	左权	649	交城	1082	运城	379	矿区	409	怀仁	308	矿区	136
长子	1949	宁武	470	北城	636	临汾	449	郊区	662	榆社	632	汾阳	111	闻喜	159	城区	179	城区	93	城区	81
郊区	1063	原平	242	清徐	558	汾西	258	城区	361	榆次	326	文水	107	临猗	144	南郊	117	右玉	73	郊区	27
屯留	953	代县	78	河西	450	洪洞	182	陵川	260	太谷	160	孝义	59	永济	133	阳高	113	山阴	31	盂县	23
城区	845	繁峙	22	南郊	238	蒲县	87	阳城	145	介休	67	岚县	38	垣曲	120	灵丘	113	应县	3	平定	11
长治	725	神池	13	阳曲	215	古县	80	沁水	82	祁县	45	离石	22	芮城	81	左云	96	平鲁	2		
沁县	557	定襄	10	北郊	115	安泽	78			灵石	38	交口	18	绛县	79	新荣	23				
黎城	545	偏关	7	古交	57	侯马	72			昔阳	24	石楼	13	平陆	78	浑源	8				
潞城	526	岢岚	6	娄烦	9	曲沃	72			和顺	22	方山	5	夏县	61	大同	4				
壶关	468	静乐	5			襄汾	54			寿阳	12	中阳	5	河津	55	天镇	3				
武乡	357	五寨	5			浮山	28			平遥	11	兴县	1	新绛	45	广灵	3				
沁源	340	五台	2			隰县	27					柳林	1	稷山	3						
平顺	117	河曲	2			翼城	26														
						霍州	26														
						永和	14														
						吉县	1														
						大宁	1														

（二）季连受氏传闻久
荆楚连氏有源头

中华连氏的第二个源头，出自芈姓，为上古陆终氏第六子季连之后。《姓氏考略》云："连氏出自陆终第三子惠连之后。"并注云："楚连尹、连敖皆官，连姓必有以官为氏者。"然而《世本》宋衷注曰："惠连是为参胡。""斟姓，无后。"《路史·后纪八》也说："惠连芈姓，其封参胡，参胡者，韩是，周立郮子，其后也。后有郮氏、参氏。"并未提到惠连之后有连氏。在《姓氏考略》之前的众多姓氏学专著中，也均无连氏出自惠连的记述，不知《姓氏考略》之说，以何为据。

相反，《史记·楚世家》却明文记述：陆终第六子"曰季连，芈姓，楚其后也"。也就是说楚国之连尹、连敖皆季连之后，而非惠连之后，楚国连氏应以季连为始祖，"惠连"当为季连之误。台湾郑喜夫先生对此有专文考证。杨绪贤先生所著《台湾区姓氏堂号考》，在连氏条目中，也说："时人有认为（连氏）陆终第六子季连之后者。"

关于陆终、季连的历史渊源，史籍多有记载，以《史记·楚世家》、《路史·后纪》

的记述较为系统、明晰："楚之先祖出自帝颛顼高阳。高阳者，黄帝之孙，昌意之子也。高阳生称，称生卷章，卷章生重黎。重黎，帝喾高辛火正，甚有功，能光融天下，帝喾命曰祝融。共工氏作乱，帝喾使重黎诛之而不尽。帝乃以庚寅日诛重黎，而以其弟吴回为重黎后，复居火正，为祝融。吴回生陆终。陆终生子六人，坼剖而产焉。其长，一曰昆吾，二曰参胡（即惠连），三曰彭祖，四曰会人，五曰曹姓，六曰季连，芈姓，

季连先祖——陆终

楚其后也。"

另据《路史·后纪八》载，"季连生附沮，附沮生穴熊"。为熊氏之祖。周成王时，季连后裔熊绎受封于楚，封以子男之爵，姓芈氏。传至十七世楚武王熊通时，先后吞灭了荆楚之地的众多小国，国力强盛，宗支庞大。其公室宗支有"成、启、斗、囊、贲、善、禄、逯、县、逮、审、侧、庶、次、连、英……""凡七十二氏"。另有复姓八十二氏："……斗文、斗班、斗比……若敖、叔敖、堵敖……辛廖、接舆、季连……"

随着国力的强盛，疆域的扩大，楚国的政权机构和官僚体制也日臻完善，在楚王之下，设有令尹（相当于相国）执掌朝政，若敖主管军事，下设"兰、厩、箴、乐、笋、陵、权、莠、清、郊、工、连、器十三尹"（参见《路史·后纪八》）。其中连尹襄老即是主管弓箭、射击的长官，后死于晋、楚邲之战中，《史记·楚世家》中载有其事。

之后，楚国又将连尹、若敖二职，并为"连敖"，主其事者，即以"连敖"为氏。在秦末农民大起义中，项羽拥立楚怀王之孙心为义帝，义帝即为连敖氏后裔。

这样，由季连之后所建之楚国，就有了公族连氏、复姓季连氏、连尹连氏、连敖连氏四支连氏，成为中华连氏发祥的一个重要源头，是中华连氏的一大分支。如广东省汕尾市东冲镇龙溪乡大园村的族谱就称："溯吾连氏，由来已久，始于夏朝……太始祖陆终氏生六子……六子（一说三子惠连）即连氏始祖季连公。季连公（后裔）于春秋时曾为楚国连尹，遂以官名中'连'字为姓。"江西石城珠坑乡珠坑村湾里的连氏族谱，也有相似记载。在今湖北、湖南、四川、江浙连姓谱牒中，也有相当一部分为楚国连氏后裔。

另据《春秋左传》和《通志·氏族略》所

伍子胥——伍员

载,春秋时楚国大夫伍参本为芈氏,为楚国公族之一,属"南蛮"族系,因受楚王宠信,被封为大夫,其子伍奢,也因迎立楚平王有功,封为太子太傅,食邑连邑。人称"连公"。及至得罪被杀,其子伍子胥逃奔吴国,恢复伍姓。而封在连邑的其他伍奢后裔,则避难出逃,奉伍奢为连氏始祖,以邑为氏,称作连氏,是为楚国连氏一支。

(三)"通三命氏"得姓氏
"连休荐祉"受封邑

中华连氏的第三个姓源,出自姬姓,为鲁周公姬旦之后,是当今中华连氏的主流支派。因见之于史书的连氏第一个名人是齐国大夫连称,故连称被奉为连氏始祖。

连称其人、其事,在《春秋左传》、《国语·晋语》、《史记·齐世家》等史书中均有记载。所谓"连称戍守葵丘,连氏著迹春秋"的历史典故,即指其事。

但上述诸种史书和连氏族谱,以及明代之前的多种姓氏学专著,对连称的姓源所自、族系所属、传承世系,均语焉不详,因而在传世的连氏族谱中,出现了两种不同说法。

一种说法是:连氏出自姜姓,为齐太公姜子牙后人。姜子牙为周初著名历史人物,因辅佐周文王、周武王兴周灭商,功高盖世,被封于齐国,建都营丘(今山东临淄),是春秋十二大诸侯之一,国力强盛,宗支庞大。其宗支族属、公族后裔多达七十一支(即七十一个姓氏),连氏即其中之一。前述四川、广东连氏族谱即主此说。

关于连氏姓源、族属的另一种通行说法是:出自姬姓,周公后裔。明代《姓氏博考》即曰:"连姓,周公之后,上党开宗,葵邱著迹。"

再者,福建惠安等地的族谱中亦说:"凡连姓均为齐大夫连称之后,赐姓于鲁庄公年间。"经查,鲁庄公在位期间为公元前693年至公元前662年,恰好是齐襄公五年至齐桓公二十四年,连称戍守葵邱、发动兵变也在这一段时间,时间上较为吻合。从春秋时期姓氏制度和婚姻习俗来看,"同姓不婚"是一条十分严格的宗法规则,连称堂妹既是齐襄公嫔妃,连氏不会是与齐襄公同姓的姜姓族人。而姬、姜姓联姻是当时最为流行的最佳选择。所谓"姓别婚姻、氏明贵贱"正是先秦时代的社会准则,因而连称姓源属必定是出自姬姓,而不会是出自姜姓。

造成连氏(连称)起源这种分歧的历史原因,笔者认为主要有三:

一是"神农"二元说的影响。历代文献典籍对"神农氏"的诠释有两种说法,一说"神农氏"即炎帝,姓姜;一说"神农氏"是指后稷(弃),是为周王室先祖,姬姓。这两种说法,各有文献记载,至今尚无定论。齐、鲁二国分别作为"姜姓神农氏"、"姬姓神农氏"的后裔,就使"齐大夫连称"的祖籍发祥之地,就成为争论和分歧的焦点。

二是由于历代民族、部族的迁徙流动、相互交融,古上党地区时而为姜姓炎帝部族的活动区域,时而又成为姬姓诸侯的食封之地(如"西伯勘黎"的历史记载,和《襄垣县志》中,"鲁国党氏食邑上党"),使姜姓连氏和姬姓连氏相互交错、相互交融,很难理清和区分,致使中华连氏的某些宗支衍派在追溯家世渊源时,出现了姜姓连氏、姬姓连氏的两种说法。

三是由于历史文献的阙失和传承世系的"断链",以及连氏姓源的"多元",使我们很难排出一个明晰、系统的中华连氏发展脉络。即使像史有明载的"齐大夫连称",其上下传承的渊源世系至今也无法理清。

幸运的是,近年从事连氏文化研究的连氏族人和专家学者,先后在上党连氏的发祥祖地——上党襄垣县发现几块出土的连氏碑碣和一部《连族谱牒》,使我们对姬姓连氏的得姓原委及传承有了大体眉目。

其一是嵌于明万历二十二年(1594年)创建的、襄垣县南峰沟村"上党连祠"西壁的石碑题记,称:"连族乃知,氏源周鲁,系出伯禽矣。"

其二是2005年在襄垣县城西桃树塔出土的、唐开元二十六(738年)篆刻的《大唐故处士连君墓志铭并序》碑,上载:"君讳哲,上党襄垣县人也……自周公之后,苗裔遂分,鲁宣余宗,其居食邑,则源派流长,根深叶厚。"

其三是清嘉庆年间出土于襄垣县西十五里桃沐山的《大周故飞骇尉连府君墓志铭并序》。追溯上党连氏之源:"原夫后稷,发于台原,鲁郡开于连族,周文王之宝裔,鲁元子胤绪,详诸史册,可略而言矣。"

其中后稷,即黄帝后裔,姬姓周王室先祖,"台原"即"邰原",在今陕西武功县一带,是后稷之母有邰氏女姜嫄部族生活的地方。鲁郡,当指鲁国,是周公旦之长子伯禽封国。鲁元子即是伯禽。连氏,就是姬姓周王室的宗支衍派,鲁周公的后裔。从而证明了上党连氏出自姬姓鲁周公的历史渊源。

　　然而，由于诸多正史中，缺乏对齐大夫连称姓系所出和族源所属的明确记载，而齐国为姜姓封国，仍有人怀疑齐大夫连称究竟是出自姜姓，还是出自姬姓。在清道光十一年襄垣县知事张力卓撰写的《飞骑尉简公墓表》中，又提出了"至谓连氏，系出伯禽，是东野氏之比意"的疑问。"东野氏之比意"即"齐东野语"的隐喻，意思是说，有人认为连氏出自鲁周公的记述，犹如"齐东野语"，并非正史，值得怀疑。张力卓对此作了一点解释，认为当时刻碑之时，"通姓氏学者多，如李守素"，且这通碑文"号人物，志源流"，写得较为详尽，此碑文"或不谬欤"，对这幢碑文持有肯定的态度。

　　由于《大周飞骑尉连府君墓志铭并序》，是国内迄今发现的最早的有关连氏的墓志碑铭，具有很高的史料价值，故尔笔者在撰写本书时，曾对此作过反复的研读，发现该墓志铭后所附的五首铭辞中，还蕴藏有一些珍贵的史料信息，需进一步求证、考释。

　　如其中的第一首铭辞在追溯上党连氏的渊源时曰：

　　　后稷之苗，文王帝子，德一隆基，通三命氏，鲁郡浮祯，连休荐祉，冠冕相望，簪裾曳履。

　　辞文中的"后稷之苗，文王帝子"，文意明显，乃是说连氏为姬姓周王室后裔；"德一隆基，通三命氏"则较为费解。笔者认为"德一"即"至德"之意，是说周公旦为"至德圣人"，奠定了鲁国基石；"通三命氏"，是说周公旦演绎、修订"三易"的典故。据《越绝书》《尚书大传》《逸周书》等史籍记载，周武王死后，周公旦辅助年幼的成王执掌朝政，受到管叔、蔡叔、霍叔等的猜忌，散布流言蜚语，"谗之成王"，说周公旦"将不利孺子"。"周公乃辞位，出巡狩于边"，镇守东都洛邑以防东方发生叛乱。在此期间，周公旦将其父周文王所创《周易》，进一步演绎、发挥，"取易之三百八十四爻，各系以辞"，即《周易》爻辞，连同炎帝所创《连山》、黄帝所创《归藏》合称"三易"，故曰"通三"，并以"连山"之名赐姓于后裔别子。这支精通"连山卦"的后裔子孙，遂以"连山"为氏，称"连山氏"，后简化为连氏，成为鲁国公族一百多个衍派中之一支。在今襄垣县南峰沟一带的凉楼开发区,即传说中西伯(周文王)戡黎时驻军当地,夜观天象,演绎《周易》的地方,现已发现有商周时甲骨卜辞。周公旦从洛阳东征时可能到达此地,领悟周易精奥。此说亦可作为连雅堂先生手撰《台南连氏家乘》一文中"系出连山氏,望出上党"的一种解读,即台南连氏属于姬姓周公旦之后,是上党连氏后裔。同样,我们对于福建、江西、广东一些族谱中称连氏始祖为连通公的记述,也会多一份理解。

凉楼遗址——周文王观象台

辞文中的最后两句,较好理解。"鲁郡浮祯"即鲁郡发祥。"浮"可作"发"、"现"来解;"祯"、"祥"为同义词,"鲁郡浮祯"即"发祥于鲁郡";"连休荐祉",即从连休开始,被"胙土命氏"享有食邑,正式祭祀连氏的宗社祖庙。连休可视作连氏开宗立社之祖,亦即连称先祖。关于连休其人的生卒年代、生平事迹史无明文记载,但他作为姬姓连氏的早期始祖则应备一说。如果笔者对上述碑文释读无误的话,那么"通

三命氏"当是姬姓连氏的"得姓受氏"的起源；"连休荐祉"当是第一个姬姓连氏创立连氏宗庙社稷，享有连氏宗祖地位、开宗立派的连氏先祖。换言之，连休当是姬姓连氏祖，也是连称的先祖。

连称作为鲁周公后裔，何以任齐国大夫，并充任将军，与齐、鲁二国的历史渊源密切相关。

如前所述，炎帝姜姓集团与黄帝集团，本是出自少典氏的兄弟部族，是炎黄联盟的"双胞"部族，自古就有世代通婚的习俗。如姬姓周王室的始祖后稷（弃），其母就是姜嫄。周太王之妃曰太姜，文王之妃曰周姜，武王之妃曰邑姜，均系姜太公之女。周王朝建立后，姬、姜两姓仍世为婚姻，周宣王之母为姜氏，其皇后也为姜氏。周代姬姓诸侯国中之鲁、卫、郑、晋也多与姜姓为婚。如卫国之庄姜、敬姜、宣姜、定姜；鲁国之文姜、声姜、哀姜、穆姜；郑国之武姜、齐姜……而姜姓齐国所娶姬姓之女有季姬、王姬、蔡姬、卫姬、孟姬、虞姬……连称堂妹连妃被纳为齐襄王之妃，也是姬姜联姻中的一例。这样把政治与婚姻结合起来，休戚相关，荣枯与共。周王朝所以能够立国长达870多年，很大程度上得力于姬姜联姻。笔者认为，鲁国连氏到齐国任

凉楼胜境

职，当是齐、鲁二国联姻时，派其近族，作为使节、陪臣，留居该国，被赏以封地食邑，连称可能即是作为鲁国的使节（或其裔孙），来到齐国。

正由于这种世代联姻的亲密关系，所以当周初齐国封于东夷之地，受到东夷部族的反抗和叛乱时，周公旦就曾亲自出兵东征，征服了"奄、郯十七国"，"驱飞廉于海隅而戮之"，"俘维九邑"，"灭国五十"，

犬戎

帮助齐国稳定了基础。在出土的青铜器鲁侯尊和禽簋的铭文中也记载了周成王命周公旦之子伯禽讨伐东夷各国的史实。鲁伯禽之子鲁炀公又继承其祖(周公旦)、父的业绩，进行了第三次东征，"克渊、克蔑"，才使姜姓的齐、纪等国在山东半岛立定了脚跟(参见何光岳《周源流史》第二章第三节)。据郭沫若先生考证，西周青铜器《沈□》的铭文，记述的就是鲁炀公因克蔑之功而得到了沈的封邑，并使之成为鲁国附庸的事情。

可见在周代相当长的一段历史时期，对鲁国军事力量的依赖，是齐国存立、发展的重要因素。鲁国委派卿士大夫驻于齐国，协调齐鲁关系，联合军事行动，就是顺理成章的事情。

通过对以上历史渊源的分析，我们就可以理解为何连称作为鲁伯禽后裔，却充任齐国大夫、并能统领鲁国军队。因而连云山先生说连称出自鲁国，而在齐国任大夫的判断，十分正确；也印证了襄垣《连氏族牒》中，连氏发祥于鲁郡，系"周文王之宝裔，鲁元子之胤绪"的记载，是言之有据，符合于历史事实的。也就是说，以连称为始祖的这支中华连氏，其源出自姬姓。

由于文献阙略，"鲁郡浮祯，连休荐祉"中之连休其人其事，及其传承世系，不见于经传史籍。东汉时鲜卑族之连休，较春秋时连称，晚数百年之久，故中华连氏始祖从"戍守葵丘，著迹春秋"的齐大夫连称算，较为妥当，也易于为当今海内外连氏族人所认可。同样从"连山氏"到连氏的历史渊源、传承世系，也有待于文献典籍的进一步发现和专家学者的考证，我们也不要因文献资料的阙失，否定连氏"系出连山氏"这一历史渊源。

综上所述，我们可以看出，中华连氏

自炎帝连山氏发祥以来，历经夏、商、周三代的漫长发展，已从无人问津的涓涓细流，发展到春秋时以齐、楚二国为主流支干的连氏长河。这是中华连氏早期的发展脉络，也是华夏文明进化的轨迹。

（四）胡汉交融促进化
连氏注入新血液

中华民族是一个统一的、多元一体化的多民族大家庭，由 56 个兄弟民族组成，其中汉族人口最多，约占全国人口总数的 94%，其他 55 个少数民族，人口数量多少不等，相差很大。各兄弟民族在缔造统一的多民族国家的历史进程中，不断地发展经济上的联系和文化上的交流，不同的政治体制彼此影响，繁多的姓氏、宗族相互交融、变异。在我国 55 个少数民族中，姓氏制度完备的约有 40 个民族，有名无姓的约十几个。少数民族所占人口总数的比例虽然仅 6% 左右，但拥有的姓氏却十分繁多，在中国历史上先后出现的 12000 多个姓氏中，约有 2000 个来自少数民族，占中华姓氏的六分之一，是构成中华姓氏的重要组成部分，使中华姓氏蕴含了浓厚的民族特色。民族交融、"胡姓汉化"是中华民族大家庭形成的必然因素和历史规律，是中华姓氏发展史上不可或缺的重要环节，也是中华姓氏兼容并包，多元一体化的精髓所在。

因而我们今天在追溯、探讨某一姓氏、某一宗族、甚至某一个民族的历史渊源、发展进程及其构成时，绝不应该含有任何歧视、贬损的寓义。事实上，当今的汉族，就是由不同历史时期、不同地域、不同民族交互相融而构成的中华民族主体。笔者在从事姓氏、谱牒研究的 20 年中，检阅、查询、考

匈奴人

察、接触的数百个姓氏中，特别是今天的汉族姓氏中，几乎没有发现某一姓氏，在数千年、数百年的发展、形成过程中，是出于单一姓源，由单一民族纯粹构成。当然，依据姓氏、谱牒文化的传承习惯，和各姓氏的"尊祖"习俗，具体到某一历史阶段、某一特定地域、某一具体的家族时，应充分尊重其"朝宗谒祖"、历史传承的文化习俗，本着"宜粗不宜细"，"详近而略远"的原则，予以阐述，兼容并包，存疑待考。若要综述某一姓氏纵贯数千年、涉及多层次、多民族的大题目时，还是要拓宽视野，尽可能地表述其涉及到的各个层面和历史轨迹。应用历史唯物主义的观点，求真存实，有疑传疑，有信传信。

中华连氏作为有数千年发展历史的大姓之一，也同样经历了民族交融、地域变迁，"胡姓汉化"，复姓变单，以及附姓、改姓等一般姓氏的发展规律，也不同程度地吸纳了一些少数民族的成份。

因而，民族交融，"胡姓汉化"也是中华连氏的一个重要源头。汉魏南北朝时鲜卑族就是连氏的一个来源。

据《后汉书·乌桓鲜卑列传》所记：汉安帝"元初四年(117 年)，辽西鲜卑连休等遂烧(扶黎营)寨门，寇百姓。乌桓大人族居秩与连休有宿怨，共郡兵奔击，大破之"。到南北朝时，鲜卑族日渐南下，在北魏孝文帝时迁居河南洛阳。说明早在东汉时，鲜卑族中已有连姓。

魏晋南北朝时期，是中国北方地区大分裂、大动荡的历史时期，也是民族交融、"胡姓汉化"较为显著的历史阶段。中华连氏也在这一时期吸纳了一部分少数民族成员。

386 年，鲜卑拓跋氏建立了北魏政权，渐次统一了北方地区。传到孝文帝拓跋宏时，因受汉文化的影响，大力推行汉化政策，首先将都城由鲜卑族聚居的平城(今山西大同)迁到汉文化发达的洛阳，同时废胡服，禁胡语，鼓励鲜卑人与汉族通婚。在短短的 30 年中，近百万鲜卑人基本上实现了汉化。而作为汉化的措施之一，就是实行"胡姓汉化"。

北魏太和二十年(496 年)，孝文帝颁发《姓族令》，下令各部落的鲜卑复姓改为音、义相近的汉字单姓。并从鲜卑"十大国姓"开始推行。首先是皇族拓跋氏改为元姓，皇室宗支近族及贵族九姓也率先汉化。如普卤氏改为周氏、达奚氏改为奚氏，贺兰氏改为贺氏，叱罗氏改为罗氏，柯拔氏改为柯氏，丘穆陵氏改为穆氏，步云孤氏改为陆氏,去斤氏改为艾氏,乙旃氏改为叔孙氏,拔拔氏改为长孙氏。鲜卑族144个姓氏,除少数保留复姓外,基本上都改为汉姓,并收入后世流传盛广的《百家姓》中,极大地丰富了中华姓氏。

据《魏书·官氏志》所载,北魏孝文帝迁都洛阳时,鲜卑族中之"是连氏、大连氏随魏南迁,居于中原,太和中改为连氏"。

另据《广韵》、《姓觿》等姓氏书所载,由少数民族改为汉姓的连氏,有"复姓六氏":西秦出连乞部,南方宥连氏、是连氏、费连氏、纂连氏、赫连氏。

其中赫连氏、大连氏为中国西北部古老部族——高车十二姓支脉。据《路史·后纪四》所载,高车族与鲜卑族同为炎帝后裔,高车族初号狄历,为赤狄馀种,迁至西北后名铁勒,亦作敕勒、赤勒、铁弗。汉时称"丁零",隋、唐时统称突厥。北魏太武帝时,曾徙铁勒部数十万人于漠南。至北魏孝文帝迁都洛阳时,该部随之南迁者甚众,其中大连氏定居中原(今河南省),赫连氏则多集中于山西上党地区。故尔在唐初《贞观氏族志》中,赫连氏被列为上党郡五大望族(包、鲍、连、赫连、樊)之一,紧排在连氏之后,位居第四。经唐末五代、宋元明清的朝代更替和长期的汉文化薰陶,上

党地区的赫连氏大都改为汉姓连氏。

赫连氏改为连氏的这一历史性变化,在长治市、晋城市(即古上党地区)的人口、姓氏统计中,也可得到印证。1991年山西省统计局依据第四次人口普查资料,整理编撰了《山西人口姓氏大全》一书(主编秦耀普),对山西省各地市县的人口姓氏进行了详细统计,其中长治市共有姓氏1029个,其中连姓人口达12597人,位居第17位;晋城市共有姓氏783个,连氏有2513人,列第99位。同时还列出了两市历代留传的尉迟、上官、令狐、欧阳、呼延等15个复姓,但"赫连氏",不在其中。也就是说,昔日上党地区的五大姓之一的赫连氏"消失"得无影无踪,连一个赫连氏后裔也没有。如果说,某一姓氏在某一村落或一小块地区整体消失或迁徙,也许不难理解,但如果在几十个县市中,同时全部消失,必然会有特定的历史原因。而合理的解释就是:上党地区的赫连氏已在历史发展的进程中,全部、或大部改为单姓连氏,融入了连氏系列。从而印证了赫连氏改为连氏的这一记载。

另据《旧五代史·外国列传·党项》中,载有唐明宗年间,派遣灵武康福、邠州药彦稠,击破党项族大首领连香的史实。可

见党项族中也有连氏。

此后，随着历代王朝的兴衰更替，民族交融和移民迁徙，中华连氏的族源也有所增加。在明、清两代的"改土归流"中，也有一批少数民族加入了连氏姓系。

据中国科学院遗传研究所袁义达、杜若甫二位先生依据第四次全国人口普查资料编撰的《中华姓氏大词典》和窦学田先生编撰的据《中华古今姓氏大词典》所载，当今中华连氏，除汉族之外，尚有满、蒙、苗、壮、傈僳、土家族及台湾土著等少数民族连氏。由此可见，当今中华连氏已是由多民族组成的多源姓氏，堪称中华民族大家庭的缩影。

中华连氏，自"连山受氏，鲁郡浮祯"，历经沧桑，绵延至今。纵观其发祥、发展、成长、壮大的历史轨迹，大体可分为五个阶段：

先秦时期，发祥受氏，著迹《春秋》，崭露头角，齐楚连氏，双雄并起。

汉魏隋唐，繁衍生息，百川汇海，光大家声，上党连氏，独树一帜。

五代宋元，遭逢乱世，入闽开漳，落地生根，闽粤连氏，再开新宇。

明清两代，流徙播迁，枝柯遍布，蔚然成荫，各领风骚，九州生春。

近代以来，渡海迁台，荜路蓝缕，创业维艰，英贤辈出，与时俱进。

二 连氏长河五道湾
与时俱进谱春秋

（一）齐国连称戍葵邱
楚国连尹也风流

春秋时期是中国历史激烈动荡的转型时期，礼乐崩毁，宗法瓦解，诸侯争霸，大国称雄。世袭荫封的士大夫家族纷纷登上政治舞台，纵横捭阖，折冲樽俎，演绎了一幕幕波澜壮阔、兴衰更替的历史画卷。

中华连氏经过长期的繁衍生息，逐步形成以齐、楚二国为中心的南北两大支派。

齐国连氏，自"鲁郡浮祯，通三命氏"以后，由于参加了周公旦祖孙三代的屡次东征，为齐国的创立和稳固立下汗马功劳，因此由"客卿"地位，正式进入了齐国卿大夫行列，齐襄公时的大夫连称，已成为能统率军队的将领。

连称其人、其事，在《春秋左传》、《国语·晋语》、《史记·齐世家》等史书中均有记载。所谓"连称戍守葵丘，连氏著迹春秋"，即是连称诛杀齐襄公的历史典故。

齐襄公名诸儿，是一位好大喜功而又荒淫无道的昏君。齐襄公与同父异母之妹文姜通奸，因奸情败露，受到文姜之夫鲁桓公的责难，于是襄公借与鲁桓公相会之机，命力士彭生将鲁桓公杀死，假称暴毙，而后又杀彭生灭口。为遮掩丑行，树立威信，又出兵灭纪、伐卫，击败周天子援卫大军，擒杀卫公子洩和公子职。因卫公子黔牟是周王之婿，免其一死，放归于周。

为防周天子出兵伐齐，乃使大夫连称为将军，管至父为副，带兵戍守葵邱（今山东临淄西南）。二将临行时，请于襄公："戍守劳苦，臣等不敢推辞，不知何时期满，派人轮换？"当时襄公正在吃瓜，于是信口答道："现在是瓜熟时期，明岁瓜再熟时，当遣人代汝。"

于是二将率兵前往葵邱驻扎、戍守。但到第二年瓜熟之时，不见襄公派人替代。使人前往国中打探，得知襄公正在谷城与文姜聚会，一月不回。连、管二人十分恼怒，又使人以献瓜之名，往见襄公，请求派人替代。但齐襄公不仅不兑现诺言，反而斥骂连、管二将："派兵戍守，轮换取代，由我来决定，你们怎敢自己要求轮换，等下一年瓜熟时，再派人替代！"

连、管二人更加忿恨，一面利用士卒久戍思归的情绪，散布流言，挑动对襄公的不满，一面又秘密联络襄公堂弟公孙无知，和失宠已久的连称堂妹连妃，侦伺襄公的行止，伺机起事。

而齐襄公对此毫无知觉,仍游猎无度,恣肆荒淫。听说姑棼之野的贝邱山中,禽兽众多,可以行猎,于是带领一班宠臣亲信,驾车出游。

襄公的出猎行动,早为公孙无知和连妃侦知,密报连、管二人。于是连、管二人利用戍卒的不满情绪,率兵包围贝邱,将襄公杀死于行宫,而后推举公孙无知继位齐君。

然而,齐襄公被杀,引发了齐国内乱。齐襄公的两个弟弟公子纠和小白先是分别逃奔鲁国、莒国,避难求助,继而为君位相争(后由小白继位,即春秋五霸之首齐桓公),齐国诸大夫也各怀异志,争相倾轧。后由齐国元老重臣高傒主谋,派雍廪刺杀了刚刚即位的公孙无知。这就是历史上有名的"贝邱兵变"。连称也因之而"著迹春秋",成为见之于史书的第一个连氏历史人物,被众多的连氏后裔尊为得姓受氏的开派之祖。

关于连称家族在齐国的封邑食地,及其传承世系,史无明文记载,但从连称堂妹贵为齐襄公之妃,连称以大夫之职,统领军队来看,连氏当是齐国世家大族,定会在齐国有世袭的食邑采地。

据 2005 年在襄垣县西桃树塔连氏祖坟出土的、唐开元二年镌刻的《大唐故处士连君墓志铭并序》载称:"君讳哲,上党襄垣人也。……自周公之后,苗裔遂分,鲁室馀宗,其后食邑,则源派流长,根深叶茂。"则点明了上党襄垣,就是连氏食邑所在。

关于连称之后,何时食邑上党,何人为上党开基立宗之祖,史无明文记载,但在一些族谱中仍有蛛丝马迹可寻。

据广东龙川连氏族谱载:齐大夫连称之子名连挚,于姬庄王(应为鲁庄公)二十三年(前 671 年),即齐桓公十五年为齐将军,娶于楚国熊氏,生一子名连叔,其名也见于《庄子》一书。连叔娶于齐国崔氏,生有三子,长子、二子散居齐、鲁,为山东渤海连氏之祖。第三子名石,娶妻狄氏。当时,山西上党地区为赤狄、白狄诸狄集居之地,狄氏当为狄人之女。据此推断,连石当于此时迁居上党。从时间上看连石为连称第四代,也正当鲁桓公后第四代鲁宣公时,可谓"鲁宣馀宗"。也就是说连称第四代连石已生活于上党,并娶妻生子,开宗立派。这是现在所能见到的有关连氏开基上党的惟一具体记载,也是从齐国连称到上党连氏惟一有记载的传承世系。是否真实可靠,难以稽考,仅录以备存,留待今后进一步查证。

据上述族谱所载，连石生有四子，长子明公，娶妻秦氏，生有七子，先后由上党地区播迁全国各地，支分派别，但统称上党连氏。连石诸子中有一子名连波，连波生子二人：连希、连诰。连诰生子连鲸，连鲸生子禄源，是为齐国连氏第九代、上党连氏第五代传人。此后传60余代。因文献阙失，难以尽述。

在齐国连氏见之于春秋史籍的同时，源于季连后裔的楚国连氏，也崭露头角，在史籍中出现了零星记载。

如前所述，陆终第六子季连后裔，在周初被赐姓芈氏，建立楚国后，到春秋时已是雄踞荆蛮的南方大国，衍生出公族连氏、季连氏，和以职为氏的连尹氏、连敖氏4个连姓支脉，连尹襄老的名字，也正式出现在史籍当中。

据史书所载，在楚武王时，楚国已建立了一套初具规模的国家机器，在楚王之下设有令尹，统掌全国军政大权，下设分管各个部门的"十三尹"长官，和基层政权的县尹。据《路史·后纪八》所载，"十三尹"是"兰、厩、箴、乐、竽、陵、权、莠、清、郊、工、连、嚣"。

"十三尹"各有职事，各司其职。其中"连尹"是掌管弓弩制造、弓马训练及临阵克敌的军事长官，是楚军的劲派之一。对"连尹"一职的称谓，韦昭注云："连尹，楚官名。"孔颖达疏引服虔注曰："连尹，射官。言射相连属也。"

最早见之于《左传》、《国语·晋语》等史书所载的楚国连尹，是连尹襄老，因屡立战功被授予连尹之职。公元前597年，楚庄王出兵伐郑，连尹襄老为前部将军，一路长驱直入，抵达郑都荥阳，在楚军强大攻势下，郑襄公出城请降。

然而在楚军回师途中，与援郑晋军在邲地展开大战，楚军大获全胜，俘获晋军大将荀罃。荀罃之父荀首救子心切，率敢死队突入楚军阵中，将正在收拾战场、缴获战利品的连尹襄老一箭射死，并将其尸身载回晋国。嗣后晋楚二国息兵讲和，楚国以俘获的荀罃换回了襄老尸体隆重安葬，演绎了一幕"马革裹尸"的悲壮历史。连尹襄老之后，遂以连为氏。

在其后数十年的时间里，晋楚两国不断交锋，互有胜负。及至楚康王继位，整顿内政，重振军伍，任命"楚公子午为令尹，公子罢戎为右尹，……公子追舒为箴尹，屈荡为连尹，养由基为宫厩尹……"这是见之于史书的第二个连尹。屈荡出身于楚国王族,是楚国三大公族"屈、景、昭"之一的后裔。可见"连尹"一职在楚国所占的重要位置。而"连尹"一职一直延续到秦末楚汉相争之时,仍是楚国重要的高级军职。《史记·樊、郦、滕、灌列传》中,仍有"斩连尹一人"的记载。可见"连尹"一职历史悠长,由"连尹"而以官为氏的连姓后人,也不在少数。在秦末大起义中被项羽立为"义帝"的楚怀王之孙,也称连敖,其后人也称连氏。

由于文献阙略,难以对历代"连尹"的名讳、家世及其传承世系,理出基本脉络,但由"连尹"衍生的连氏后人,确是中华连氏中十分重要的一个支脉,是中华连氏极其重要的组成部分。

(二)魏晋隋唐标郡望
上党连氏冠群芳

自春秋时齐、楚二国的连氏兴起后,历经秦汉、魏晋到隋唐,中华连氏处于沉寂、缓慢的发展时期,犹如一道弯弯的小河,穿行于山陵、谷地,不断地融汇、集聚、播迁、流徙。经过历代大规模的迁徙和民族交融,形成了以上党连氏为主流、支分派别的格局。

上党连氏经历的第一次大规模迁徙,是在秦、汉时期。

秦、汉王朝鉴于春秋战国诸侯纷争的历史教训,废除了封邦建国的宗法制度,实行郡县制度。为恢复社会经济,巩固新王朝的统治,秦、汉两代都实施了大规模移民措施。据史书所载,秦始皇统一六国后,于公元前221年一次就迁徙六国贵族豪强12万户于关中地区,以每户五口计算,迁民总数达60万左右,而修筑始皇陵、阿房宫的民众达100万以上。

经过秦末农民大起义和楚、汉相争十余年的战乱,西汉统一之初,咸阳已成一片废墟,关中人口已急剧下降,人口总计仅二三十万。于是汉高祖接受娄敬的建议,迁齐、楚、燕、韩、魏、赵之宗族后裔及豪强大族10万余口,充实关中,景帝、武帝、昭帝、宣帝时也多次移民,总量达72万之多。

连氏作为齐、楚贵族和世居上党的"古韩旧族",除一部留居故里外,也有一部分被迁到关中地区和西北边陲。在两汉、魏晋、隋唐时形成了冯翊连氏、武功连氏、庆阳连氏,居上党地区的称上党连氏。

据2005年出土于襄垣桃树塔的《大唐故处士连君墓志铭并序》所载,上党连氏在汉代已是名声显赫的高门大族。碑文称:墓王连哲的远祖是"后汉中书会、骠骑大将军、平阳太守连郎,汉平帝王年为平阳太守"。

到西晋末年"永嘉之乱"后,中原士族大举南迁。东晋和南朝政权,在南迁百姓的聚居之地,依据其原驻地,设立了"侨置郡县"。据《晋书·地理志》记载:"是时上党百姓南渡,侨立上党郡为四县,寄居芜湖。寻又省上党为县。"

葛剑雄的《中国移民史》也称:魏晋南北朝时,在江淮、江南地区,先后侨置的上党郡、县就有3处:其一即今安徽芜湖市一带,侨置豫州郡、上党郡、宣城郡。上党郡辖有4县。其二是在今江苏淮阴市西一带,侨置了济北郡、淮阴郡、上党郡。南齐时也曾在南兖州济阴郡设置上党县。

近代学者罗香林先生,在其《客家源流考》一书中,也指出:"客家先民东晋以前的居地,实北起并州上党,西届司州弘农,东达扬州淮南,中至豫州新蔡、安丰","上党在今山西长治县境,弘农在今河南灵宝县南四十里境上,淮南在今安徽寿县境内,新蔡即今河南新蔡县,安丰在今河南潢川、固始等县附近。""客家居民未必尽出这些地方,但这一地区实为他们基本

居住地,欲考证客家上世源流,不能不注意及此"。

综上所述,山西上党地区是历史上由中原向南迁民的主要地区之一。连氏作为上党地区人口众多的望族,必定会有相当数量的连氏族人南迁、定居于侨置的上党郡、上党境内。后世安徽连氏、江西连氏、江苏连氏等江南连氏,均为上党连氏后裔。

魏晋南北朝时期,既是中原士族大举南迁的历史时期,也是北方少数民族大规模南下,并与中原汉民族交相融汇的历史时期。民族融合是连氏族源扩展、增加的原因之一。如前述汉代辽西鲜卑族连氏,北魏大连氏、是连氏,隋唐时高车族之乞连氏、费连氏、赫连氏、铁连氏等,均"胡姓汉化",改为单姓连氏。

由于北魏孝文帝推行汉化政策时,其部众大多迁居今河南一带,在实行汉化时,曾严令北来各族,死后不得归葬北方原籍,致使是连氏、大连氏等部族,生在河南、死葬河南,久而久之,世居河南,成为连氏一大望族——"河南连氏"。

而内附的高车族各支连氏,则多定居于甘肃平凉、陇西一带,形成了甘肃"庆阳连氏"。

这样经过长达数百年的迁徙流动和民族交融,在魏晋南北朝、隋唐时期形成了中华连氏的主要郡望。即:渤海连氏、上党连氏、冯翊连氏、河南连氏、武功连氏、庆阳连氏。其中以上党连氏最为著称,为诸郡连氏之首。诸郡连氏也多出自上党。所谓"郡望"二字,是姓氏、谱牒学中的一个专用名词,是魏晋、隋唐时期"士族门阀"制度的产物。"郡"是指州、郡行政区划,"望"是名门望族的简称,二者连用,"郡望"即是某一州郡的名门望族,是血缘姓氏与地域分布相互结合的产物。

如曹魏时颁行的"九品中正制",就是由官府在各州郡设立"中正"之官,负责考察、评定本州郡高门大姓的家世渊源、功名业绩,德行才干,将之分为三等九级,作为选拔任用官吏的依据。因而"姓氏有高下之分","门第有等级之别"。而评判的主要标准之一,就是查看三代以内有无高官大吏、功名业绩。此种做法到隋唐时仍十分盛行。唐代柳芳的《氏族论》中就有十分详尽的记载:凡三世有位居三公者,为"膏粱";有令、仆(射)者为"华腴";有尚书、领、护以上者为"甲姓";有九卿若方伯者为"乙姓";有散骑常侍、太中大夫者为"丙姓";有吏部正副郎者为"丁姓"。不达上述标准者不得入选。

各州郡的名门望族由朝廷、官方评定,某一州郡的名门望族被称为"郡望",即郡之望族之意。

"郡望"一旦形成,即成为本姓氏家族的荣誉,世代相传,沿用不辍,即使子孙迁居他乡异地,也仍以原有郡望标榜炫耀,久而久之,成为某一姓氏、某一支派共有的姓氏标记、地望堂号。也成为辨识姓氏的亲疏族属、支派传承及寻根认祖的重要标志。至今仍相沿成俗,沿用不衰。如闽台和全国各地的连氏族谱、宗祠祖庙中,除大部分用"上党"作为郡望、堂号外,也有的标示为"渤海连氏"、"冯翊连氏"、"武功连氏"、"河南连氏"。

据敦煌发现的唐代《新集天下姓望氏族谱》和《贞观氏族志》所载,在全国 47 个州郡中有 119 个姓氏入选,其中上党郡的五姓是:"包、鲍、连、赫连、樊",连氏名列其中,而赫连氏宋、元以来,也都改为单姓连氏,因而连氏成为上党地区著名望姓。而其他各地的连氏郡望则是比照这一习惯,以地望相称。因而中华连氏,以上党连氏最为著称,是连氏的主流支派。时至今日,海内外众多连氏后裔多以上党连氏自称。其中,固然有其血缘传承的世系可寻,但也有一部分属于慕名攀附。

通过上述分析，我们可以看出，上党连氏所以成为中华著姓，是因为在魏晋南北朝、隋唐之际，上党连氏确是代有英贤、人才辈出的高门大姓。上党连氏能列入唐代官方钦定的《新集天下姓望氏族谱》和《贞观氏族志》中，决不会是无凭无据、空穴来风，而是经过官方的严格评审，正式颁布。

事实上，在魏晋南北朝到隋唐时期，上党连氏也确是名人辈出，声望卓著，其中上党襄垣连氏就是代表之一。

清代嘉庆年间，在襄垣县阳泽河村连氏祖坟出土的一块唐代石碑墓志——《大周故飞骑尉连府君墓志铭并序》，就为我们展示了南北朝到隋唐时上党连氏的一段发展历史。也是目前国内惟一发现的有关上党连氏在这一时期建功立业的珍贵文献。

因该碑文墓主连简在唐初任飞骑尉，死后立碑时间为武则天改唐为周的"万岁通天"二年（697年），故称《大周故飞骑尉连府君墓志铭并序》。

据碑文所载：

连简，字隆，潞州襄垣人也。少有大志，胆略过人，娴于韬略，精于骑射，其祖连愿，北齐时任并州太原县令，因德行高洁，政绩卓著，有"韦弦两佩"之誉。其父连公，初任隋代汴州博士，后迁洺州（洛州）参军，是一位精通儒家经典的饱学鸿儒。

唐太宗贞观十九年（645年），御驾亲征辽东。连简以"六郡良家子"应募从征。因屡立战功，精于骑射，被提升为六品飞骑尉，成为随侍、警卫皇帝的亲军卫队军官。每当朝会大典，则"周卫阶陛，听敕宣入"，出行巡幸，则"夹驰道"护卫。宠荣显赫，为人称道。后解职归家，颐养天年，卒于永昌元年（689年），享寿66岁。天册万岁三年（697年），与夫人张氏合葬于襄垣故里、阳泽河村连氏祖茔。

尤为珍贵的是，该碑文点明上党连氏系"周文王之宝裔，鲁元子之胤绪"，为探讨上党连氏发祥渊源提供了第一手珍贵史料。

该碑清代嘉庆年间因坟土塌陷，露出地表，道光十一年（1831年）襄垣知县张力卓见碑文奇古（内有武则天时新造文字），令襄垣连氏后裔重新掩埋，"封志植树"，妥加保护，并撰写"飞骑尉简公墓表"，刻石立碑，以纪其事。光绪年间，胡聘之出任山西巡抚，着手搜集山西历代石刻碑碣，整理编撰《山右石刻丛编》，饬令各府州县派员访查。襄垣县知县沈某，又令人将连简墓志碑取出，拓印上报，引起社会关注，于是又"刷印多张"，馈赠宾朋，将墓碑移存于漳州书院(今襄垣县博物馆)。

该墓碑铭文拓印后，上报省府，收入《山右石刻丛编·第五卷》，从而为我们保存了一份珍贵的连氏文献，也为我们查证日渐侵蚀、剥落的墓碑原文留下了副本。其功可谓大矣。

经笔者查证比对，发现光绪戊戌年(1898年)拓印、刊刻的《山右石刻丛编》中之连简碑文，与收录于民国二十五年(1936年)《连族谱牒》中之连简碑文，已有三十多处遗漏、错讹。所幸原碑尚存于今襄垣县博物馆，可相互参照，纠谬正误。

1998年春，在襄垣县古韩镇桃树村东连氏祖茔又出土了一块《大周故人周大夫连君墓志铭并序》，撰文与刻碑之人均未署名。据笔者所见到的碑文拓片内容推断，立碑人当为墓主之孙，而墓主当与唐飞骑尉连简同为唐代之人，抑或连简兄弟，名曰"连高"。但《中华连氏之根》一书在其影印件下标注为《大周大夫连桂香志铭并序》，似有失误。

现将墓志拓片原文释读如下(标点系笔者所加)：

《大周故人大夫连君墓志铭并序》："夫桂香兰芳，必因风而致远，珠光玉润，固缘贵以为珍。咸承类以播迁，因官而致邑，长原曾(鲁)郡，因穹兹焉。"

开篇这段文字，是对墓主的赞誉之词，"桂香兰芳"是比喻，而非墓主名曰"桂香"。

"祖高，独秀孤峰，推标异望，巍乎嵩岳，湛若滇池，行守壹绳，言无二诺，俨然自得，实谓人(模)。为领袖于生前，作轨范于殁后，制称东光县令，后除桂州司马，特嘉盛德，称朝散大夫。"

这段文字点明了墓主系立碑人之"祖"(祖父或先祖)，名曰连高，初居东光县令，后迁桂州司马，死后追赠朝散大夫。

接下来，碑文叙述了"祖夫人"(即祖母)常氏，"大媳夫人"(长子夫人)李氏，"二媳夫人"(次子夫人)栗氏，均出自名门大族的家庭背景，"以万岁通天贰年，岁次壹月拾贰日，合葬于村东里平原之野"的主要史实。

如果笔者释读无误的话，墓主连高当与唐飞骑尉连简为同一代人，抑或连简兄弟，曾官居东光县令、桂州司马，追赠朝散大夫。因其葬于武则天改唐为周的"万岁通天二年"(697年),与连简同年同月归葬。

由此可知,在初唐时期的唐太宗至武则天时,襄垣连氏最少也有两人在朝为官,而同一年同一月相隔三天之内,进行了两次大规模合葬仪式。可见其亲缘关系十分密切,很可能是襄垣连氏一次隆重的大规模的修坟、合葬、祭祖仪式,襄垣连氏在当时的显赫声势和威望于此可见一斑。因而襄垣连氏在唐初《贞观氏族志》和《新集天下姓望氏族谱》中,被列为上党五大郡姓,也是顺理成章的事情。隋唐时上党连氏可谓盛极一时,高居诸郡连氏之首。

另据"古上党连氏文化研究会"编印的《中华连氏之根》所载,2005年又在连氏祖茔出土了一块唐开元二十六年(738年)镌刻的《大唐故处士连君墓志铭并序》,称墓主连君"讳哲,上党襄垣县人也。……自周公之后,苗裔遂分,鲁室馀宗,其居食邑,则源派流长,根深叶厚……"。其生活的年代,以刻碑时间算,比连简晚49年,当为连简下一代传人,抑或即连简之子。

在张力卓撰写的《飞骑尉简公墓表》中,也提到在连简墓东三里之处桃园,有元集贤院学士连肇墓,又东二里东镇,有明御史连楹衣冠塚,从隋唐到元明,前后历时700余年,连氏祖坟都修在这一带地区。据实地考察,在今襄垣阳泽河村邻近的30多个村庄中,都有连氏族人。在民国年间,这些村庄几乎村村都有连氏祠堂,藏有连氏族谱。可见襄垣阳泽河村,是上党连氏繁衍生息的中心区域。

隋唐以后,上党连氏又随着历次移民浪潮,不断播迁流徙,遍布江南,派衍闽粤,成为中华连氏中人口最多、分布最广、影响最大的主流支派。

(三)五代宋元逢乱世
闽粤连氏开新宇

唐末五代和宋室南渡,是中原地区战乱频仍、政权更迭的动乱时期,也是继东晋、南北朝之后,中原士民再次大规模南迁的时期。在此次大移民浪潮中,中华连氏入闽开漳,播迁粤东,落地生根、枝开叶散,并于明清之际由此而渡海迁台,漂洋过海,使闽、粤地区成为中华连氏的第二故乡和发祥祖地,也是当今连氏人口最多、枝派最繁的区域。

1.福建连氏
福建是当今全国连氏最多的省份,福

建连氏约有八九万人，几乎遍及全省各个县、市。

福建在唐代属江南东道，历史上为闽越人聚居之地，唐代始有大批中原人士移居福建。中原士民迁居福建先后有三次高潮：

第一次发生在初唐时期。唐高宗总章二年（669年），福建漳州地区"蛮獠"起兵反唐，朝廷派玉铃卫左郎将、光州固始人陈政率将校113名、府兵5600名入闽南平叛。因陈政病故于军中，其妻及子陈元光又率58姓军校前往增援。平叛后，陈氏及部下58姓军校即定居在福州、漳州一带，史称"入闽开漳"。陈政、陈元光父子被尊为"开漳圣王"，58姓军校被尊为各姓入闽始祖。福州仓山连坂、连浦连氏就在此时迁入闽中。

唐代北方人士第二次入闽发生在安史之乱之后，大批北方移民从浙西金华、婺州、衢州等地，翻越武夷山口，进入闽西北。如唐德宗贞元四年（788年）一次就有"僧尼士庶"5000多人入闽定居。其中也有连氏族人。

第三次发生在唐末僖宗光启年间，藩镇割据，"中原板荡"。光州固始人王潮、王审知兄弟率兵南下，渡过长江，进入江西，

开闽王王审知像

而后溯赣江、汀江而上，于885年进入福建汀州、漳州，有众数万。五代后梁时，王审知被封为"闽王"，其部下以光州固始人为主，号称中原"28姓"，实际上军士中远远不止28姓。其中就有连氏族人。连氏入闽大始祖连谋就是固始人氏。

据陈支平《福建族谱》（福建人民出版社1996年8月第一版）附表一《福建百种姓氏所追溯的主要始祖、始迁时间及郡号、堂号表》刊载：连氏列为一百姓氏中第74位，始迁郡望为上党，始迁祖为唐代连谋。在附表二《云霄县志》、附表三《上杭县志》的"氏族志"中，均列有上党连氏，可见

闽中连氏多为上党后裔。

据连德森、连天雄《上党连氏入闽初居地及其盛衰考》(刊于《中华连氏》总第六期)一文中说,上党连氏早在唐代中期"上元"时就来到福建,其始迁之地是福州仓山区城门镇连坂村、连浦村。

该文称:在仓山区现存的区级文物保护单位连坂桥的大石梁上阴刻有"当境连满与妻林十六娘为所生父母造桥一所,愿家园平安同沾利禄,上元辛亥岁八月三日造"短文。

经查,唐代有两个"上元"年号,一是唐高宗李治时期,即674年~676年;二是唐肃宗李亨时期,即760年~761年,距今至少已有1200多年,是连氏在唐代中期定居于福州连坂村一带的佐证。而连坂、连浦、福连村等地名,也都是因为连氏在当地繁衍生息,聚族成村时"以族命地"。因此,该文认为:福建之有连氏,当在唐代中期,初居之地当为福州闽县。很有可能即是唐高宗总章年间(668年~669年)随陈政、陈元光父子入闽之连氏后裔。另外,在葛剑雄、吴松弟等编著的《中国移民史》第三卷第九章《唐后期五代北方人民的南迁》附表中的"福建部分",引用《十国春秋》一书,列有来自河南光山(光州)固始

连坂村唐代石桥

人连重遇之名。

《十国春秋》系清代吴任臣编撰。其主旨是鉴于欧阳修《新五代史》于十国事迹多所脱漏,故而采撷野史、杂传、诸家记述,并证以正史,撰成《十国春秋》。该书对连重遇事迹记述较为详尽。称连重遇为光州固始人,为闽国开基始祖王审知从龙功臣,当是由光州起兵入闽的将校之一。初任闽王亲军控鹤都将。及王审知死后,其次子延钧(后更名为鏻)杀兄自立,被后唐册封为闽王,谥号惠宗。延钧死后传位于其子昶(继鹏),另募勇士为"宸卫都",以为亲兵,赏赐待遇优于他军,引起控鹤都将连重遇和拱宸都将朱文进的不满,遂发动兵变,另立王审知少子延羲为闽王。延羲对连重遇十分疑忌,常以"弑君"之事讥刺连重遇,连重遇深自惶恐,于是派力士

刺杀延羲,拥立朱文进为王,掌握了闽国的军政大权。延羲之兄延政乃自立为帝,定都建州(今福州)。不久连重遇的部将林仁翰杀死连重遇,迎立延政继位。

连重遇从跟随王审知入闽开基,到闽国内乱被杀,一度成为左右闽国政局的风云人物,堪称一代枭雄,是唐末五代入闽的连氏始祖之一。

对于连重遇的家族后裔,史无明文记载,但连重遇作为闽国重臣,其家人族属也必定为闽中大族,也应有后裔支派传衍于闽中。

今广东潮阳有一支连氏后人,据族谱所载,系从福建莆田传衍而来,其先祖连重岩系福建莆田狮马巷人,官拜"军机大臣",其裔孙于宋徽宗年间始迁广东潮阳。自莆田以上渊源一直讳谟如深,歧义互出,难以考究。笔者推断,这支潮阳连氏始祖——连重岩,很可能即连重遇之音转字讹,或连重遇之兄弟、亲族。因为在唐末五代到宋元之间,掌握闽国军政大权的连氏,仅有连重遇一人。所谓"官拜军机大臣",乃清代始有之称谓,显是后人追记或讹传。而连重岩和连重遇所处时代、事迹、军职有诸多相似之处。故连重岩很有可能即连重遇之误写、讹传,或系连重遇之亲族、兄弟。

在《福州府志》中还载有另一位唐末连姓名人连总。连总字会川,原籍河南固始,唐懿宗咸通九年(868年)进士,官居大理评事、库部员外郎,善于文章诗赋,深为温庭筠称道。唐末迁居福建闽县,被众多连氏支派尊为"入闽连氏始祖"。

福建素有"海滨邹鲁"之称。自西晋末年中原战乱,士人南渡,一些衣冠之族也迁入福建,给当地带来了中原地区发达的政治、经济、军事和文化,使唐末五代的福

连氏族人在查阅连氏族谱

建逐步与中原发达地区接轨。及至"靖康之变",宋室南渡,中原政治中心南移。福建地处东南,无战争困扰,社会安定,官府倡兴文教,从而使福建成为南宋经济文化的中心地带之一,人文荟萃,科甲鼎盛,有"龙门一半在闽川"之说。如宋代嘉定元年(1208年)戊辰科"三鼎甲"(状元、榜眼、探花)即为闽人所囊括。

连姓一族之功名亦盛于宋代,且又主要集中在福州地区。

据现存福建最早的宋代地方志——《淳熙三山志》(福州别称三山),及明代万历《福州府志》等所载,连姓名登进士者即达23人,其中文科正奏名进士14人,特奏名7人,武进士2人。

而这23位连氏进士多有血缘宗族关系。如:连逢辰、连文瑜、连德嘉、连同之为同族兄弟,系连揔十世孙;连虞凤、连懋、连士首是连揔十一世孙;连琪是连士首侄儿,为连揔12世孙。又有连少嘉为连南夫六世孙……亦连揔之后。

另外,在大田连氏族谱中,还载有:"揔之后有人名者,宋咸平中孙暨榜进士,仕至朝奉郎。曰康时者,宣和六年中沈晦榜进士。……散居于古田、泉漳、建宁、闽中之连皆其裔也。"

在乾隆《福州府志》等文献中,尚有宋淳祐年间进士连通,绍熙四年(1193年)进士连士登,及其子连荣(嘉定年间进士)等。

除福州之外,顺昌连潜、连茹,建安连舜元、连希元,龙岩连梦魁,安溪连三瑞、连三益,也都是宋代进士,可见从唐末五代到宋元时福建连氏人文鼎盛。

从上述福建连氏的人文分布和族谱的记载,以及当今连氏族人分布的情况来看,福建连氏大体可分为以下几个主要支派:

连江魁城连氏、闽县凤阿连氏、龙溪马崎连氏、长泰江都连氏、福安霞埔连氏等。

连江魁城连氏

连江连氏是最早入闽的一支连氏,其开基始祖是唐代中叶的连谋,由浙江婺州迁至福建的"三山之地"(即福州闽县、侯官、怀安等地)。当时该地人烟稀少,田野荒凉,交通不便,经连氏几代人的辛勤劳作,始建成村邑,遂以族命江,称之为连江,以江命地,遂有连江县之名。数传至连揔,为唐文宗太和年间(827年~835年)进士,任广西、四川副使,人称"广川公"。开成二年(837年),辞官隐退,携家迁居延平郡龙溪,再迁大田蓬屋村定居,生子仲英,人丁渐旺,更改村名为开城,寓意开成年间开发而成。因闽语中"开"、"魁"二字读音相同,后世遂称为"魁城"。仲英生子名罕,罕子名可封,可封子抽,抽子名胤,胤生六子(一说九子),财丁两旺,遂成望族,是为"魁城连氏"。尊连揔为开派之祖。宋元时,胤公子孙先后分支于漳平、龙岩、沙县、长泰、德化、莆田、永泰、建宁、顺昌、永春、三明、龙溪等地,至今已传40代以上,习称"连江魁城连氏",是福建最古老的一支连氏。魁城今属大田县太华镇,故魁城连氏也称太华连氏。

据"福建连氏文化研究会"副会长连钧文等调查统计,太华连氏分居于该镇6个村落:

魁城村,连氏有2000多人,奉胤公为开派之祖,连胤生6子(一说九子),该村有长房、三房、五房后裔。

温坑村,有连氏600多人,开基始祖为胤公第三子光信公。

菖坑村,有连氏800多人,是胤公长子文荣公裔孙,以24世孙临侯公为开派始祖,分为四房。

万湖村,有连氏1500多人,也是胤公后裔,开派始祖未详。

东、西浦村,有连氏600多人,也是胤公后裔。

魁城连氏另两支较大的衍派,一是龙岩厦老连氏,开派始祖为胤公第六子仁业公,初居龙岩城东,后迁厦老楼墩,今传28代。二是漳平连氏,奉小五、小六为开派之祖,宋末自魁城迁来,分布于溪南、彩桥、双洋、向乐等地,计约有连氏百余人。

福建闽县"凤阿连氏"

福建闽县连氏来自河南光州固始,始祖为连总,为唐懿宗咸通九年(868年)进士,官居大理评事。其子连恺字广志,为唐僖宗中和年间(881年~885年)进士,初任江苏常州尉,后任叶州通议大夫。时值王仙芝、黄巢相继揭竿而起,攻克洛阳、进占长安,连恺遂携双亲避乱入闽,卜居福建闽县。其子冯公,十传至治公(一说为沼公,当属传写讹误),出仕于北宋淳熙年间(谱称为右丞相护国大将军,但《宋史》无传),因奸佞当道,遂隐居于仙游云顶山。治公有子名应,有孙三人。其长孙剑公择居仙游连坂(前连),次孙钊公迁居于惠安坝头,三孙锡公迁居于德化格头(甲头)。因三房迁居之地成"三凤鼎立"之势,遂用"凤阿"为堂号,称"凤阿连氏"。今三支连氏总人口在4万人左右,是福建省人口最多的连氏支派,也是全国人口最多的一支连氏分支。"凤阿"连氏于元、明两代又分迁到闽侯、霞浦、福清、沙县、大田、龙海和浙江、广东沿海及台湾等地。

据福建连氏文化研究会调查统计,在今福建仙游、惠安、德化等县,都有大批凤阿连氏后人。其中:仙游县盂尾乡前连村连氏从开基始祖治公算起已传至41代,全村连氏达4000余口,该村先后有博士14人,硕士3人,教授8人,省厅级干部4人,师级干部2人,高工12人,研究员3人,享受国务院特殊津贴者3人,可谓人才济济。惠安县山腰坝头连氏,均为治公次子钊公后裔。8个自然村连成一片,占地12平方公里,村民均姓连,共计28000余人,尚有海外连氏宗亲12000多人,是全国最大的连氏族人聚集之地。而今该地连氏宗祠修整一新,并有专人管理,春季、秋季两次举行隆重的祭祖仪式,仙游、德化二县治公后裔都要到此祭祖上坟。德化县国宝乡凤阿连氏后裔也达5000人左右。

福建宁化连氏

福建宁化连氏始祖为连光裕,一说连光裕为连总之子,一说为连恺之子。闽、粤、赣的多支连氏都尊其为开派始祖。江西石城珠坑连氏族谱记载较为详细:"始祖光裕公祖籍闽县(即宁化),湖北随州应山令,有惠政,民思其德不能忘,留家其地。复任磁、郓二州推官,清风亮节,名重一时,解职后遂应山家焉……卒后葬应山黄榜山。"

该谱以光裕公为开派始祖,从唐代一直记到清代,传衍20余世,世系分明,具有较高史料价值。其子孙一支留于应山,成为"湖北应山连氏"。也有一部分迁居福建龙岩,其龙岩后裔分支到福建全省各地,如长汀、连城、宁化、武平、莆田、连江、沙县、邵武、泉州、建宁、顺昌、泰宁、漳浦、南平、安溪等地,均有其分支衍派。

在连光裕所传各支裔中,以开基霞漳的连南夫最为著称。连南夫《宋史》无传,明嘉靖《应山县志》和清光绪《漳州府志》均列有小传,但所记过于疏漏简略。近年来有连氏文化研究会副会长、厦门大学历史系教授连心豪先生,福建省龙海市连氏宗亲会顾问、安徽省社科院研究员马骐先生,各以其多年研究成果,分别撰文对连南夫的生平事迹和传承渊源作了详尽、系统的全面考证和阐述(参见《海峡两岸谱牒研讨会论文集》),现综合连、马二先生的研究成果,对连南夫生平事略作一简要介绍:

连南夫字鹏举，宋代爱国大臣，应山（今湖北广水）人，北宋徽宗政和二年（1112年）进士，历任州、县官，右文殿修撰（相当于翰林），显谟阁、宝文阁学士，广东经略安抚使，知广州，赠兵部尚书，谥忠肃。连南夫一生为官清正，力主抗金。绍兴九年正月、二月间，金人因其傀儡政权刘豫倒台，为缓和金、宋关系，消弭反金士气，答应归还河南之地。秦桧等据为己功，再次倡言主和。连南夫对此十分愤慨，在其所上"贺表"中，称"虞舜十二州，昔皆吾有，商於六百里，当念尔欺"，指斥金人的侵略本性，力主收复全部失地俗称"连山"。因而，触怒了秦桧等主和权臣，借故将其罢官。因连南夫在绍兴初年曾知泉州，罢官后遂隐居泉州龙溪县（今龙海县）秀山，后人因称此山为"尚书峰"。绍兴十三年（1143年），连南夫去世，享年58岁，葬于尚书峰旁龟山。龙溪县旧志载称宋经略使连南夫墓在十一都，即今龙海市榜山镇翠林村西。山麓有"连厝"及南夫公墓遗址，龙溪连氏族人每年来此进香祭拜，连南夫被尊为龙溪连氏开基之祖。清乾隆年间重修祖祠时，经族人公议，南夫公改称"霞漳始祖"。"霞漳"即"漳东"之意，涵盖了连南夫漳东的各派子孙，并请礼部尚书、漳浦人蔡新撰文，重镌墓碑。

龙溪马崎连氏宗祠"思成堂"，收藏有"宋显谟阁学士、任广东经略安抚使、谥忠肃连公墓道"石碑一幢，即蔡新所撰，其碑阴铭文曰：

霞漳连氏鼻祖讳南夫，宋学士，赠太子少傅，谥忠肃，应山人。绍兴间忤权相，官寓于漳口郡东，尚书峰麓，详《龙溪邑志》。经六百馀年，乾隆丙申孟春，士乐、天柱、宗英、士巽等鸠族修封。宗英之子胪为余弟庶吉士云从，求书京邸，余重其请，为揭碑阴，以垂不朽云。赐进士出身，荣禄大夫、礼部尚书，郡人蔡新撰。

碑文所记，与《福建通志》、《漳州府志》、《龙溪县志》相同，但过于简略疏漏。连心豪先生引证了宋人韩元吉《南涧甲乙稿·连公墓碑》和欧阳修《居士集·连处士墓表》，作了进一步补充、诠释。

韩元吉字无咎，开封雍邱人，官至吏部尚书、龙图阁学士、颍川郡公。乃宋代名家"二程"弟子，其学问渊源颇为淳正。其所作《连公墓表》乃淳熙十一年（1184年）应连南夫长子连雍之请而作。碑文不仅对连南夫生平事迹、终年日月、安葬地点叙

宋朝连南夫墓道碑让人领略连氏宗族悠远

述甚详,且上溯南夫曾祖父,下及子孙,传承明晰,世系完整。称:连南夫,"公字鹏举,年二十四中进士……官至中大夫,赠左正奉大夫。娶王氏,邻臣之女……男三人,雍……珏……莹……女二人,……孙男二,孙女九"。"绍兴十三年正月二十六日,终于福州寓舍,春秋五十有八"。"绍兴十五年十一月十五日葬于怀安县(今闽侯)稷下里崇福山之原"。

在追述其传承渊源时写道:"公(南夫)盖应(山)处士之孙也。处士德安人,讳舜宾,欧阳文忠公表其墓,所谓孝友温文,以教其乡者。赠金紫光禄大夫。其第三子讳庸,公(南夫)之祖也。考则讳仲涉,赠至通议大夫。妣杨氏、高氏,赠淑人。……兄喆夫。"

欧阳修的《居士集·连处士墓表》则对连南夫的曾祖父"连处士"连舜宾,有较详细的记述:"连处士,讳舜宾,字辅之,其先闽人。自其祖光裕尝为应山令,后为磁、郢二州推官,卒而反葬应山,遂家焉。处士少举《毛诗》,一不中,而其父以疾废于家,处士供养左右十馀年,因不复仕进。……处士生四子,曰庶、庠、庸、膺。其二子教以学者,后皆举进士及第。"

文中所说二子举进士及第者,即长子连庶、二子连庠。连庶字居锡,进士及第,后任商水尉、寿春令,"兴学尊礼","开濑淮田千顷",县大治,累迁职方员外郎,因为官清正,人称"连底清"。其弟连庠,亦登进士,敏于政事,清正廉明,人称"连底冻",寓意清正无私一丝不苟。连庠生二子仲熊,仲熙。

舜宾第三子连庸,生子仲涉即连南夫之父。南夫兄弟三人,长喆夫,次南夫,三曰万夫,补将仕郎。建炎四年,群贼犯应山,万夫率邑人数千,保守山砦。有巨寇名浪子者,围攻甚急,三日后破寨而入,万夫被俘,贼兵知万夫勇而有谋,欲劝降留用,万夫厉声骂贼,不屈而死,朝廷赠其右承务郎,"官其家一人"。南夫有堂弟端夫,为连庶之孙,张耒《四贤堂记》载有其生平事迹。由此可见,湖北应山连氏,也是宋代著名家族,系光裕公后裔,与连南夫为同宗。

由于欧阳修与宋祁(宋英宗时左丞相、工部尚书)、宋郊(宋英宗时宰相、兵部尚书)兄弟二人,未发迹时,均曾就教于连舜宾,故欧阳修与连家可谓世交,所作《连处士墓表》,翔实可信,是追溯连南夫家世渊源的第一手资料。

通过以上连心豪、马骐二位先生研究成果的综合分析,并证之以《宋史》连庶传、连庠传及相关文献和族谱资料,我们大致可以理清连南夫的传承谱系:

远溯"人文初祖"轩辕黄帝(姬姓鼻祖)、鲁周公姬旦,以齐大夫连称为"得姓受氏"之祖。以唐代连谋为婺州迁闽始祖,连谋孙连总为咸通进士、"金紫光禄大夫"。连总孙连光裕为宋初应山县令,为应山连氏开派之祖,其子连正,其孙连舜宾,为应山处士。舜宾四子:庶、庠、庸、膺,壮大应山门楣,庸子仲涉,即连南夫之父,生□夫、南夫、万夫兄弟三人。从一定意义上来讲,连南夫是湖北应山连氏传人之一,

以连南夫为始祖的这支连氏,也可说是来自湖北应山连氏。

南夫公娶妻王氏,生子三人:长子雍迁居温州,次子珏迁居福州,三子莹奉南夫公居龙溪,是龙溪嫡派,尊连南夫为龙溪始祖(后改称霞漳始祖)。南夫公五世孙秀璇,字康居,南宋末年曾随文天祥抗元兵,激战广东五坡岭,一族战死38人,可谓一门忠烈。宋亡,为避元兵报复,全族迁遁海岛玉田山。"连厝"即连氏祖墓,皆被元兵所毁。

据连钧文先生考察研究,宋元以后,连南夫后裔,散居于漳州、龙溪、海澄、厦门、固安等地。以"思诚堂"为堂号,或以兵部尚书府为"灯号",以别于其他连氏。明清之际,渡海迁台。如台南连雅堂、连震东、连战家族,即是由龙溪(今龙海县)马崎迁台连氏之一。

剑浦延平连氏

剑浦延平,即今福建南平,晋改南平为延平,属揭州建安郡,治所在今福建南平县西南。五代南唐改置剑浦,元置延平路,明为延平府,治所在今福建南平。自宋绍兴以来,为连氏聚居地之一,据传系应山连氏连南夫、连万夫族人。据《延平府志》所载,其著名人物有绍兴八年(1138

年)进士连潜,乾道二年(1166年)进士连茹,乾道壬辰(1172年)举人连致道,淳熙甲午(1174年)举人连掀,淳熙庚子(1180年)举人连城。是一个书香传世,累代簪缨的名门望族,在历代以武职名世的连氏家族中,可谓独树一帜。

福建长泰江都连氏

关于此支连氏的来源,其说不一。据长泰族谱记载:本支为唐代连谋后裔,有一分支连胤迁大田魁城,下传至连正臣,为北宋元祐年间"特进",官朝奉郎。正臣公有子"小五、小六",散居于漳平白泉乡,传四世,至明正统年间,有连垒奉其母入长泰县江都村定居开基。其后裔有连佛保,派衍"龙溪马崎",传至连绳巍时迁居台南。也就是说,台南连氏,即连横、连战家族,是由长泰江都连氏分派龙溪,再迁台南,据此长泰方志办主任王海侨先生认为台湾连战家族即其后裔。

郑喜夫《民国连雅堂先生横年谱》(台北商务印书馆1980年版),据《上党氏纂连氏族谱》及连横手稿《台南连氏家乘》,亦称龙溪马崎连氏分自长泰江都,其上源为漳平感化里和龙岩和睦里白泉乡。

厦门大学教授福建连氏文化研究会副会长连心豪先生在其《闽台连氏源流考略》(《连横学术思想暨学术成就研讨会论文集》)、《闽台连氏源流续考》(《中华之根——海峡两岸谱牒研讨会文集》)中,亦认为:在没有发现更有力的证据之前,"仍宜以长泰江都为马崎连氏之上源"。

但龙溪马崎连氏对此并不认同。龙溪连氏研究会会长连俊三先生和委员连海江先生根据自己多年的研究成果,指出:江都连氏是元末有连姓"小五"、"小六"兄弟至福建漳平县白泉乡定居开基。传三世有"连四八"连法进于明正统十四年"沙尤之乱"中去世,其子连垒,携母入长泰县江都村定居开基,尊连法进为"江都始祖"。连垒之子连佛保于明成化年间去"台南小脚腿"(诸罗县)定居,成为连氏迁台始祖之一。而马崎连氏为连南夫后裔,马崎连佛保与长泰连佛保是同名同姓并非一人,马崎连佛保才是台湾连战家族先祖。所谓"连佛保分龙溪马崎"及"连兴位即连绳巍"是移花接木,张冠李戴;江都连氏与马崎连氏姓氏来源不同,入闽始祖与迁台始祖不同,确实毫无关系。

安徽省社会科学院淮系集团研究中心研究员、福建省龙海市连氏宗亲会顾问马骥先生,支持这一观点,并撰写了"连横家族源流及祖居地考察纪实"(收入《中华

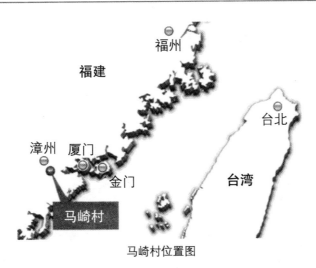

马崎村位置图

之根——海峡两岸谱牒研讨会文集》),认为:连横手书《台南连氏家乘》所说的"连氏系出连山氏,望出上党"中的"连山氏"是指宋代连南夫,"连南夫是龙溪连氏始祖";"连佛保确为马崎始祖,但此佛保非彼佛保",江都连氏三世祖也叫"连佛保",字时中,早在明成化年间去台南诸罗县"小脚腿"(地名)落户。其经历、配偶与子孙名字、葬地与马崎始祖连佛保皆不相同。故断定"此佛保非彼佛保",不能"合二为一"。民国时在台湾流传的《福建连氏播迁分支图》在"长泰江都始祖三世连佛保"名旁加注"分龙溪马崎"五字是毫无根据的。

关于长泰江都连氏的两种说法,目前仍争持不下,尚待进一步查证考辨。

连心豪先生的"闽台连氏源流续考"和马骐先生的"连横——连战家族源流及祖居地考察纪实"两文,均已全文收入本书"文献篇·诸家论述,各有千秋"一章中,以便读者参阅、思辨。

长溪考河连氏(霞浦连氏)

闽东北地区(福安、建阳)也是连氏族人聚居的区域,据统计,该地区现有连氏2万多人。

据族谱所载,该支连氏是光裕公七世孙应公后裔。应公于宋嘉定三年(1210年)避战乱随父由福州浮海迁来长溪考河(霞浦渔洋)定居,距今800多年。其中福安市有5600多人,霞浦有2000多人,其传承世系见附录。

附:唐宋福建连氏进士题名榜

姓 名	字	籍 贯	及第年间	公 元	备 注
连摠(总)	会 川	闽 县	唐咸通九年	868年	终峰阳尉
连作砖		闽 县	宋咸平二年	999年	
连康时	良 弼	怀 安	宋宣和六年	1124年	终朝奉郎
连希尹			宋建炎二年	1128年	特奏名,广西荔浦令
连锐			宋绍兴廿四年	1154年	特奏名
连斗文			宋隆兴元年	1163年	特奏名
连骧	德 称	宁 德	宋隆兴元年	1163年	武举,宋宁德属福州。
连逢辰	叔 达	闽 县	宋乾道二年	1166年	摠之十世孙,官江宁府通判
连楹			宋淳熙八年	1181年	特奏名
连虞凤	应 韶	闽 县	宋淳熙十一年	1184年	
连向	伯 震	怀 安	宋淳熙十一年	1184年	武举
连士登	元 龙	闽 县	宋绍熙四年	1193年	祖康时
连德嘉	时 献	闽 县	宋嘉定元年	1208年	逢辰、文瑜之弟
连世荣	仁 远	侯 官	宋嘉定十年	1217年	康时之孙士登之子
连嵘	清 父	闽 县	宋嘉定十年	1217年	
连少嘉	亨 父	闽 县	宋嘉定十三年	1220年	南夫六代孙
连同之	日 颖	闽 县	宋绍定二年	1229年	逢辰、文瑜之堂弟,德嘉之弟
连士首	廷 举	闽 县	宋绍定二年	1229年	叔文瑜、德嘉、同之,侄琪
连琪		闽 县	宋绍定二年	1229年	文举特奏
连中立			宋绍定二年	1229年	文举特奏
连履孙		闽 县	宋端平二年	1235年	
连安中			宋嘉熙二年	1238年	文举特奏

连　通		侯　官	宋淳祐四年	1244 年	武平簿
连舜元		建　安	宋景祐元年	1034 年	
连希元		建　安	宋皇祐元年	1049 年	
连　潜		顺　昌	宋绍兴八年	1138 年	
连　茹		顺　昌	宋乾道二年	1166 年	
连三瑞		安　溪	宋淳熙十四年	1187 年	
连三益		安　溪	宋庆元二年	1196 年	
连　寅		龙　岩	宋绍定二年	1229 年	
连翼之		建　宁	宋淳祐元年	1241 年	
连梦魁		龙　岩	宋淳祐七年	1247 年	

2. 广东连氏

广东连氏现有人口 5 万多人，位居全国第二。广东连氏大都是宋、元时期由福建连氏分支而来，也有少部分由江西、湖北辗转而来。广东连氏都自称是"上党连氏"，据连钧文先生的初步考察，究其源流，大致可分为以下三大派系：

莆田——潮阳溪南派系

潮汕连氏，包括潮阳、揭阳、汕尾及海丰、普宁等南粤一带的连氏。这支连氏，人口较多、历史较久，为福建莆田连氏分派，尊莆田连氏大始祖连重岩的后裔连金诰（袷教公）为开派始祖。

据汕尾连氏族谱《迁潮史略》记载"金诰公之先祖连重岩，生于福建莆田县狮子巷，官拜军机大臣。宋徽宗年间（1101 年 ~1115 年），重岩公之裔始迁潮阳练江之北（今揭西县），后移徙练江之南，故命曰溪南连氏。

又据大布连氏宗祠族史载称："一世祖金诰公，字有伦，所自出地系福建兴化府莆田县七板桥，生于宋宁宗嘉泰甲子年（1204 年），至理宗开庆己未年（1259 年），由岁贡任昆山县丞，任满致仕。"有一外甥林阐，由进士出身，任潮阳县令，"恳公上任掌文，公即挈家随甥赴任。至潮阳，游览名山大川，阅遍都邑里居，见潮（邑）山明水秀，地饶丰富，不思旋归乡，立籍潮邑，创基址于溪南"。

以上两段关于溪南连氏创基的记载，相互矛盾，一说在北宋末年宋徽宗时，一说在南宋末年宋理宗时，时间相差近150年。而先祖连重岩官拜"军机大臣"，更属不当。因"军机处"之设和"军机大臣"称谓，始于清代，显然是后人追记、讹传。遍查唐末五代至南宋末年，连氏族人中，功业最著、名声显赫、执掌军国大权者，仅五代十国时闽国连重遇一人。如前文所述，连重遇系王审知入闽开基时从龙功臣，任亲军"控鹤都"统帅，后在闽国内乱中拥立王审知少子延曦为闽王（景宗），一度执掌闽国军政大权，最后在内部政治斗争中被刺而死。其身份、经历与族谱所记连重岩相符，故而笔者推断，族谱中所说连重岩，很可能是《十国春秋》中连重遇其人，音转字讹，误为连重岩，或有意避讳改名。

虽然有以上两大疑点，难以确考，但依据一般族谱资料对"始迁祖"记载多较真实的原则来推断，潮阳连氏始迁祖为"金诰公"，始迁地为溪南，这两点应予肯定。

据族谱资料所记，溪南（潮阳）连氏大始祖金诰公生有五子，除长子留于原籍守望祖坟外，其他四子分别开基于大布、东埔、司马浦和蔡沟。明末永历年间，因干戈纷扰，金诰公子孙四处逃难，甚至有的将连姓改为谐音的"邢"、"颜"二姓，故潮阳一带有"连、颜、邢"同宗共祖之说。

另据连钧文先生1999年8月，亲赴大布实地考察，查阅其族谱时，发现其中有一篇谱序系明代景泰年间甲戌科进士连天荣所撰，连天荣系金诰公表为溪南公嫡派裔孙，他游学漳郡，曾拜谒过凤塘纯斋公祠和青蕉朴庵公祠，并访问同宗连氏族亲。在其后所写谱序中提到大布始祖不是直接来自莆田，而是先迁漳浦凤塘，再经龙溪青蕉村而后迁于潮阳。其所记迁潮连氏经历较为详尽，可备一说。

从传世的潮阳连氏的多部家谱来看，潮阳连氏又可分为几个分支。

大布分支：

大布连氏是潮阳连氏中最旺的一支。当今连氏人口总数达20000多人，在港、澳、台和海外有宗亲10000多人，是广东省连氏人口最多、位列全国第二（仅次于福建惠安坝头）的连氏聚居之地。大布乡归县司马浦镇所辖，分大布上、大布下两区。大布上有7个自然村，近2000户人。大布下有800多户。大布连氏奉金诰公（袷教公）为始祖。以金诰公第三子公义公为大布一世祖,以稼叟公、好景公为二世祖。大布上连氏,是好景公长子幽隐公和稼叟公三个儿子的后裔。建有"光裕堂"、"继志堂"宗祠。大布下连氏,均是好景公次子竹轩公后裔,建有"文掌祖祠"和"殿章祖祠"。大布连氏的字辈谱是:"惠弘仲承(成)宇,命钦崇孔中,广远亨(兴)宗同,大德应有跃,世泽绵震洪。"今"大"字辈为第二十世,为最低辈分。大布连氏成立有"大布连氏宗亲会",负责宗族祭祀和各项公益活动,并联络、接待海内外连氏宗亲。

在司马浦镇附近的其他村中,也分布有潮阳连氏金诰公(衿教公)的支裔:

溪南镇(南溪)是潮阳连氏开宗之地,由衿教公长子公祖公留居此地。

夏东浦村连氏,是衿教公次子公祚公开派之地。据大布上《连氏和祖祠志》所载:公义公十一世孙仰静公之长子欲悦公也有子孙传衍于夏东浦村,谱牒已记至第十六世尚宁公。

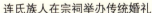

连氏族人在宗祠举办传统婚礼

司马浦镇的蔡沟村连氏,为衿教公第五子公附公分支,后裔传衍于此。

汕尾分支:

汕尾连氏系大布连氏分支,现居汕尾城区东冲镇龙溪乡大园村(原属海丰县)和红海湾田乾镇浦圩。开基始祖为天恩公,清康熙二年(1663年)天恩公之子直仲公携仰南公迁来龙溪定居。今传十五世。其字辈为:"天、冲、仰、瑞、西、延、君、特、宫、道、兴、文、章、仕、贤。"该族多居于大园村及附近小村,计约有连氏族人300人。

海丰分支:

海丰公平镇连氏也出自大布连氏。现有连氏族人100余人。因其族人多外出经商者,无集中居聚之地,因而无独立祠堂、族谱,往往组织当地连氏后裔前往大布祭祖省亲。

普宁分支:

普宁连氏源自溪南连氏,现居普宁大北山水库旁之潮尾村和梅塘镇新连屋。其中潮尾村有连氏近千人,梅塘镇新寨村有连氏约300人。

惠东分支:

惠东县六德乡鲤鱼岭村连氏,据族谱所载,其先祖"源于福建省漳州府龙海县",说明它与潮阳大布连氏同源,村已有400多年历史,以福平公为始迁祖。福平公传碌和公,再传承基公,该村连氏是承基公五子明禄公后裔,今传十五世,全村有连氏400多人,多外出港、澳谋生。

此外,揭阳为金诰公开基之地,自应有其后裔。大布连氏有时来此,在城东"连、颜、邢"三姓祠堂祭祖朝宗。

宁化五荣——五华派系

宁化五荣连氏,是指宁化五荣公后裔,"五荣"是宋初应山令连光裕乳名,"五

上党连氏应山始祖光裕公像图

荣连氏"即连光裕后裔。"五华"亦名长乐，今为广东汕头市五华县。"五华"连氏也为连光裕后裔。

据广东龙门（老隆）、龙川、五华（长乐）等地连氏族谱所载，其先祖为福建宁化连光裕（五荣公）后裔进步、道步、达步三兄弟，于元仁宗皇庆元年（1312年）由福建宁化石壁下葛藤坳迁来。初居五华（长乐），后分迁广东西部、中部，也有的迁至四川、湖南、江西等地，统称"五华连氏"。

现将进步、道步、达步三兄弟后裔支派分述如下。

进步公后裔：

主要分布于龙门县龙江镇岭咀八岭旗村、惠东县大岭镇塘仔口村和东莞市清溪镇黄麻布村等地。惠东连氏分支于五华，东莞连氏则分支于龙川。其中咀八岭旗村有连氏370多人，族谱修于明崇祯二年（1629年），历代累有续修，以进步公十四世孙廷俊公为始祖，分六大房，传11代，有一支分迁于本县左潭镇大坑炼埔村。该谱值得关注的是列有"上党连氏"开基祖连称以下二至十世祖谱系及名讳：

①齐大夫连称——②连挚，周庄王十三年、齐桓公二年（前684年）为齐将军——③连叔（曾见于《庄子》一书）生三子，第三子名石——④连石，生四子。长子连明。为将军，生七子，后由山西上党分迁各地。传至元代共计71代，始入广东。

这是目前国内唯一载有连称世系的族谱。多年从事连氏研究的连钧文先生，认为该谱所记前五代谱系较为可信，五代以后可能不实。

东莞市清溪镇黄麻布连屋连氏，也为进步公后裔，迁自龙川，开基祖是第八世连维云，现有族人140多人。

道步公后裔：

在明嘉靖年间先从五华分到龙川县黄布镇欧江连屋村，居地称"古循州金鱼钓"，开基始祖为道步公18代孙得清公。其后又分到龙门县永汉镇、乐昌县廊田镇和珠海湾等地，以及江西、四川、湖南等省。道步公后裔是三兄弟中支派最多、分布最广的一支。

达步公后裔：

分居揭阳林田庙龙宫墩，惠阳南抚禾苗田，东莞市樟木头镇、官井头等地。其中东莞市樟木头镇连氏最多，达1200人左右，系明代自揭阳县林田庙龙宫墩迁来。

据族谱老序所载："我祖达步公迁于揭阳县林田庙龙宫墩。原为一脉，因地异人各分散，逾远逾隔，事实不详，不敢混

记,而亦不敢云吾祖之无传矣,而寻其源
立其谱也。我始祖光裕公(字五荣),原居
福建省长汀府宁化石壁下葛藤坳。后移居
广东潮阳,生三子:进步、道步、达步。二世
祖进步公一脉居龙川、长乐(五华)等地
(后分支龙门、龙川和江西南康亚华乡叶
坑村)。道步公一脉居于赤峡、南蛇岭、峡
四坑等地,时因干戈扰乱,移居善小桂(今
博罗县)等处。"后又分支永汉、乐昌、江
西、湖南、台湾等地。

现在樟木头镇连氏分居于大围村
(250人)、背围村(210人)、新围村(300多
人)、九明村(130人)、新坑村等5个自然
村。

大浦连氏

广东大浦县是广东连氏第二大聚居
之地(仅次于潮阳大布连氏),有连氏近万
人。主要分布于平原镇坑仔村口、富竹村、
五家畲,双溪乡清泉溪,枫朗镇王兰村,百
侯镇世古坪和茶阳镇南阳村等地。

大浦连氏源自福建龙岩连氏,于宋末
由龙岩迁入大浦高陂鸟槎乡开基,开基始
祖是连大十三郎。今传二十二世。

大浦茶阳连氏也来自龙岩,始迁祖为
一轩公,传二十五世。

今大浦县枫朗镇王兰村是连氏较集

中的村庄,共有连氏千余人。原全国人大
副秘书长、国务院侨办副主任连贯即是该
族十七世孙。银江镇河口长排村(200多
人)、古野镇三洲坑村(200多人)、田背坑
村(100多人)、双溪乡清泉溪村(600多
人)、大麻镇北埔村、王假镇等地,都是王
兰连氏分支。

大埔平原镇也是连氏人口较多的地
方。坑仔口村有800多人,五家畲、坑头平
村共约1000人,富竹村200多人,都是连
大十三郎后裔。

属于大埔连氏分支的还有揭阳、广
宁、海丰(梅林屯)、潮安、云孚、罗定等地
的连氏。广西宾阳、贵港等地也有大埔连
氏分支。

仁化连氏

仁化连氏开基始祖为明六郎,迁自江
西龙南,而明六郎先父万一公(大一郎)又
出自福建上杭,因而广东仁化连氏也可说
是出自福建上杭。明六郎有裔孙9人:得
名、得升、得瑛、得文、得贵、得富、得琼、得
行、得洪。明六郎初迁仁化城口镇。其后子
孙散居城口镇上光区上寨村、新白区白石
纲塘窝仔、红山镇清水江、文韶镇白竹村
等地,有后裔1000余人。其字辈排行为:
"得仲文应飞,启上永士兴,世代异荣昌,

光辉显秦邦,椿萱原振秀,兰植自隆芳,广基通集福,立忠定纲常。"今已传至第15代昌字辈。由此推算,得字辈9人距今450年左右,从明六郎算起当在20代以上,也就是说,仁化连氏当是在元末、明初由福建、江西传入广东。

据不完全统计,广东省迄今已知有20个县市、50多个村子为连氏聚集之地,人口达5万多人,大多系宋、元时期从福建迁入,少部分来自江西、湖广地区。

3.海南琼文连氏

海南琼文连氏指在海南岛琼山和文昌二市的连姓,今总人口约800多人,分别住在该二市的十几个村子。较大的聚居地为琼山市(现为海口市美兰区)三江镇茄南的赤土村和文昌市抱罗镇的大约村(又名大学村)。

据族谱所载,海南琼文连氏开基太祖连宽(旧本或作一、二公)来自福建莆田坎头村(或名次头村今查嵌头村),时在宋仁宗年间(1023年~1063年)以官宦教谕入琼并家焉。其后代在旧名为白山海田(甸)的地方传衍,到明朝初已传17代,子孙纷纷。

从宽公始,按一代30年计,琼文连氏迄今已有千年历史,当传30多代。由于明万历年间(1605年)那里发生大地震,田沉屋毁,灾及七十二村,幸存者到处逃生,家族分散,族谱失废,故宋以上无法追本续源,震后修谱时只好重新排世,大约断了近400年16代(具体情况附一览表于后)。

琼文连氏明代时分二房支,一房支以琼山坡上村为中心,字辈用(以上无考)世、时、同、天、德、延、朝;一房支以文昌大约村为中心,字辈用(以上也无考)其、绍、登、科、日、加。清乾隆年间修谱时众议合一,统用字辈,即统一以"加"辈为最晚非续之。计24字:士、世、宏、巨、开、魁、及、第、仕、宦、家、声、诗、书、为、业、光、荣、祖、宗、大、振、鸿、尤。并分别以"天"和"其"为一世重新排世。迄今出"声"辈(十八世),各派平均传14代。具体列下:

日生公派:声字(十八世);

绍树公、罗厚村派:仕字(十五世);

德辉公、德成公、绍光公派:第字(十四世);

德新公、德壹公派:及字(十三世);

德安公、德甘公派:魁字(十二世);

绍祖公、绍宗公派:巨字(十世);

各派分布村落:

文昌市：抱罗镇大学村（也名大约村），有100多人；锦山镇厚墩村（也名后堆村）有数十人；东路镇西坡村和湖山镇五美坡村以及竹山村、大典村、福塘村也都有少数连姓人。

海口市美兰区（原琼山市）：三江镇赤土村，有230人，坡上村（也名罗三坡村）约有40多人。

近代以来，海南连氏纷纷漂洋过海到异国谋生。主要分布于新加坡、马来西亚、印尼、越南、泰国等东南亚地区及港台等地。

宗祠：琼文连氏从前没有像内地一样的宗祠，只有与他姓共有的"公庙"，公庙是祭祖的小庙。赤土村的公庙，与该村陈姓、吴姓共建。大约村的公庙与该村符姓人共建，名"恩主庙"。近年来修饰一新，规模较大。

4.浙江峃前连氏

浙江峃前连氏是分布于温州乐清市虹桥镇峃前的一支上党连氏后裔，尊南宋名医连南夫为开版之祖。

据族谱文献记载，连南夫祖籍湖北应山。其九世祖为唐代进士连总，原籍福建闽县，第上党。其子连光裕于北宋初年任

宋绍兴旌表孝善世瑜公像图

应山县令，有善政于民，遂落籍应山，其孙连舜宾为宋代名士，连南夫即舜宾五世裔孙，历任广州知府、宝谟阁学士。因不附和议，遭秦桧排斥。罢官后，携三子：宇茹、宇芹、宇苢经福建至温州。次子宇芹、三子宇苢分别落籍温州（鹿城）、安固（瑞安）；他与长子宇茹则避居乐成（乐清县）横山村。据清同治十年（1872年）重修的《鹤峰（峃前）连氏宗谱》（卷之一）"总世系图"所载"第五世——南夫，字一阳，登宋……进士，授广东提刑转运使，迁知建康府，寻尹

泉州。时金南扰,山河阴隔,就官所居焉。及后携子自闽徙温,为乐成始迁祖……弟万夫,同为淑颖公所出。娶王氏,葬凤凰山"。宇茹公娶李氏,生子,世瑜,继南夫公后成为乐清(峃前)连氏第六世祖。

迄七世祖世瑜公与孺人方氏,以孝闻于世。于绍兴二十九年,朝廷旌表建孝善坊于横山下马,王十朋作序(见连氏谱序和《王梅溪诗集》)。王十朋,邻乡四都左原人,距横山约十华里,他因同情南夫公遭遇,尊重南夫公德行,故与连家有交往。先前,当王十朋未中状元、在左原办学时,世瑜公的三个儿子——士表、士则、士宪都从读于他。后三人都以学行登显秩:士表公中宋嘉泰年间举人,授太子詹事;士则公登宋嘉定年间直阁;士宪公中宋嘉定年间举人,授秘书监。

至第九世的如琦公,登宋咸淳元年(1265 年)进士,授门下省起居郎职;第九世的如茝公,登乡科宪翰、授文林郎,宋德祐元年(1275 年)徙居新市里(今虹桥镇)。将孝善坊迁建新市。此为连氏从横山移居虹桥镇(新市)之始。

到了元末,方国珍占领温(州)、台(州)、宁(波)各县,派部属刘敬存率兵入新市,毁孝善坊。连氏第十二世祖元恒公"倾资聚族,募乡之义勇者,立寨于鹤荣之巅"以自保。

明洪武初,连氏族人移居龙山(即鹤峰)之阳前(峃前)。

以后到元恒公曾孙、即第十五世的文会公,重又将孝善坊移建在峃前村南三华里之地,请邻村瑶岙名人(明弘治九年进士)曾任江西吉安知府的朱谏公作《孝善坊记》。元恒公曾孙、第十五世的文稷公,在明宣德七年中举人,初授沂水训导,后任王府教授。卒后钦赐"攀龙",礼部尚书陆鳌公在其墓前(本村岙底)树石坊,上刻"攀龙"二字。

乐清峃前连氏自第八世开始分支,到第十三世时族丁相当兴旺。例如第十二世祖元恒公生五子,立五房;其次子(连氏谱世系序列第十三世,按房称峃前二房第一代祖)道丕公,有子七、孙二十三。随着时代推移,不断有连氏后裔向各地迁居。现分布在乐清市内有虹桥、南岳、蒲岐、天成、淡溪、石帆、清江、清北、雁荡等乡镇的三十多个村庄,总人数约 6 万,按全市姓氏人口排列居第二十九位。其中居住最集中的,当推峃前溪东、溪西两村(约 600户)。另外,分居在浙江省内各县市,如温岭市、玉环县、上虞县等也为数不少。

峃前连氏族谱从元朝由第十一世的同祖公编纂第一次家谱开始,历代都有续修。现存有乾隆十八年谱,同治十年谱、民国三十七年谱和新编的 1981 年谱。宗祠方面,有连氏大宗祠和大房、二、三、五房祠堂(四房后裔迁居上虞,在隋居地另立祠)。这些古祠,虽历经浩劫,现在都已整修或重建。故连氏宗族在峃前村有"五祠二坊"之称。

(四)明清风云多变幻
枝柯遍布九州春

明清两代是风云变幻的多事之秋。为医治战争创伤,巩固封建统治,发展社会经济,官方组织了多次大规模移民,中华连氏也随之播迁流徙,遍布各地。在闽、粤二省为中心的南方连氏蓬勃发展的同时,留居上党的北方连氏也重振雄风,在中华连氏的发展史上留下了浓墨重彩的一笔。

1."靖难之役"显忠烈,襄垣连氏垂青史

"靖难之役"是指明朝初年,明太祖朱元璋去世后,其第四子燕王朱棣,以"清君侧"之名从北京起兵,攻打南京(明初定都

南京),夺取皇位,登基称帝,改年号永乐。史书上称这次夺权事件为"靖难之役"。

在此次"靖难之役"中,御史连楹直斥燕王之非,壮烈牺牲于南京金川门下。因连楹世居上党襄垣,襄垣连氏遂声名鹊起。

襄垣,本春秋战国时韩之地,因该城为赵襄子所筑,故名襄垣。秦时置县,属上党郡,汉、晋因之,北魏建义元年(528 年)置襄垣郡,北周为韩州,隋属上党,唐属潞州,明、清属潞安府。今属长治市。故治在襄垣县北 13.5 公里故县村,唐武德年间移治今襄垣县城。

襄垣位居上党中心,与潞城、屯留、黎城等县为邻,是炎帝连山氏榆罔及其后裔活动的中心区域。因而在王莽新朝复古改制时,在襄垣设"上党亭",以示其为古上党之地。从后世出土的一些碑碣、墓志来看,襄垣确是中华连氏"开宗上党"的发祥祖地和族源所在(参见《大周故飞骑尉连府君墓志铭并序》)。

由于史、志资料不足,而私家修谱之风始兴于宋代,故而从春秋、战国到魏晋,襄垣连氏的发展脉络和传承世系,难以得知。但从唐初官方钦定的《贞观氏族志》中,将连氏列为上党郡"五大郡姓"之一的

襄方古国遗址

记载来看，从门阀制度盛行的魏晋六朝，到注重门第的隋唐时期，"上党连氏"当是人才鼎盛的望族大姓，否则不会列入"郡姓"之中。而出土于襄垣阳泽河中连氏祖坟的唐代《大周故飞骑尉连府君墓志铭并序》、《大唐故处士连君墓志铭并序》，展示了北魏到隋唐襄垣连氏的风采，也勾勒出上党连氏发展的基本脉络，是海内外探讨、研究上党连氏的珍贵资料和文物实证。

更为难能可贵的是，1986 年又在襄垣县南峰村发现了一部《连族谱牒》，记录了元代至元年间到民国二十六年（1937 年）共 700 多年襄垣连氏发展脉络和分支衍派，是上党连氏研究中的又一重大发现。

襄垣《连族谱牒》的发现者和上党连氏研究的发起人，是上党连氏后裔、《人民日报》原军事评论员、国际评论员连云山先生。1985 年新加坡实业界巨子连瀛洲先生访问北京，辗转托人找到连云山先生，托他查找北方上党连氏的"根祖"所在。由此而揭开了上党连氏研究的序幕。

1986 年 2 月，连云山先生专程回到上党，进行实地调查考察。在当地文史工作者王怀忠、马书岐等先生的陪同协助下，先后走访了襄垣、沁水等县的十余个村庄，访问了众多连氏族人，找到了被弃置于破庙乱砖中的《大周故飞骑尉连府君墓志铭并序》的石碑，建议当地政府作为重要文物，保存于室内。又在距离襄垣百里以外的沁县连家庄，发现了几块宋代初年的连氏墓志石碑。而最重大的发现，则是在襄垣县一个连氏族人聚居的南峰村农

民连兴华、连宪明家中，访求到一部珍藏了整整半个世纪的《连族谱牒》。

《连族谱牒》系民国二十六年(1937年)潞安翰墨林书局石印本，共五册五卷。首一卷，是民国二十三年(1934年)在外任职的连上达等15人，将襄垣县及周边各县30多个连姓村落中的祠堂石碑抄录后，和分散的谱记，整理编纂而成。谱中收录的十多篇石碑序文最为重要，除唐代连简墓

襄垣永惠古桥

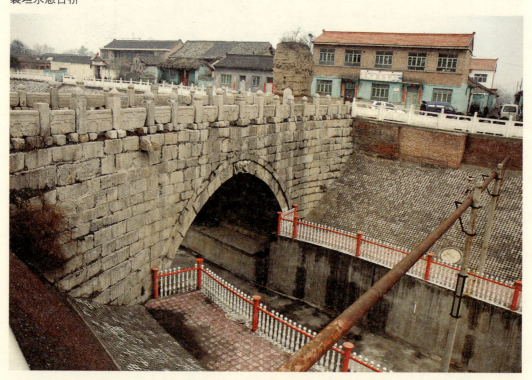

志铭外，最早的是明代万历十七年碑刻，其后为康熙、乾隆、道光、咸丰和光绪初年的石碑碑文。并附有历代名人和连氏外迁记录。各祠堂石碑 1958 年前尚都保存完好，1958 年大兴水利修筑水库时，全部被大铁锤砸断，作为水库坝基沉入库底，实是一种无可挽回的巨大损失。《连族谱牒》也就成为保存这些石刻资料的珍贵文献。

《连族谱牒》所记，从元朝至元年间的连肇开始。连肇，为襄垣阳泽河村人，至元间进士，历任潞城、陵川、汾州等地教谕，转阿都太尉府参军，为山东道贡院试官，赠集贤院学士，后弃官归隐民间。《山西通志》《潞安府志》《襄垣县志》均有小传。

连肇之子培基（基业），英年早逝，有子二人：连梧、连楹。以次子连楹最为著称。连楹字聪，号栋宇。因幼年丧父，家道清贫。母亲李氏出身名门，知书达理，亲自课读二子，抚育成人。连楹聪慧好学，刻苦自励，读书山中，"日炊米一杓"。秉性忠直，文章练达，明洪武中壬子科（1372 年）举人，被荐为国子监太学生。官承敕郎，任翰林院左春坊太子赞善。因博通经史，对太子"启沃良多"，升任福建道御史。刚正不阿，深得明太祖信任，明太祖嘉其"忠心刚正，明视听达，民情恪尽，足以激浊扬清"，先后委任其为巡城、巡海、巡仓御史达 23 年之久。

及至明太祖驾崩，由皇孙朱允炆继位，史称"建文帝"。由于建文帝年幼懦弱，各路藩王手握重兵，心怀异志。为巩固皇权，建文帝采用方孝孺、黄子澄、齐泰诸人建议，着手"削藩"，诏令诸王不得节制文武吏士，更定内外大小官制。朝廷、官府与各地藩王之间的矛盾一触即发。建文帝元年（1399 年）七月，其四叔燕王朱棣以"清君侧"为名，从北京起兵南下，发动了历时三年的"靖难之役"。当时朝中大臣多坐视观望，甚至与燕王秘密联络，伺机而动。而连楹与御史董镛则"戮力同心，誓死报国"，发现怀有二心的朝臣，就检举弹劾。建文帝三年（1401 年）十一月，燕王大军进抵南京金川门下。燕王的胞弟谷王朱橞与金川门守将李景隆立即开门投降。连楹则挺身而出，拦住燕王的马头，指斥燕王："以臣篡君，可谓忠乎？以叔残侄，可谓仁乎？背先帝分封之制可谓孝乎？"词色甚厉，使燕王无以回答。连楹见燕王不听谏阻，"叩马欲刺燕王"。于是燕王大怒，命左右杀掉连楹。连楹毫无惧色，"从容引颈受刃，有白气冲于天，尸僵立不仆，气色如生"。

燕王进入南京后,登基称帝,后迁都北京,即明成祖永乐皇帝。明成祖即位后,一面搜捕不知去向的建文帝朱允炆,一面清洗忠于建文帝的文武大臣,齐泰、方孝孺、黄子澄等满门被杀,以奸党之名被杀者甚众。连楹家族也遭受株连。

据族谱所载,连楹有子五人:锡、钊、镛、钜、铢。"靖难之役"后,其长子、四子"渺而难稽",据传逃至福建,投奔连楹门生故旧;三子连镛因曾任真定主簿,故其子孙和五子连铢后裔,逃匿到邯郸、真定一带;二子、四子中有后裔逃回襄垣老家。

据多年从事连氏文化研究的连钧文先生推断,福建惠安坝头连氏和江南石城连氏,很有可能是连楹后裔。

另据福建顺昌县郑坊乡罗坊村连氏族谱记载,其始迁祖连黑茂原名钜四,明永乐年间14岁时随一"老者"逃难到当地的大酒林山搭寮居住,以打铁为生,后又迁"半月落红"的风水之地定居,取名连源村(俗语连厝)。传说该老者为钜四父亲的亲朋故旧,后以其女配与钜四为妻。生子二人:爱元、爱棠,分为两大支房。爱元公生四子:锦光(无传)、锦崇、锦荣、锦隆,次房爱棠公也有裔孙传世。

令人费解的是,在爱元、爱棠长大成人后,钜四夫妇和"老者"突然离去,有人推断,可能是回到山西襄垣老家守望祖坟。这与襄垣连氏族谱中所说"连楹二子、四子有后裔回祖籍传衍"相同。"钜四"可能即连楹第四子连钜。

在连楹遇难,明成祖登基后,襄垣老家的连氏族人也纷纷避难外迁,"子孙四散,有同里而分居者,有分里而异居者"。连楹长兄连梧迁居到本县南峰村,有三子:得温、得清、得实。得清后裔迁到广平府(今河北大名)琵琶庄,得温一支迁到本县李村里四甲,得实一支迁到李村里一甲。今襄垣县有东李村、西李村与南峰村相邻,有可能是连楹、连梧外祖父、舅父李氏所居村落。故而连氏后裔逃难于此,求得庇护。

及至明成祖永乐帝去世,明仁宗朱高炽继位,大赦天下,洪熙元年(1425年)十一月壬申,下诏:"建文诸臣家属在教坊司、锦衣卫、浣衣局及习匠、功臣家为奴者,悉宥为民,还其田土。"十二月癸卯又下诏:"建文诸臣外亲全家戍边者,留一人,馀悉放还。"使"靖难之变"中遭受株连的众多臣民得以获释、平反。连楹子孙也于此时赦免,回归襄垣阳泽河故里。由于明仁宗仅在位一年,为建文帝诸臣平反之事未能完全落实。

万历十一年（1583年），广东道御史屠叔方又上奏朝廷，称"靖难之役"中，"忠臣已褒，外亲未宥，恳望圣恩推广明诏，大慰忠灵，以培圣代纲常"，将"靖难之役"中"被罪诸臣，遵奉先年诏书，各于生长乡邑，建祠专祀，恤录坟墓，苗裔仍量赠官，赐谥"。万历皇帝批准了这一奏章，下令各地遵照执行。

万历十七年（1589年），经连楹六世嫡孙连教多方奔走、申诉，始得到山西按察司正式批文："连乡宦（楹）果当靖难死节，此系忠臣，例建祠岁祭，本县查实，即时抄给勘合，准入乡贤祠。"

按察司及守、巡两道，委派潞安府推官、南皮槐亭人李腾鹏（一说曾为上党太守），核查得实，将连楹入祀乡贤祠，并在阳泽河连氏祖茔修建连楹衣冠塚。李腾鹏又亲自撰写墓志，刻石立碑，以记其事。

嗣后，朝廷追赠连楹为詹事，谥号"刚烈"，《明史》为之立传。襄垣连氏以连楹的忠烈事迹，留芳青史。

2.明清洪洞大移民，连氏子孙遍神州

姓氏播迁和大规模移民是一对孪生姐妹，大都发生于朝代更替，社会动荡的历史时期。明清两代建国之初，为医治战争创伤，恢复和发展社会经济，巩固边防，屯田戍边，组织了多次大规模移民。中华连氏也在移民大潮中，播向全国，落地生根，枝开叶散。

规模最大、历时最长、分布地域最广的移民当属明初洪洞大槐树移民。"问我祖先来何处，山西洪洞大槐树"，这一脍炙人口的民间俗语，极其生动、形象地反映了山西洪洞大槐树在我国移民史上的重要地位，和炎黄子孙对洪洞大槐树的眷恋之情。

据史、志、族谱等文献记载，和众多的专家学者调查考证，洪洞大槐树移民多为有组织的官方移民，始于金代天辅年间（1117年～1123年），延至清代乾隆年间（1736年～1795年）。历经金、元、明、清4个朝代，时间跨度达600馀年。移民次数在20次以上，有确凿文献记载的即有18次。其中以明代洪武年间移民次数最多（10次），规模最大，达80万人以上。历代洪洞移民姓氏达618个，几乎涵括了北方常见姓氏。迁出民众分布于11个省市、227个县（市）。主要分布于山东、河南、河北、陕西、山西、甘肃、安徽、宁夏、内蒙、江苏等地。移民来源主要是山西太原、平阳、泽、潞、

"根"

辽、沁及汾州等府州各县,其中晋南、晋东南(上党)地区占了山西移民的多数。

　　连氏,作为上党地区的望族大姓,经由洪洞而迁往各地的人口当不在少数。遍布全国各地的连氏宗支有相当一部分是在明、清时期由洪洞移民时迁出。

　　河南连氏

　　地处中原的河南是上党连氏南迁首站之地,是北方各省中连姓人口较多、发祥较早的省份。如唐末五代入闽的连氏,就出自河南固始县。此外,在新蔡县韩集乡有周连庄、舞阳县娄店乡有连寺村、禹州花石乡有老连庄,鹿邑、方城、济源、安阳、信阳等县,均有连氏聚居的村落,河南连氏在20000人以上,保存有连氏族谱、连氏祠堂。其中河南禹州连氏人口最为密集,是由洪洞移民的连氏典型个例。

　　河南省禹州市连氏,遍布全市23个乡镇,65个自然村,3100馀户,16500馀人。明朝以前,禹州无连姓,明洪武二年,山西洪洞县连茹的第五子连海携英、春、朋、亨四子,自山西省洪洞县,迁居于禹县(即今禹州市)城东八里老连庄村,是为禹州连氏之始祖,现散居小连庄、山连庄、龙池村及其他60多个村庄之连氏均系从老连庄迁出。在老连庄仍有始建于清代、重修于民国年间的连氏宗祠。

连氏地灵人杰,乃禹州之名门望族。六世连泮,号嵩阳;号称中原八俊、连泮之长子七世连格,号小嵩;连泮之次子七世连格,号少嵩;父子兄弟同登皇榜三御使:十四世连云鹏、连占鳌、连振铎清朝先后三举人,以上《禹州市志》均有传。现代禹州连氏更是人才辈出,河南省三门峡市市委书记连子恒、河南省新乡市市委书记连维良、同济医科大学社会科学部经济学教研室教授连祥卿、河南司法警官职业学院监所管理副教授连春亮、内蒙古大学教授连锡山、中原区西连河中西医诊所医师连聚林、著名画家连华岳等均系禹州连氏。

禹州连氏人文资源丰富,文化活动比较积极,先后成立了禹州连氏宗亲联谊会和文化研究会,禹州老连庄连氏每年春节时都要举行隆重的祭祖仪式,而且男女老少都要参加。2005年3月27日(农历二月十八日)在禹州老连庄连氏宗祠,举行了规模盛大的"中原连氏联谊祭祖"活动。来自河南各地的连氏宗亲代表600多人参加这次盛会。

早在2002年3月,年届65岁的龙池村连殿卿又倡修族谱,3年来,他们跋山涉水,历尽艰辛,四处查访,《禹州连氏族谱》和《禹州连氏志》即将修竣。

禹州连氏也有其统一的字辈排行,是

河南禹州老连庄连氏宗祠

清乾隆年间举人连云鹏拟定：

"云、振、中、华、远、文、昭、如、新、维、勤、光、有、水、万、处、太、平、春"。之后于民国三十五年又续定二十字："诗、书、传、家、宝、道、德、献、国、琛、礼、义、宣、教、化、忠、信、理、世、民"。2004 年 2 月 2 日又增续二十字："宇、清、承、天、顺、耀、宗、弘、英、俊、修、明、启、祥、瑞、治、学、晓、经、伦"。

新路连氏

在洪洞的早期移民中，有一支上党连氏迁到山西忻州地区，形成了"新路连氏"。据忻州市坡头村《连氏宗谱》和新路村《连氏族谱》所载：新路村连氏始祖连玉，其父连和卿、祖连思义，祖籍上党，世居平阳（今山西临汾），为避战乱，于元至正三年（1343 年）从洪洞迁至阳曲（今属太原市），后定居于忻州路村坡头村。连玉字昆岗，号羡流，明洪武丙子科（1396 年）举人，初任常郡学正，后升国子监助教，曾教授过明太祖之孙建文帝学业，深得方孝孺称赞："今之连师，即古之昌黎也。"在建文帝的授业老师中，竟然有上党连氏两位同宗，也是连氏历史上一段佳话。

"靖难之役"后，连玉目睹了方孝孺、连楹等人的悲惨遭遇，于是"挂冠归隐"，

武洪明昆岗公像

"缄口不谈朝政"。永乐七年（1409 年），连玉父母双双下世，连玉遂将坡头村祖业尽让于其弟连澄，在流江村九龙岗下选址另建新村，名曰"新路村"，以示先人来自路村。连玉被尊为新路连氏开派始祖。永乐帝去世后，明仁宗朱高炽、明宣宗朱瞻基先后继位，特赦"靖难之役"中有牵连的众位功臣，圣旨宣召连玉，连玉因年迈多病，未能应召。上世纪"文化大革命"期间，从连玉墓葬内出土了一件"双耳铜鼎"（铜炉），上铸"大明宣德六年工部尚书臣吴帮佐监造"字样，当是朝廷御赐连玉之物。嗣

后明英宗、明世宗等也数次下诏为"靖难之役"诸臣平反、昭雪，连玉作为建文帝老师罢官归里，也当属此列，例有封赏。清乾隆帝时，又御笔亲题"国子师表"四个大字，制成龙门皇牌，高悬于连氏祠堂门楼。

据连氏族谱所载，明、清两代，新路连氏共出文、武进士各1名，文、武举人各2名，监生11人，贡生13名、太学生7人、庠生（秀才）44人。堪称耕读传宗、累世簪缨的名门望族。

新路连氏也是清代著名的晋商家族。连氏的钱庄、布庄以及杂货、毛皮等商号遍布包头、归化（今内蒙古自治区呼和浩特）、集宁、萨拉齐、丰镇、哈密、伊犁、乌鲁木齐等地。著名商号有"天顺玉"、"双和德"等。同时连氏子孙还在归化以南垦荒种植，今呼和浩特市南郊的桃花乡连家营子村，就是当年连氏族人屯垦而形成的村落，其开基始祖连养全即系新路连氏第十世裔孙，至今已传至十二世，在全村200

出于连氏祖墓的明代双耳铜炉

多人中，仅有一户姓张，其馀全都是新路连氏后代。

内蒙古连氏

内蒙古自治区连姓主要分布在中西部地区。这里在1952年前属绥远省管辖，而早期绥远地区是由山西省托管，故山西汉民来内蒙古的数量很多，其中包括连姓人。

查阅该地区地方志及地名史料，可以看到，明末清初以来，许多山西人北移内蒙古，尤其是现在土默特川。那里的很多村庄名，街道巷名，就是沿用山西忻州县名或姓氏而命名的，如宁武巷、代州营、张家村，是连氏于清康熙年间迁来定居并命名的，迄今已有近400年历史，繁衍12代，200多人。同时又分支到附近许多农村，如呼和浩特郊区密板、什拉无素、鄠独利等，呼和浩特市内机关单位、学校和企事业等部门有很多该村来的连姓人。另在呼和浩特市郊土左旗的雨丝各齐、什不更、忻州营子等村，虽不是以姓命名，但都聚居着连氏。山西连氏人来到内蒙古，与当地蒙古族人长期混居，世代友好相处，共建家园已数百年了。以上提到的内蒙古连氏，都是山西忻州新路连氏连玉之后裔，虽然有些人已不知排第几世，但知道自己的祖根。除此，在内蒙古中西郊地区另有些连姓人中，有运城来的，有上党（长治）来的，有阳曲来的，有朔州来的和沁源来的，但都是山西来的。自治区副主席连辑的祖籍就是在沁源。除山西外，也有少数从山东、河南省来的，但还没形成有聚居点。目前从职业上看，由于连姓有注重教育的好家风，不论男女均受过正规教育，文化程度相对比他姓高。在农村的比较殷实，生活过的比较好，年轻一代升学外出进入城市，甚至出国者不足为奇；在城市的多为精英，在政府机关、文教卫生、工商部门、社会各界中工作。全区连姓人口总数约在 2500 人以上，其中中西部地区新路派占近 2000 人。

内蒙古西部地区与山西的历史亲缘非常密切，除地域相邻外，还与"晋商"经商有关。我们知道，清代（山西）商人在中华民族史上有光彩夺目的一页。而晋商的活动舞台正在内蒙古中西部一带。晋商从丰镇→平地泉（集宁）→卓资山→呼和浩特→察齐素→萨拉齐→包头，古称"茶叶之路"。著名的旅蒙商人。拉着骆驼，硬是把生意从山西做到东北、华北、西北、直至欧洲。"茶叶之路"带出农产品，引进滚滚财源，不仅诞生了中国的票号（银行）"日

昇昌"，还建造了山西诸多闻名的深宅大院，而且充实了清朝国库。这支晋商大军中当然不乏连姓人。他们多数居家原籍，一个外出做生意，数年回家看看，老了就不再去了，由下一代接替上辈事业；但也有干脆携眷移居口外不再回老家的。现呼、包二市家居几代的老连氏，基本上属于这样情况。他们之间由于同乡同里，同姓同宗，从祖辈到当辈，互相往来，亲密无间，一直维持着"本家族人"的亲近关系。

山东荣成连氏

连氏始祖连子实，初名"成"，原籍浙江杭州之府钱塘之县，世宅八里庄家牌楼群街。

元至正丙午年（1366 年）四月，连子实从军于明丞相徐达麾下。至洪武二十八年（1395 年），因征战沙场三十多年，子实积劳成疾而退役，长子连寿奉皇命代其从役。

明建文元年，二世祖连寿随燕王朱棣起兵造反，由于屡建战功，先后被燕王授以"小旗"、"总旗"军衔，建文三年十一月赐爵本所副千户（属地方军官员，受卫管辖，官职品级为从五品）。

永乐称帝后，颁旨封二世祖连寿为"燕山左护卫指挥佥事"（正四品），子孙后

代世世不绝。后封爵为"金吾左卫指挥佥事"（正四品）。

永乐十五年（1417 年）钦调连寿任山东都司靖海卫指挥佥事，并追赠始祖子实为"明威效将军"。宣德二年六月，追赠连寿母亲王氏和夫人杨氏为"恭人"。

此后，连氏的一支在荣成定居下来，承袭着二世祖的封爵。崇祯十七年（1644 年），李自成攻陷北京城，明朝宣告灭亡，连氏家族世袭九世的皇封爵禄到此终结。与山西地域相连的河北、陕西也是上党连氏较早播迁的地区。如河北邯郸连氏，据

说即是襄垣连氏连楹第三子连镛后裔，大名府连氏为连楹侄儿后代。有一支分迁到成安县长巷乡长巷村，聚族而居。

陕西郇邑城关连家河村，有连氏 400 多人，均是由洪洞迁来的上党连氏后裔。其中有一支迁到地域相邻的甘肃省庆阳地区西峰市宁县。据该支 1963 年新修的族谱云：开基始祖是席斋公，于清康熙年间迁自陕西郇邑县城关镇连家河村。一至三世均为单传，到第四世三友公时，始生四子，分为大房、二房、三房、四房，今已传十世。

福建宁化石壁村

3.漂零异域称"客家",落地生根绽新枝

"客家",是中国汉族的重要组成部分,是东晋以来自中原南迁汉族后裔,因"据客地以为家",故称"客家"。主要散布在华中、华南各省,以闽、粤、赣三省最为集中。据不完全统计,目前分布于华南各省客家人口在5000万以上,约占汉族人口的5%左右。旅居海外的客家人口也多达300万左右。

在千余年的历史长河中,"客家"不断地繁衍迁徙,枝柯遍布,落地生根,但仍念念不忘其中原祖地。据吴炳奎《客家源流初探》统计,在100个客家姓氏中,源于山西的客家达17姓之多,"上党连氏"即其中之一。据族谱资料所载,客家连氏主要分布于福建宁化、广东梅州、海南及江西赣州,明、清两代向广西、四川、云南、贵州等地播迁。

据广西南平县连氏族谱所载,其远祖连对扬世居福建汀州宁化府,明末有一支迁至广东顺德滩圩,传至君达公时,再迁广西南平县老鼠岭。君达公生子二人,长子遂礼。遂礼公生五子,人丁兴旺,分为五房,散居南平各地,至今已传十五世,人口达1000余人。

广西桂平连氏也源于福建宁化,据该县石龙镇交架屯连氏族谱所载,这支连氏先由福建宁化迁至广东五华(长乐),再迁广西桂平,其开基始祖为"五华连氏"长房达步公后裔连成宗,其子出仕桂平,遂为桂平连氏。

此外,广西宾阳县和贵港县连氏,也是由福建宁化经广东大埔迁徙而来。始祖连毕兴于清初落籍宾阳武陵镇,下传必岭、古双二支连氏,古双连氏又迁贵港马赖屯、陈刘村及石牙乡等地。

四川连氏历史较短,主要是明末清初"湖广填四川"时入蜀。已知成都金堂县龙王乡、宜宾市、广安县、古蔺县、彭水县、大足县及重庆等地均有连氏散居。其中龙王乡连氏源于广东龙川连屋村,其开基祖为连洪、连兰茂,至今已传二十二世。广安连氏则来自福建龙岩。

江西连氏,则支派较多,人口达10000多人,主要分以下3支:

一是福建宁化连氏分支,自宋代以来即有人到江西谋生,明、清时遂定居于江西宁都、石城等地,系光裕公五世孙连祥后裔。今已广布于信丰、会昌、广昌、南丰、赣州、抚州、贵溪、吉安等地,总人口多达

万人。

二是广东连氏分支，主要分布于南康、新余、龙南等地，也是光裕公后裔。

三是直接来源于中原的上党连氏，主要聚居于江西北部的长江南岸，经由河南、湖北迁居于南昌、修水、吉安、抚州、德安、太湖等地……

这些散居于大江南北的连氏族人，或耕读传家，或经商负贩，或隐迹山林，或名登仕宦，生生不息地传承着连氏的血缘世系，时时处处抒写着连氏的文治武功，演绎了一道道靓丽的连氏文化风采，展现了连氏族人的高风亮节。

如前述"靖难之役"中的御史连楹、国子监助教连玉，同为建文帝业师，同为"靖难"忠臣，一尽节于金川门下，一隐遁于新路故里，可谓建文帝一代"连氏双璧"。

再如明成祖时名御史连钧，正统年间福建按察副使连镛，均为江苏建安连氏，封疆大吏，一以"铁面御史"著称，一以剿抚"沙尤"之乱闻名。

又如明神宗万历年间广西按察副使连继芬，为福建省龙岩人，万历二十年中进士，初授德清知县，以"冰操爱民，加意造士"著称。有子五人，诸孙多人，归隐返乡后建造"十八堂"聚族而居，以"父子科甲，文武世家"而闻名于世。

而明末、清初的连经芳，则以高风亮节著称于世。连经芳也为福建龙岩连氏后裔，别号碧台，初中举人，后列岁贡，历任邵武、光泽县知事，其辞官告老之时，正值明亡清始之岁，于是隐居高楼，终生"不履清地"，人称"高士"。

此外，河北永年（大名）连氏，以"两代御史"为官清廉刚正著称于世。先是明成化年间有进士连盛，任御史，因不阿附大宦官刘瑾被贬斥海南。其子连广，为正德年间进士，一秉家训，颇有父风，历任庶吉士、御史，"抗直敢言"，不畏权贵，官至都御史之职。人称"一门两进士"，"父子双御史"。

河南禹州连氏也为明代名门望族。先是明英宗天顺年间有孝子连祥名闻乡里，后中己卯科举人。成化初为山阳县尹，卓有政声。后迁齐河县令，县东有运河冲决为患，遂筑堤栽柳，以免洪涝之灾，人称"连公堤"。其后，万历年间有连格、连标兄弟二人，皆以为官清正，先后升任御史、都御史之职，"一门双御史"，世人称颂。

大明王朝200多年，数名著名御史出自连氏之族。从洪武时连楹、永乐时连均，到成化、正德间连盛、连广父子御史，直到万历年间连格、连标兄弟御史，为我们展示了一道独特的连氏人文风景，"连氏御史家风"，体现了中华连氏清正廉明、刚直不阿的文化特色。

明、清两代，见之于史、志的连氏名人还有山东乐安人连守度(淳化知县)，陕西邠州人连俊(常熟县令)，江西金溪人连城璧(灵山县令)。此外，龙岩连氏家族、延平连氏家族、崇安连氏家族、宁化连氏家族……可谓人才济济，各领风骚。

（五）渡海创业迁宝岛
台湾连氏有英豪

台湾是一个美丽、富饶的宝岛，自古以来就是中国的领土，与祖国大陆有深厚的历史渊源和血缘亲情。

据史籍记载，早在三国时东吴黄龙二年(230年)，吴大帝孙权就曾派1万官兵到达台湾，随军出征的吴人沈莹在其所著《临海水土志》中，首次记录了有关台湾的文献资料，这也是台湾有文字记述的历史开端。隋大业三年(607年)，隋炀帝开始向澎湖移民。历经宋、元、明、清，大陆居民更是源源不断地渡海迁台，以其先进的生产技术和艰苦卓绝的创业精神，开拓建设着宝岛，成为开发台湾文明的先驱和主体。

据国务院台湾事务办公室编著出版的《中国台湾问题》(九州图书出版社1998年版)一书载称：截至1998年8月，台湾地区(含金门、马祖)2186万人口中，源于大陆的汉族已占台湾人口总数的98%左右。

台湾学者陈绍馨、傅瑞德、杨绪贤、潘英先生等，依据台湾历年人口统计资料，对占台湾人口总数96.4%的100个大姓的聚落分布、祖籍居地，作了进一步的抽样调查、分析研究。发现其中80个大姓是来自福建的"福佬"，16个大姓来自广东的"客家"，其余4个大姓来自大陆的其他省份。正如台湾名儒、爱国史学家连雅堂先生在《台湾通史·风俗志》中所说："台湾之人，中国之人也，而闽、粤之族也。"

正是基于这种历史的血缘亲情，台湾民众对祖国大陆充满了深深的眷恋之情。即使在"日据时代"，日本占领者强制推行"皇民化运动"(即强迫台湾同胞改用日本姓氏，讲日语、用日文)，广大台湾同胞仍然坚持保留了世代相传的姓氏、郡望、堂号，而且甘冒风险，千方百计返回大陆祖籍，抄录族谱、家乘，拜谒祖先坟茔，显示

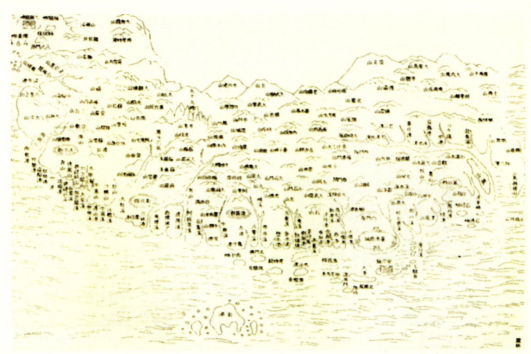

乾隆二十九年台湾府总图

了广大台胞不忘"根本"的爱国情操和认同中华传统文化的赤子情怀。

据族谱和史志文献记载，连氏入台始于明朝末年而盛于清朝初年，多由福建渡海而来。

据杨绪贤编著的《台湾区姓氏堂号考》（1979 年台湾文献委员会发行）、程秀龙等编著的《台湾百家姓与大陆源流》，以及闽、台二省相关的谱牒资料，由福建迁台的连氏主要有：

长泰江都连氏

据其族谱所载，长泰江都连氏入闽始祖是唐末连谋。明正统年间连谋十世孙连法进之子连垒为避"沙尤之乱"，携母从龙岩漳平县入长泰定居，连法进被奉为长泰连氏开派之祖。长泰连氏三世时，有连佛保字时冲，渡海迁台，入台南诸罗县小脚腿定居，所生四子：长曰孙，字朝恩；次曰男，字朝遂；三曰炯，字朝灿；四曰陆，字朝高。

开拓台湾的施琅将军

乾隆年间，长泰连氏中有连湘其人，入垦今台北市，其子元栉、元桥移垦今台北双溪。光绪二年台湾举人连日春即是这支连氏后人。

龙溪马崎连氏

龙溪连氏为南宋宝文阁学士连南夫之后，因力主抗金，得罪权奸秦桧，被罢官后归隐龙溪秀山，为龙溪连氏开派之祖。南宋末年，其五世孙秀璇，随同文天祥抗元，一族战死者达38人。宋亡后，举族避难海岛玉田山，传至南夫公十世孙连佛保（与长泰连佛保同名）时有子三人：文禄、文亮、文远。此时已到大明宣德年间，因倭寇侵掠，实行海禁，文远公遂率子侄辈迁回龙溪马崎社，从事内河航运，并建祠修谱，尊南夫公为“霞漳”（漳东）始祖、连佛保为马崎始祖。康熙年间，龙溪马崎连氏后裔连兴位渡海迁台，定居于台南宁南坊马兵营。其后代名人辈出，为台湾最著名的连氏家族，爱国史学家连雅堂、原国民党主席连战即其后人。

其他连氏

据《台湾区姓氏堂号考》所载，清代由闽入台的连氏还有：康熙晚期，福建安溪人连良入垦台北淡水镇水确里，开基立业；乾隆年间，连捷入垦今屏东里港；嘉庆年间，漳浦人连朴信入垦台湾双溪，惠安人连交入垦今台北；咸丰年间，同安人连腾徙居今台北。

经过清代200多年的不断迁徙，连氏已成为台湾的第54个大姓，几乎遍及台湾的每一个县市，主要集中于台南、台北、基隆、苗栗等县市。因来源不同，支派各异，台湾连氏除用“上党连氏”堂号外，尚有“渤海连氏”、“武功连氏”等称谓。

宁南连氏——连战家族

在台湾众多的连氏支派中，以来自福建龙溪（今龙海）马崎的台南名儒连雅堂、原国民党主席连战家族最为著称。因其入台以来,世居台南宁南坊马兵营,故称宁南连氏。

宁南连氏入台始祖连兴位,系霞漳连南夫十九世孙、马崎连佛保十世孙,生于南明桂王永历三十五年(清康熙二十年,1681年)二月初四,卒于清乾隆元年(1736年)五月十一日,于康熙年间离开龙溪马崎,迁至台湾台南府城宁南坊马兵营村定居,以农垦为业,娶当地女子翁和娘为妻,生子二人,长曰某(名讳失记),次曰吉。

二世祖吉公,生于康熙五十五年十月十四日,卒于乾隆四年六月初四,年仅24岁。妻欧炎娘,台湾县人,生子三:卿、侯、伯。

三世祖卿公,生于乾隆二年十一月初十日,卒于乾隆四十八年正月十五日,享年47岁。妻叶美娘,生子齐全。

四世祖齐全公,一名征信,生于乾隆三十三年十二月十九日,卒于道光十一年十一月二十八日,享年64岁。妻程力娘,续娶石柑花娘。有子三:长瑞(程氏生)、长琪、长瑛,女一。

连氏宗祠全景

五世祖长瑞公,字维祯,生于乾隆五十九年七月二十二日,卒于光绪元年五月二十三日,享年82岁。妻郑清罔娘,生子三:得敏、得政、得敦;生女四。

六世祖得政公,字永昌,生于道光十四年正月二十一日,卒于光绪二十一年六月二十四日,享年60岁。先聘沈秀娘,未娶而亡,过继重承为养子,作为沈氏子嗣。妻刘妙娘生子四:重裕,一名城璧,字应榴,又字荆玉;重国,早逝;重送,即连横;重建,早逝;女二:阿娇,嫁邑廪生郑梦生,阿桃,早逝。

七世连横(1878年~1936年),谱名重送,学名允斌,字雅堂,又字武公,号剑花,为近代台湾名儒,爱国史学家,著有《台湾通史》。连横娶妻沈璈,字筱云,生子一:震东;女三:夏甸、春台、秋汉。

八世连震东(1904年~1986年),字定一,光绪三十年(1904年)生于台南沈家故宅。妻赵兰坤,东北沈阳人,生子连战。

九世连战,字永平,民国二十五年(1936年)生于西安。妻方瑀,祖籍江西。生惠心(长女)、胜文(长子)、胜武(次子)、咏心(次女)。

宁南连氏起先很贫穷,以农垦为业,直到第四代齐全公才因经商致富,供子女

清代入台护照

读书,其长子连长瑞聪颖好学,精通经史子集,博涉野史杂家,因尊奉祖训,未参加清廷科举考试,诗酒自娱,享有才名,开创了宁南连氏诗书传家的风气。

宁南连氏六世祖连得政,字永昌,是一位以制糖起家的爱国儒商。光绪十一年(1885年),台湾建省以后,首任巡抚刘铭传大力推行改革新政,扶持糖业生产和外销。连永昌抓住机遇筹资办厂,用新法制糖,使其经营的糖厂成为台南首屈一指的糖厂,使连氏家族兴旺发达,臻臻日上。他饱读诗书,虽然恪守祖训,未曾科举出仕,但颇有文名,被称为"儒商"。他对子女教育尤为重视,在马兵营故居附近购买了一座"吴园"别墅,延聘名师,专供子女读书。他也常来吴园和子女谈文论史,评议天下

大事、盛衰荣辱。他还用重金购买了一部《台湾府志》送给童年的连横，说："汝是台湾之人，不可以不知台湾历史。"由此启发连横日后关心研究台湾地方文献、编写《台湾通史》的志趣。

连永昌待人接物温文尔雅，彬彬有礼，看不出一丝一毫富商大贾"铜臭熏天"的骄人气焰。他十分注重中华传统美德，道德礼仪，以孝悌仁义、乐施好善闻名乡里。他哥哥得敏去世较早，寡嫂幼侄的生活由他悉心照料，供给无缺。遇到灾荒年月，又购米接济贫民，深得乡邻尊敬。光绪十九年（1893年），当地士绅施士浩等多人联名上书巡抚衙门，举荐连永昌"孝友端行"，请予表彰，结果获得"奉旨建祠，入祀孝悌祠"的荣誉，使宁南连氏开始名登史册。

正当连永昌的事业和声望如日中天，连氏家族蒸蒸日上之时，光绪二十年（1894年）中日甲午战争爆发，中国战败，被迫签订了丧权辱国的"马关条约"，台湾被割让给日本。连永昌与台湾很多爱国志士一样，整日为抗日救国大计奔走呼号，停歇了糖厂生意，为抗日筹款募捐，终因忧思成疾，于同年八月亡故。宁南连氏家族遭到重创。嗣后，日本占领者又借建高等法院之机，抢占了连氏老宅，迫使连氏家族背井离乡，连永昌刚刚18岁的儿子

移民出海的海船

连横(连战的祖父)于民国元年赴大陆前与全家合影。右起:次女春台、雅堂先生、夫人及三女秋汉、长女夏甸、子震东(连战的父亲)

连雅堂只得暂住岳父沈氏家中。

　　连雅堂为连永昌第三子，学名允斌，谱名重送，字雅堂，号剑花，又号武公。自幼聪明好学，过目成诵，尤喜诗文。在父亲的言传身教下，从小就受到爱祖国爱家乡和台湾历史文化的熏陶，成为一名胸怀救国之志的革命志士。他在民国三年(1914年)游历祖国大陆，寓居北京时，呈请国民政府，恢复了中国国籍，并改名连横，取意于齐国壮士田横不事敌国，蹈海殉国的典故，显示了其光复故国的一片忠心。

　　在国破家亡的乱世中，连横以一位爱国文士特有的气节，苦度笔墨生涯，为保存中华民族文化奋斗终生，完成了《台湾通史》的煌煌巨著,成为台湾文化巨匠,被誉为"爱国名儒"。

连横之子连震东,继承父志,学成归国后,投笔从戎,抗日救国,成为台湾的政界要人,也使台湾连氏成为台湾最显赫的政商家族。其子连战曾任台湾国民政府行政院院长、副总统、中国国民党主席,使台湾连氏家族达到了颠峰状态。

关于连雅堂、连战家族渊源,连雅堂先生哲嗣连震东先生曾写有《连雅堂先生家传》一文,连雅堂的大外孙女林文月女士也有《青山青史——连雅堂传》专著。书中附有连雅堂先生手迹插页:《台南连氏家乘》,对迁台源流有明确记述。

其文曰:

（连氏）系出连山氏,望出上党,先世有居于福建省漳州府龙溪县万松关马崎社二十七都,至大清康熙间来台,居于台湾府城内宁南坊马兵营境。

来台始祖兴位公,始祖妣翁氏；

太祖吉公,太祖妣欧氏；

高祖卿公,高祖妣叶氏；

曾祖齐全公,曾祖妣程氏；

祖父维祯公,祖妣郑氏；

父亲永昌公,讳得政,生于道光甲午年正月二十一日未时

母亲刘氏妙娘,生于道光戊申年四月二十二日寅时

此件旁有连震东先生手书曰:"此系先父雅堂先生二十岁前后时之笔迹。连震东(民国)三九年十月二十八日。"

连震东在其所著《连雅堂先生家传》一文中,对迁台原委也有记述:

"我始祖兴位公,生于永历三十有五年(1682年),越二载而明朝亡。少遭悯凶,长怀隐遁,遂去龙溪,远移鲲海,处于郑氏故垒之台南,迨先生(雅堂)已七世矣。守璞抱真,代有潜德,稽古读书,不应科试。盖犹有左衽之痛也,故自兴位公以至先祖父,皆遗命以明服殓。故国之思,悠然远矣。"

今存台南兵马营的入台二世祖连吉墓碑亦镌刻有"祖籍龙溪"的词句。

以上两种记述,清楚地交代了本支连氏的历史源流,是珍贵的第一手资料。然而上世纪90年代,随着两岸交往的增多和台胞寻根热的兴起,先是出现了一些道听途说的媒体报道,既而对连雅堂——连战家族渊源展开了论争。

1993年5月,台湾影视界名人凌峰率台视《八千里路云和月》专栏节目摄制组来闽拍摄,贸然将泉州市惠安县山腰镇坝头村当作连战的祖籍地。声称:"连战祖上五代前由泉州东北的连氏聚居地迁台",其地望"可基本推断为连战祖籍地的惠安坝头连姓聚居地。"由于这一报道关系到爱国人士、台湾名儒连雅堂先生,原"咨政"连震东先生,曾任国民党主席连战先生等名人的祖籍、家族、源流的真伪问题,因而消息播出后,海内外传媒竞相转载,一时间舆论沸沸扬扬,扑朔迷离。

所幸1994年12月,厦门地方志专家洪卜仁先生,在南京中国第二历史档案馆发现了民国三年(1914年)连雅堂先生在寓居北京期间为恢复中国国籍,亲自向设在北京的国民政府内务部递送的请求恢复中国国籍的呈文:"具呈人连雅堂,原籍福建龙溪县马崎社,现籍日本台湾台中厅台中街,现寓北京南柳巷晋江邑馆……兹依据中华民国国籍法第十八条及施行规则第六条所规定,呈请许可复籍。"复籍后两天,又向内务府递上申请更改名字的呈文:"具呈人连雅堂,原籍福建龙溪县,年三十七岁,现住北京南柳巷晋江邑馆……为呈请事,兹将连雅堂之名更正为连横。理合恳请,大部府准存案。"连雅堂先生的这两份亲笔呈文,既剖示了一片爱国赤子之心,也确定无疑地讲明了其原籍为福建龙溪马崎的历史渊源,从而平息了这场风波。

上党连氏南迁示意图

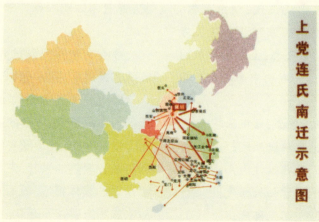

福建大榕树(根连根)

　　然而到 2001 年 2 月，大陆上一家发行量很大的报纸——《参考消息》，转载香港《广角镜》1 月号《台湾政要祖籍大揭秘》（作者刘丽英、华声）一文时，又提出了另一种说法：

　　"长泰县方志办主任王海侨经过多年的潜心考证，认为台湾著名史学家、《台湾通史》作者连横，是福建长泰江都连氏的第十五世孙。据族谱记载，唐开成元年（836 年）连谋入福建开基，成为连氏入闽始祖。明正统十四年，连谋的十世孙连法进之子连垒为避沙尤之乱，从龙岩漳平县入长泰开基。"

　　在《台湾政要祖籍大揭秘》一文中又说："连横家族的开台始祖连兴位，在《江都连氏族谱中》称连绳巍，是江都连氏的第十世孙，于清康熙三十五年渡海到台湾，在台南宁南坊马兵营一带安居乐业，后代枝繁叶茂，名人辈出，其中最有成就的堪称连横家族。"

　　这样，从长泰江都连氏——连佛保分支马崎连氏——连绳巍渡海迁台——连

横（雅堂）家族，就形成一个"完整的"传承世系脉络，即"马崎连氏源自长泰连氏"。

这一说法立即遭到了龙溪马崎连氏的强烈反对。龙溪（龙海）连氏宗亲会会长连俊三先生和委员连江海先生，先后撰写了《霞漳（龙海）连氏渊源——为连横家族根源辨正》、《马崎、江都连氏渊源考察记》加以驳斥，说"长泰江都连氏与我们马崎连氏毫无关系"。所谓"江都连佛保分龙溪马崎"，及"连绳巍开基马兵营"等说法，是"移花接木，张冠李戴"。并根据族谱宗祠、碑刻墓志、府县旧志，及族人祖传资料和实地考察，指出："江都连氏三世祖虽说也叫连佛保，但早在明成化年间去台南诸罗县'小脚腿'（地名）垦殖，其生平经历、配偶、子孙名字，墓葬之地，与霞漳连氏十世祖、马崎始祖连佛保皆不相同。"

因而，他们的结论是："彼佛保非此佛保"，不得合二而一，混为一谈。"江都连氏与马崎连氏来源不同，入闽始祖迁台始祖都不同，确实毫无关系"。

江都连氏与马崎连氏之争，也引起了史学界、谱牒学界的关注与重视。部分专家学者也著文立说参与讨论。厦门大学历史系连心豪教授，在《闽台连氏源流续考》一文中指出，"马崎连氏既奉佛保为始祖，复奉南夫为鼻祖"，出现了"鼻祖与始祖并列的紊乱不合现象"，进而对龙溪马崎连氏鼻祖作了考释评论，认为："马崎连氏尊连南夫为鼻祖，抑或是清初联宗合族的结果，同样属于攀附名人之举。""南夫派系或与马崎连氏存在某种血脉渊源关系也未可知。但在发现更有力的证据之前，仍宜以长泰江都为马崎连氏之上源。"

安徽省社会科学院研究员马骐先生撰写的《连横——连战家族源流及祖居地考察纪实》一文，也在查阅大量史志资料、族谱资料及实地考察、访问的基础上，提出了自己的观点：认为南夫公确是龙溪连氏始祖，"江都连佛保"与"马崎连佛保"并非一人，是同名同姓的巧合，其生平事迹，生活年代完全不同，长泰连氏与马崎连氏并非同宗。（以上连、马二文均刊载于厦门市政协编著、印行的《中华之根——海峡两岸谱牒研究会论文集》）

2007年4月，马骐与马晓梅又合著了《连战家族》一书，由东方出版社出版，并呈送连战先生审阅。本书系统地论述了连战家族源于马崎连氏的历史渊源，连战先生也于2006年4月携夫人方瑀及子女到龙溪马崎朝宗祭祖，实现了多年的心愿。

贰

中华连氏族

人物篇

中华连氏作为源远流长、人口众多的古老姓氏，在历史发展的长河中，繁衍生息，与时俱进，英贤辈出，群星璀璨，以其文治武功的宏伟业绩，展示了连氏族人的光辉风范。他们有的投身政坛，咤叱风云；有的驰骋沙场，建功立业；有的跃登文坛，著书立说；也有的搏击商海，创办实业；更有的走出国门，扬名海外，抒写了一篇篇风云激荡的壮丽史诗，为中华民族的振兴作出了卓越贡献，无愧于炎黄子孙，无愧于龙的传人。

本篇分历代连氏人物传和历代名人录两部分，凡在历史上有重大作为和社会影响的连氏人物，均列入人物传部分。史志文献和族谱家乘中列有名录，但生平事迹不够详尽，而有一定影响的连氏名人，皆收入历代连氏名人录，以保存连氏资料，留待后人进一步查证、补充。

一 连氏人物传

（一）齐大夫连称

连称，春秋早期齐国大夫，戍边将领。是第一个见之于史籍的连姓历史人物，《春秋左传》、《国语·晋语》、《史记·齐世家》均有记载。因而被连氏族人尊为"开宗立派"的始祖。唐代林宝的《元和姓纂》、宋代郑樵的《通志·氏族略》等姓氏学专著，都称："连氏，齐大夫连称之后。"

连称生活于齐襄公时期，其姓源所出，族属所归及传承世系，史无明文记载。但从史书有关资料来看，连称并非姜姓齐国公族，而是出自鲁国姬姓连氏后裔。《史记·齐世家》载称，连称从妹（堂妹）"连妃"为齐襄公之妃，而齐襄公同父异母之妹文姜又是鲁桓公夫人，是姬、姜二姓互为婚姻的例证之一。也完全符合春秋时"同姓不婚"的礼仪规范，连称定然出自鲁国姬姓，是齐国的姻亲贵族，属"客卿"序列。在后世出土于襄垣的唐代《大周故飞骑尉连府君墓志铭并序》，也证实齐国连氏确系"周文王之宝裔，鲁元子之胤绪"。

连称是否因护送其妹，作为陪臣而留居齐国，抑或连氏家族早年就迁居齐国连邑，史无明载。

大始祖齐大夫连称

连称生平事迹不多，主要是因戍守葵邱，"瓜期不代"，而发动了沛（贝）邱兵变，刺杀齐襄公这段历史。

齐襄公是齐僖公之子，名曰诸儿，是春秋时期一位好大喜功而又荒淫无道的昏君，"不听国政，卑圣侮士，而唯女是崇。九妃六嫔，陈妾数百"，襄公在做太子时，就与其同父异母之妹文姜通奸，秽乱人伦；又与其堂弟公孙无知因争道而结下怨仇，是一个浪荡无行的花花公子。及至继位齐君后，又乘妹夫鲁桓公前来朝会之际，与文姜继续偷情乱伦。及至奸情为鲁桓公发觉，襄公羞愧难当，命力士彭生借送客之名,将鲁桓公灌醉,活生生地"拉杀"于乘车之中,假称暴毙;而后又杀彭生灭口,向鲁国谢罪。为遮掩丑行,树立威信,又先后出兵灭纪、伐卫,击败周天子援卫大军,擒杀卫公子洩和公子职,另一卫公子黔牟因是周王之婿,免得一死,放归于周。

为防周天子报复,出兵伐齐,于是派大夫连称为将、管至父(管仲叔父)为副,率兵戍守葵邱(今山东临淄西南)。

二将临行时,向襄公辞行,并请命说:"戍守劳苦,臣等不敢推辞。但不知戍守到何时为期,派人轮换?"当时襄公正在吃瓜,于是信口答道:"现今是瓜熟时期,尔等前往戍守,到次年瓜熟时,当派人轮替。"

于是连、管二将率兵前往葵邱戍守。一年时间,很快就到。但到瓜熟之时不见襄公派人来轮替。于是派人前往打探消息,得知襄公正在谷城与文姜聚会,已有一月时间未回国都。连、管二人十分恼怒,又派人以献瓜为名,往见襄公,提醒襄公"瓜熟轮替"的承诺。

但襄公不仅不兑现诺言,反而斥骂连、管二人:"尔等食君之禄,自当忠君之事,派兵戍守,何时取代轮值,我自有安排,尔等何得自行求代?等下一年瓜熟时再轮换吧!"

连称、管至父二人更加忿恨,于是秘密联络与襄公积怨甚深的公孙无知和失宠的连妃作为内应,答应事成之后拥立公孙无知为齐君,以连妃为齐君夫人。要他俩随时侦察襄公的行动,伺机行事。

而齐襄公却毫无防备,仍游猎无度。听说姑棼之野的沛(贝)邱山中,禽兽繁多,于是带领一班宠臣亲信,前往行猎。

连称、管至父得悉襄公出猎的信息后,遂率兵包围贝邱,将襄公杀死,而后拥立公孙无知为齐君。

然而这场兵变,引发了齐国内乱,齐襄公的弟弟公子纠出奔鲁国,公子小白出奔于莒,诸大夫也各怀异志,坐观成败,后由齐国重臣高傒主谋设计,由大夫雍廪刺杀了继位不久的公孙无知,连称、管至父也在内乱中被杀。嗣后,诸大夫拥立公子小白继位,是为桓公,任用管仲,齐国大治,成为春秋五霸之首。

从"葵邱戍守"到"贝邱兵变",由连称主导的这场历史变故,终止了齐襄公荒淫无道的统治,揭开了桓公称霸列国的崭新局面。从某种意义上来讲,连称此举,对于齐国历史的发展,乃至于对整个春秋史的进程,具有荡涤污垢、除旧布新的积极作用和历史意义。连称作为连氏的第一位历史名人,"著迹春秋"、流芳青史的原因,也正在于此。

(二)唐飞骑尉连简

连简(623年~689年),字隆,唐代潞州襄垣(今山西省长治市襄垣县)人,系上党连氏后裔。据其墓志铭所载,连氏远祖"原夫后稷,发于邰原",系"周文王之宝裔,鲁元子(伯禽)之胤绪"。也就是说,襄垣连氏出自姬姓鲁周公之后,源远流长,家世华贵。

连简祖父名愿,北齐时任并州太原县令,德行高洁,从善如流,勤政爱民、政绩卓著,宽严相济,故有"韦弦两佩"(即缓急相济)之誉。

连简之父名公,隋时任汴州(今河南开封)博士,后迁洛州参军。喜好经史,擅长文辞。

连简少有大志,胆识过人,"娴于韬略",善于骑射。唐贞观十九年(645年),唐太宗李世民御驾亲征,出兵辽东。是年连简22岁,以"六郡良家子"的身份应募从征。"百夫勇进,剋斗先鸣",算无遗策,屡

立战功,被擢拔为飞骑尉之职。"飞骑尉"为朝廷禁卫军武官,贞观十二年设置,秩从六品,朝会则防护警卫,巡幸则夹驰道护卫,"衣五色衣,乘六娴马",是皇帝的警卫骑兵,随从护卫,连简则为警卫骑兵将领。其职责重大,深受信赖。门庭显赫,冠冕相望。

后辞官归里,纵情诗酒,陶情风月,酬作题咏,"为一时之冠"。可见连简"文武兼资","传承有自"。永昌元年八月二十日病逝于家中,享年66岁。

其妻张夫人,为南阳西塄(今属河南南阳)人,武则天延载元年(694年)八月七日卒于家中,于天册万岁二年(696年)与连简合葬于襄垣县西15里纯孝乡之第平原里连氏祖茔。

清嘉庆年间,其墓志铭塌落出土。道光十一年(1831年)襄垣知县张力卓命人重新封固,修坟植树,并撰文刻石,以为标志。光绪年间,山西巡抚胡聘之令各地搜罗唐、魏古碑石刻,编纂《山右石刻丛编》,襄垣知县沈某又将连简墓志取出,存放于漳州书院,并拓印成拓片,上报省城,收录于《山右石刻丛编》第五卷中,使这一珍贵文献得以保存至今。

连简墓志铭石碑现存襄垣县博物馆,

全称为《大周故飞骑尉连府君墓志铭并序》，序16行，铭7行，不著撰书人名，"文沿六朝馀习，字兼篆草行三体"，其中"年、月、日"等字皆则天武后所创，"时人不识"，故曰"奇字"。

连简逝世至今已1300馀年，其墓志铭出土已200多年，是现存唐代石刻珍品，不仅为考证上党连氏的历史渊源提供了第一手的珍贵资料，也为我们研究唐代武则天时的奇文异字提供了实物佐证，具有很高的史料价值和艺术价值，堪称国宝级文物。

(三)闽国枭雄连重遇

连重遇(？～944年)，五代十国时闽国重臣，河南光山(光州固始)人。

唐朝末年，藩镇割据，宦官专权，朝政腐败，民不聊生，终于引发了声势浩大的黄巢起义，各地豪强也乘时而起。河南光州固始人王潮、王审知兄弟也率众转战入闽。连重遇即于此时投效王审知帐下，深得信赖，为入闽从龙功臣。

王审知死后，由其长子延翰继位，不久被其弟延钧所杀。延钧自立为帝，国号"大闽"，改元龙启，对由光州固始起兵入闽的从龙功臣加以褒封，以光州固始旧部设立拱宸、控鹤二都作为亲随禁军，命朱文进为拱宸都将，连重遇为控鹤都将，倚为左膀右臂，成为维系闽国政局的军事力量。

此后，闽国发生内讧，兄弟、叔侄自相残杀。延钧被弑后，其子昶继位，史称康宗，另募勇士组成"宸卫都"作为亲随护卫，其待遇、赏赐都优于"拱宸"、"控鹤"二都，引起诸将不满。于是，连重遇与朱文进发动兵变，纵火焚烧闽王南宫。康宗斩关而出，逃奔乡野，不久被杀。于是，连重遇另立王审知少子延羲为闽王，是为景宗。

延羲亦是个昏愦之主，既不懂得治国之道，又不会笼络人心，反而常常讽刺、讥诮连重遇等大臣。连重遇本来就因发动兵变，火烧南宫之事，常怀忧惧，深怕国人指责。受到延羲讥诮，十分惶恐，于是派人刺杀延羲，拥立朱文进为闽王。连重遇统摄六军，官居礼部尚书、开府仪同三司，操控了闽国的军政大权。

延羲被弑后，其兄延政自立为帝，定都建州(今福建福州)。后晋开运元年(944年)，连重遇被其部将林仁翰所杀，其宗支族属也不同程度受到牵连。其后裔迁居广东，为潮阳连氏。

连重遇生于唐末五代，遭逢乱世，起于军伍，随王审知兄弟入闽开漳，屡立战功，虽偏处一隅，实为"从龙功臣"，位高权重，废立专擅，堪称一代枭雄，也是唐末五代入闽连氏始祖之一。

（四）应山名士连舜宾（附连庶、连庠）

连舜宾（971年~1030年），字辅之，其先为闽人。祖父连光裕，五代后梁时任随州应山县令，因有善政，民怀其德，遂家于应山，后迁磁州、郓州推官，清风亮节，名重一时，卒后归葬应山，为随州应山连氏开派之祖。

随州汉代置县，西魏改随州，南梁分随县地设永阳县，隋改应山县，唐隶德安州，宋属德安府，因而应山连氏也称安州连氏、德安连氏。

舜宾幼读诗书，尤精于毛诗，一试不中，而其父连正，身患残疾，遂归家奉养其父，十余年不复仕进。其家资产丰盈，乐施好善，饥年灾荒，开仓济贫，乡民赖以存活者，不知其数。

有次，盗贼偷走他家的耕牛，舜宾报官后加紧搜捕，盗贼十分惧怕，只得把牛送还舜宾家中，舜宾讯问后得知盗贼家中十分贫困，就未将他送官究治，还给了他一些钱币，表示感谢他送牛回家。此后，每当盗贼见到舜宾时，就远远避开，内疚终生。

舜宾之弟名舜睦，就任于湖州云梦。天圣八年（1030年）舜宾远涉百里前往探望，不幸身染重病，于十二月十四日病逝于弟弟家中，年仅59岁。

舜宾灵柩运回应山时，百姓纷纷拥到郊外十里之处去接灵，扶灵而归。邑人沿路设祭，如丧考妣，应山为之罢市三日，吊唁英灵。鳏寡孤独痛哭失声，泣呼："连公

宋旌表义士舜宾公像图

仙逝,何人供我衣食"?街坊邻里以此教导子弟,要以连公为楷模,立身处世。并感叹地说:人之一生如像连公,可谓死而无憾,虽死犹荣。

舜宾有子四人:庶、庠、庸、膺,舜宾皆亲自教导,学业有成。宗亲好友慕其德行、学业,常以子弟附馆受教。宋代名臣、唐宋八大家之一欧阳修、宰相宋郊、宋祁兄弟,皆曾游学于舜宾门下。欧阳修因幼年家贫,随叔父欧阳晔在随州任所时,常寄居舜宾家中,为通家之好,交往尤密。舜宾逝世后,欧阳修亲撰《连处士墓表》,以示纪念。《欧阳修文集》中,收录有答连氏兄弟书简七首。

舜宾长子连庶,次子连庠,皆学业有成,双双荣登进士,一时传为美谈。连庶字居锡,初任商水尉,后迁寿春令,勤政爱民,兴学尊礼,开垦濒淮河滩一千余顷,安顿无业游民,财阜民安,政绩卓著。境内有汉代淮安王旧垒,连庶妥加保护,常往凭吊。某年淮水暴涨,太守欲拆其旧垒,加固城池,连庶据理力争,使这一千年古迹得以保存。

连庶为政清廉,立身刚正,不阿权贵,不苟取民财,有"连底清"之誉。

时值北宋末期,朝中党争不已,忽而

宋庆历进士庶公像图

"变法维新",或而"元祐复制",连庶厌倦仕途,欲归家奉母,虽奉调昆山,辞而不就。后经欧阳修、宋祁等举荐,任职方员外郎之职,主管天下舆地图册,四方朝贡,后归隐乡里。

连舜宾次子名连庠,字元礼,秉承家教,德才兼备。于宋仁宗庆历二年(1042年)进士及第。初任湖北随州光化县尉,迁湖北襄阳府宜城县令,历任河北饶阳、四川茂州等地,后调任秘书丞太常博士,职方员外郎,屯田都官郎中。

连庠施政宽厚,为政清廉。因感于官

方调度供馈、劳民伤财,因而以勤俭自励,约束吏员,为官施政,以不扰民为前提。在任职河北深州饶阳县时,兼管定州粮仓,岁有盈余,按惯例当请功受赏,但连庠不自居其功,而归功于同僚段绛,段绛因之而升迁。

嗣后连庠调任四川邛州依政县,不逾年又迁调四川茂州。当时茂州为荒蛮边陲,是少数民族聚居之地,多以抄掠为生,不服政令。连庠莅任后,从严治理,革除弊政,施以仁政,安抚善良,民心悦服,风气大变,连庠离任后,此风不改,边陲宁静。时连庠好友宋祁任成都太守,深为感佩,作诗以赠。

后连庠迁任鼎州(今湖南常德)通判。州守是武人出身,日常政事多赖连庠办理。连庠倡学兴教,设立学宫,督导士人勤学上进,民风为之一变。后积劳成疾,因病辞官,宋英宗治平四年(1067年)六月二十日卒于京师,享年62岁。

连庠为官纤毫不染,两袖清风,不随世俯仰,既清而肃。河南尹师鲁有《送光化县尉连庠一首》,赞其廉洁,称"其为吏之术,概本于仁而达下之情;其于民也,知利之与之而已。职事无废也,期会无失也"。称其"良吏也,君子也"。

连庠与兄齐名,皆号称廉吏。兄连庶清修孤洁,号称"连底清";连庠清而肃,号曰"连底冻",人称大连、小连,《宋史·隐逸传》有二连小传。

二连与宋代名臣欧阳修(参知政事)、宋郊、宋祁(先后为相)兄弟二人为幼年知交,欧阳修、宋郊、宋祁兄弟早年曾游学于其父连舜宾门下,可谓通家世交。及至欧、宋三人显贵,名扬天下,待连氏兄弟十分亲厚,但二连从不以一己之私而有所求。

连庠去世后,欧阳修欲为连庠作墓志铭,但文未成而去世。元丰八年(1085年)连庶长子连仲熊以行状请汝阴王莘为之作铭,文曰《连都官墓志》。

连庠有子二人。长曰仲熊,为开封府雍丘尉。次曰仲熙,为成州同谷尉。有女二人,长女适宣德郎宋乔年,次女适进士李仲舒。

连庠墓在湖北应山县西钟山下,应山知县谈一凤、王尚用相继立石表之。宋大观中,宋祁之孙宋羲年官应山县令,在应山法显寺建"四贤堂",设二连、二宋之像,岁时祭祀。淳熙年间,德安(随州)太守周颉慕连氏父子为人,修建"慕连亭",以示褒扬。

连庠能文,尤长于诗,有诗、文集五卷

藏于家，今已失传，《万历襄阳府志·艺文志》中，尚保留有《复岘山羊侯祠》一首。后刻石于羊祜祠中。

（五）霞漳鼻祖连南夫（附连万夫）

连南夫（1085 年～1143 年），字鹏举，原籍德安应山县（今湖北省广水县）。其祖连庸，即应山名士连舜宾第三子。连庸生子仲涉，仲涉有子三人，长曰喆（哲）夫，次即南夫，三曰万夫。

南夫家学渊源，年二十四岁时即中进士，初授颍州（安徽阜阳）司理参军，历任鼎州教授、襄阳主簿、礼制局检讨、校书郎等职。

北宋宣和五年（1123 年），南夫加封太常少卿，出使金国。他沿途留意山川形势、风俗民情，对宋、金两国的军政得失，作了深入的调查、评析，写成奏章，上报朝廷，受到宋徽宗嘉奖，擢升为中书舍人，成为御前近臣，屡次上书，力主抗金。因而受到奸臣童贯、蔡京的排挤，将之外放为濠州（安徽凤阳）知府。

濠州地处淮河中游南岸的水陆交通要冲，是兵家必争之地，原来分为东、西二城，中为濠水所隔，不便守御，于是南夫乃引濠水于城西，合二城为一，同时又在淮河边开石筑坝，驻兵守卫，使之成为阻止金兵南下的重要防线。

宣和七年（1125 年）金兵分东西两路大举攻宋，包围宋都开封，迫使宋室割地求和。次年（即靖康元年）又攻陷开封，掳去徽、钦二帝及宗族贵戚、文武大臣 300 多人，北宋为金灭亡。

次年五月，宋高宗赵构在河南归德府建立南宋朝廷，改元建炎元年。连南夫上书朝廷，建议高宗西移关中，以利战守，并提"捍御之策"四十条之多。然而南宋朝廷

宋政和进士南夫公像图

不予采纳,后移都临安(今杭州)。

建炎三年四月,连南夫被提升为宝谟阁学士,建康(南京)知府。然而此时,濠州突遭伪军张邦昌所部叛军包围,连南夫遂统率军民奋起守城,相持数日,叛军粮草将尽,被迫撤围。连南夫这才离开濠州赴建康上任。不久改任饶州太守,整军经武,加强城防,接连打退了金兵的两次围攻。后因病在洞霄宫休养。

绍兴元年(1131年)连南夫调任泉州知府,五年(1135年)升迁广州知府、广南东路安抚使兼经略使,成为广东最高军政长官、封疆大吏。他"剿抚并施",肃平匪患、海盗,建立村社联防,当地社会治安好转,经济有所发展。

绍兴九年(1139年)春节期间,宋朝派人前往金国贺岁,时值金人扶植的伪政权、齐帝刘豫在河南跨台,金人答称"许还河南之地"。于是南宋小朝廷受宠若惊。宋高宗在正月初五的贺岁诏文中,沾沾自喜,宣称要"息宇内之干戈",南宋臣民"不得诋斥大金"。秦桧等主和派更是随声附和、交章庆贺。而连南夫却忧心如焚,上表朝廷力主抗金,收复失地。他一针见血地指出:"金人素行欺侮,比年以来,我国皆堕其术中。大概彼以和成之,我以和失

之。"并揭露了金人"许还河南之地"的骗局:"虞舜十二州昔皆吾有,商於600里,当念尔欺。""许还河南之地",实是"将欲取之,必先与之"的阴谋诡计,劝谏高宗勿忘"靖康之耻",挥师北上,收复失地。并指出诏书中"不得诋斥大金"之语,"使忠义之士,结舌而不得伸,忠良之将,缩手而不为用",正好堕入金人圈套。

然而此道奏表,使主和派大为震怒,借口连南夫"遽释"叛将杜充之子杜岩,而革去官职。事实是,原任江淮宣抚使的杜充,在建康兵败,投降金朝后,南宋即将其子杜岩送往广州"居住",实则软禁,后南宋朝廷为讨好金国,又下旨赦免,"岩请自便,南夫遽释之",可以说是奉旨行事。而此事却成为南夫的一大罪状,被罢官革职。

此时,南夫故乡德安应山为金兵占据,他有家难归,便隐居于龙溪(今龙海)秀山。绍兴十三年(1143年)南夫病逝,享年58岁,葬于邻近的龟山。朝廷谥号"忠肃"。因连南夫享有"赠兵部尚书"荣誉头衔,后来人们便把秀山改称尚书峰,龟山称为连山,以示纪念。连南夫被尊为龙溪连氏开派之祖。后南夫墓为元兵所毁。清乾隆年间,龙溪连氏族人重新修葺,并请

龙溪马崎连氏宗祠——思成堂

邑人、礼部尚书蔡新撰写碑文。此碑现存龙溪马崎连氏宗祠——"思成堂"内。

连南夫生平事迹,《宋史》未载,但《应山县志》、《福建通志》、《漳州府志》、《龙溪县志》中均有记载。宋代一些文集、札记中也有记述。

如,南宋龙图阁学士、吏部尚书、颍川郡公韩元吉,在其文集《南涧甲乙稿》卷19中,就收录有《连公墓碑》一文,乃是淳熙十一年(1184年)应连南夫长子连雍之请而作。碑文对连南夫生平事迹考订、叙述周详,对其官旅业绩、终年月日、安葬地点,均有记载。同时上溯南夫曾祖,下及子孙,传承世系较为完整。而上述资料均依据南夫公长子提供素材,碑文定稿,也经南夫长子审阅,因而史料可靠性、真实性较其他记载更为翔实。

但碑文中所记南夫终老及归葬之地与方志有异,称南夫公"绍兴十三年(1143年)正月二十六日,终于福州寓所","绍兴十五年十一月十五日,葬于怀安县稷下里崇福山之原"。

而新修《应山县志》连南夫传中,则说连南夫晚年"定居浙江温州乐清县",在乐清县也有连南夫墓。究竟连南夫终老、归葬何处,尚待进一步考证。

据族谱、方志所载,连南夫有子三人,长子雍迁于温州,次子珏迁于福州,三子莹留居龙溪秀山。由此看来,福州怀安(宋置,不久即废)、温州乐清、龙溪秀山都可能是南夫墓地所在,但其中必有一处是真墓,另两处则是"衣冠冢"。究竟南夫墓在何处,尚需进一步考证。

连南夫遗著有奏议30篇,文集20卷,诗集1卷。后人评其文曰:"气正言直,志在经纶"。今湖北省图书馆藏有连南夫著作2种:《宣和使金录》1卷,《连宝学奏议》2卷,十分珍贵。

连南夫之弟名万夫,喜读兵书战策,善于弓马骑射。见国势衰微,立志杀敌报国。因老母尚在,只得居家奉养。他把乡里青壮年召集起来,组成一支数千人地方武装,农忙则回家种田,农闲集中训练,兵器粮草自备,设有正、副领带。同时,他组织乡民挖壕、筑沟、修建堡寨,多次击败叛臣刘豫伪齐政权的派兵侵扰。次年秋天,金军又和伪齐军贼寇浪子所部联合进攻应山义军堡寨。连万夫指挥义军奋勇反击,据险固守,被围三天之久,终因弹尽粮绝,外无援兵,堡寨被攻破,连万夫不幸被俘。临刑坚贞不屈,骂贼而死,朝廷下旨追封万夫为右承务郎,并"官其家一人"。

南宋末年,又有南夫五世孙秀璇率族人随文天祥抗元,激战广东五岭坡。族人战死者达三十八人之多。宋亡后,为避免元兵报复,龙溪马崎连氏全族迁居海岛玉田山,"连厝"、"连南夫墓地"被毁。

明朝宣德年间,因倭寇侵扰沿海,朝廷实行禁海政策,连氏后裔文远公率子侄迁回龙溪,在马崎山下马崎社定居,尊连南夫为开派始祖。

(六)明御史连楹

连楹(1353年～1402年),山西襄垣县阳泽河村人,上党连氏后裔,明初"靖难

明代御史连楹

忠烈"之一。据襄垣《连族谱牒》所载,连楹祖父连肇,为元代至元间进士,历任潞城、陵川、汾州等地教官,后迁阿都太尉府参军、山东道贡院试官,赠集贤院学士,后致仕归隐。《山西通志》、《潞安府志》、《襄垣县志》均有传。

连肇生子培基(一说名基业),英年早逝,培基有子二人,长曰梧,后迁襄垣南峰;次即连楹。

连楹字聪,号栋宇。因幼年丧父,家道清贫,母亲李氏出身名门,知书达礼,课读二子成人。连楹聪慧好学,刻苦自励,读书

山中，"日炊米一杓"，可见其生活清贫，读书勤奋。后中洪武壬子科举人，被荐为国子监生员、承敕郎，后任翰林院左春坊太子赞读，对太子"启沃良多"。

有次明太祖大集群臣议论历代兴亡得失。连楹博古通今，论述精辟，口若悬河，举座皆惊，深受明太祖器重。嗣后又上达了"借人之鉴，立治国之纲"的奏章，列举了当朝的弊端及革除建议，言辞锋利，直言无忌。明太祖见其太过刚直，"去之则有塞贤路，留之则恐多后忧"，于是在洪武十二年将其外调为福建道监察御史。任职期间，连楹耿直不阿，秉公执法，清除当地腐败恶习，整饬地方吏治，民以"连青天"呼之。

明太祖虽厌恶其性格太刚，但又深喜他品行忠烈，对外放福建政绩予以很高嘉奖，又先后委任他为五城巡防御史、操江巡仓御史。他调任后戒骄戒躁，按察治理各道，先后任各级御史长达二十三年。明太祖也对他屡有褒奖。嘉其"忠心刚正，明视听达，民情恪尽，足以激浊扬清"，明诏榜示，以励朝臣。在今上党襄垣《连族谱牒》中，还收录了当时明代朝廷对他褒扬的圣旨和考评批语。

及至明太祖驾崩，由皇孙朱允炆继位，史称建文帝。由于建文帝年幼懦弱，各路藩王手握重兵，心怀异志。为巩固皇权，建文帝采用大臣方孝孺、黄子澄、齐泰诸人建议，着手削藩，从而引发了中央与藩王的矛盾。建文帝元年（1399年）7月，其四叔燕王朱棣以"清君侧"之名，从北京发兵南下，开始了历时三年的"靖难之役"。当时朝中大臣多心怀观望，甚至与燕王暗中联络。而御史连楹与董镛则"戮力同心，誓死报国"，对怀有二心的朝臣，就检举弹劾。

建文帝三年（1401年）十一月，燕王大军进抵南京金川门下，谷王朱橞与守将李景隆开门投降。而连楹则挺身而出，拦住燕王马头，指斥燕王："以臣篡君，可谓忠乎？以叔残侄，可谓仁乎？背先帝分封之制，可谓孝乎？"致使燕王恼羞成怒，令左右击杀连楹。连楹毫无惧色，"从容引颈受刃，有白气冲天，尸僵立不仆，气色如生"。燕王入京后，登基称帝，后迁都于北京，即明成祖永乐皇帝。明成祖继位后，一面派人搜捕不知去向的建文帝，一面清洗忠于建文帝的文武大臣，连楹家族自然也在株连之列。

据族谱所载，连楹有子五人：锡、钊、镛、钜、铢。其长子、四子传说逃至福建，投奔连楹门生故旧。三子连铺，因曾任河北真定府主簿，故其子孙和五子连铢后裔逃匿到河北真定、邯郸一带。其二子、四子中有后裔逃回襄垣老家。襄垣老家的连氏子孙，也纷纷避难外迁。"子孙四散，有同里而分居者，有分里而异居者"。连楹之兄连梧迁到本县南峰，有三子得温、得清、得实。得清后裔迁到河北广平府（大名府）琵琶庄，得温、得清迁到其外祖家李村里避难。

及至明永乐帝去世，明仁宗朱高炽继位，大赦天下，宣布：靖难殉职诸臣为忠臣。洪熙元年（1425年）十一月壬申下诏："建文诸臣家属在教坊司、锦衣卫、浣衣局，及习匠、功臣家为奴者，悉宥为民，还其田土。"十二月癸卯又下诏："建文诸臣外亲，全家戍边者，留一人，馀悉放还。"从而使靖难之役中遭受株连的众多臣民得以获释。连楹子孙，也于此时逐步回归襄垣阳泽河村故里。因仁宗在位仅一年时间，故靖难诸臣平反事项未能落实。

万历十一年（1583年），广东道御史屠叔方又上奏朝廷，称"靖难之役"中，"忠臣已褒，外亲未宥，恳望圣恩推广明诏，大慰忠灵，以培圣代纲常"。建议对"被罪诸臣，遵奉先年诏书，各于生长乡邑，建祠专祀，

恤录故墓，苗裔仍量赠官、赐谥"。万历皇帝准奏，诏令各地遵照执行。

万历十一年，连楹六世孙连教多方奔走、申诉，始得山西按察司正式批文："连乡宦（连楹）果当靖难死节，此系忠臣，例建祠岁祭。本县查实，即时抄给勘合，准入乡贤祠"。

依据上司命令，潞安府推官李腾鹏，亲自操办其事，将连楹列入乡贤祠，并在阳泽河连氏祖茔为连楹修建了衣冠塚，并亲自撰文，刻石立碑。

明廷追赠连楹为詹事，谥号"刚烈"，万历皇帝还御制《悯忠诗》，对连楹死节金川门作了公正评价：

金川不守景隆城，叩马壮哉御史楹。

先谒陵乎先即位，杨荣却异姓连情。

明代程之诏也撰有《御史靖难死节诗》，以慰忠魂：

君王逊国落江湖，潞有双星照帝都。

廷尉丹心知劲草，乌台靖节叹遗珠。

当年已慨无司马，后世何人自董狐。

莫使精英如草木，让名锅匠与樵夫。

文中的"潞有双星"一指连楹，一指洪武时刑部尚书、左都御史、潞州人暴昭。暴昭建文初充北平采访使，"具得燕王不法状以闻"。及燕王起兵，明廷设北平布政使

于真定，"命昭掌之"，以拒燕王。及至燕王入南京，暴昭被执，大骂不屈，被燕王下令寸磔而死，成为"靖难之役"中又一死难忠臣，因与连楹同为潞州人氏，"靖难之狱"平反后，潞州建"双忠祠"以祀之。《山西通志》《潞安府志》《襄垣县志》均收入专条。

（七）台湾名儒连横（附连震东）

连横（1878年～1936年），原名允斌，谱名重送，后改名连横，字武公，号雅堂，又号剑花。光绪四年（1878年）1月16日出生于台南，排行第四。连家是台南望族，连雅堂是连家在台湾的第七代。连氏家族的祖籍在福建省漳州府龙溪县马崎，其七世祖兴位公，于清康熙年间移居台南府宁南坊马兵营，世代经商，数代之间，家业迭有兴衰。清道光、咸丰年间，连雅堂祖父连长瑞时，家业又渐兴旺。

连长瑞这一代，连家除有园圃，并在漳州府城坊桥头开一家"芳兰号"店铺，收入甚丰。1893年，连家开始经营樟脑炼制，进行外销，每年达数万担，获利数十万金，为当时富豪之一。

雅堂秉性聪明，又好学不倦，具有惊

1914年连横37岁

人的记忆力，可以过目成诵。据传，《史记·项羽本纪》这样的长文，他熟读几回之后便能默诵不遗；十岁能文，好读《春秋》、《战国策》，崇尚仁义忠勇精神。13岁那年，父亲以两金的代价买了一部余文仪续修的《台湾府志》送给他，并说："汝为台湾人，不可不知台湾事……"连横怀着兴奋的心情读完了这本书，但他发现这本书的内容太过于简略，因此兴起修撰一部比较完备的台湾历史的念头。

1894年，中日甲午战争爆发，中国战败，被迫将台湾割让给日本，连横遭受家国之变。先是日本占领者在马兵营修筑法院,强迫当地居民迁徙,连氏家园遭受摧残。连家的"芳兰号"店铺及水田被日人征收,连氏家族迁台六代经营所得,就此毁于一旦,举家被迫迁到西城,连横之父永昌公忧愤成疾,于翌年六月病逝。此时连横年仅十八岁。身罹家国之痛,居家守孝,亲手抄录《少陵全集》,诗圣杜甫忧国忧民的情怀使他受到了强烈震撼,立下了为国为民的雄心壮志。他坚信:"国家可能一时破灭,若历史不坠,国家复兴可期。"他认为:要恢复国土,就不能让民族精神的文化标志泯灭;台湾要复兴,就要弘扬中华文化,不能让台湾的历史湮没。因而他生在台湾,心怀大陆,以保存中华文化为己任,终毕生精力搜罗资料,致力于历史文化遗产的搜集和整理,终身奋斗在文化战线。"前此十八年,他受传统的举业教育,读书赴考求中举出仕,是唯一的人生目标,此后俨然已失倚靠"。开始新的人生追求。

1897 年,连雅堂赴祖国大陆知名的上海圣约翰大学攻读俄文。不久,奉母命回台与沈筱云女士结婚。居家期间,他与陈瘦云、李少青十位好友,成立了"浪吟诗社",互相切磋鼓励。1899 年 5 月,日本人在台南创办《台澎日报》,连横进入该报社汉文部任主笔,并加紧学习日文。1902 年,连横曾经赴福建参加科举考试,先去"厦门捐监",取得应考资格,再到福州应乡试,但不第。

1905 年日俄战争爆发,连横再一次离开台湾,携家移居厦门,在厦门创办《福建日日新闻》,开始与孙中山领导的革命党人有所往来。1906 年,孙中山抵达新加坡成立中国同盟会分会,曾派人前往厦门与连雅堂联系,拟将该报改为同盟会机关报,结果该报被清官府封馆停刊。其子连震东在《连雅堂先生家传》中说,该报"鼓吹排满。时同盟会同志在南洋者,阅报大喜,派闽人林竹痴先生来厦,商改组为同盟会机关报。嗣以清廷忌先生之言论,饬吏向驻厦日本领事馆抗议,遂遭封闭"。在《福建日日新闻》关闭以后,连横又于同年回到台湾,仍然在由《台澎日报》改版而成的《台南新报》任职。由于连横酷爱吟诗,他于 1906 年与赵云石、谢籁轩等十余人在台南创办"南社"。1908 年,连横举家迁到台中,在台中发行的《台湾新闻》汉文部任职。也是在这一年,连横开始了他这一生最重要之著作《台湾通史》的写作工程。1909 年,连横与林痴仙、赖悔之、林幼春等人创"栎社",以道德文章相切磋。

1912 年,连横借道日本再度赴祖国大陆旅游,先抵达上海,然后再游南京、杭州等地。随后,连雅堂一度在上海华侨联合会担任编辑工作。该会由孙中山设立,是同盟会在上海的联络点。连雅堂在此期间结识了革命党人张继与章炳麟等人,并经张介绍加入中华革命党(国民党前身)。1913 年,连横到达北京,参加华侨选举国会议员。同年秋天,又转往奉天、吉林,入《新吉林报社》工作。

1914 年春,连横再度回到北京,"时赵次珊(尔巽)先生长清史馆,延先生入馆共事,因得尽阅馆中所藏有关台湾建省档案,而将其收入台湾通史"。同年冬天,连横回到台湾,继续在《台南新报》任职。

连雅堂寓居北京之时,终于实现了一个梦寐以求的夙愿。1 月 31 日,他亲自向设在北京的国民政府内务部递送请求恢复中国国籍的呈文:"具呈人连雅堂,原籍福建龙溪县马崎社,现籍日本台湾台中厅台中街,现寓北京南柳巷晋江邑馆……兹依中华民国国籍法第十八条及施行规则第六条所规定,呈请许可复籍。"在获准复籍后两天,又再向内务部递上申请更改名字的呈文:"具呈人连雅堂,原籍福建龙溪县,年三十七岁,现住北京南柳巷晋江邑馆……为呈请事,兹将连雅堂之名更正为连横。理合恳请,大部府准存案。"至此,连横恢复中国国籍的手续全部完成。

连雅堂改名连横,取意于楚汉相争时,齐国旧族田横不事新主,自杀殉国,其部属在海岛集体自杀的典故。寓意不当亡国奴之志。

连横从北京回到台湾后,一方面继续在《台南新报》工作,另一方面也利用公余之暇持续《台湾通史》的著述写作。经过了前后十年的时间,连横终于在 1918 年完成了这部台湾史学上的重要著作。这本书共三十六卷,体裁则略仿司马迁的《史记》,分为纪、志、传三部分。总共包括了四纪、二十四志、八传,总计约 60 万字。记录则起自隋大业三年(607 年),迄清光绪二十一年(1895 年),凡近一千三百年的历史。

这本书的初版共分成三册,由连横自己筹设的"台湾通史社"出版。上册于 1920 年 11 月出版,中册于同年 12 月出版,下册则于 1921 年 4 月出版。连雅堂也因而名垂青史,赢得"台湾太史公"的美名。著名学者林衡道称赞他是"日本统治台湾五十一年中,台湾省文化界第一人";国学大师章太炎称此著作为"必传之作";近代

连战将祖父连横所著的《台湾通史》作为礼品送给老舍茶馆

著名学者、《清稗类钞》的作者徐珂在序言中说:"知几谓作史须兼才、学、识三长。雅堂才、学伟矣,其识乃尤伟。"国民党元老张继亦予以很高评价:"以子长、孟坚之识,为船山、亭林之文,洵为中国史学之杰作。"

在完成《台湾通史》这部著作以后,连横于1919年移居台北大稻埕,受雇于华南银行的发起人林熊征,帮忙处理与南洋华侨股东往返的文牍。同年,16岁的儿子连震东赴日本上学。1924年,连横在台创办《台湾诗荟》月刊。

1926年,连雅堂全家再回祖国大陆,居住在杭州西湖,留下了"一春旧梦散如烟,三月桃花扑酒船。他日移家湖上住,青山青史各千年"的诗句。在此次游览之暇,他还编完了《宁南诗草》,"宁南"二字,以示对故居的怀念。次年,祖国大陆内乱再起,连雅堂又迁回台湾,在台中参加林献堂先生主持的暑期汉文教学班。

1928年，为抗议日本人禁止本省人使用闽南语，连雅堂又与友人黄潘万合作，在今台北延平北路创办"雅堂书局"，只卖汉文书，不卖日文书，颇有民族气节，但效益不佳，经营惨淡，加之日本人故意阻扰，1929年结束书店经营。

结束"雅堂书局"后，连横又致力于台语研究。当时，日本殖民统治者，一心想毁灭台湾的史迹文化，在大力推行"皇民化运动"的同时，大力推行日语、日文，强迫台湾民众改用日本姓氏，改用日文、日语，名之为"国语运动"。连横深知，必须维护汉文、台语于不坠，才能保留民族尊严、民族气节与历史文化。

他说："余台湾人也，能操台湾之语，而不能书台语之字，且不能明台语之义，余深自愧！……余惧夫台语之日就消失，民族精神因之萎靡，则余之责乃为大矣。"于是他又利用报务、著史之余暇，浏览群籍，以考台语之源，编纂《台语辞源》。连雅堂的另一本重要著作是《台湾语典》。这本语典为当时禁说台语的台湾社会，完整保留了母语文化。他还引征古今书籍、风俗习惯，每有所得，拍案自喜，颇能自得其乐。而后把这些零星的心得与记述辑成《台湾漫录》。对于台湾地理、山川、人物、风俗、人情以及政治革新、文化递嬗，乃至于异族统治压迫下慷慨悲歌的诸种吟咏，又辑成了《台湾诗乘》等。读其文，自然会有"油然故国之思，岂仅结构之佳已哉"；读其诗，也可感作者真乃"英雄有怀抱之士"。

自马兵营故居被日本殖民者摧毁之后，连横一家几度南北迁徙，居无定所。到

1922年连横、沈筱云夫妇去日本游历，看望在庆应大学经济系留学的儿子连震东（左），于东京留影

20世纪30年代初,子女都已长成,各有成就。其子连震东从日本学成后,归国服务,就职于西安,长女连夏甸定居于上海,小女秋汉,也从高等女校毕业。于是连横毅然携带老妻、小女于1933年定居上海,决心终老祖国,以继续著作、游历,安度晚年。

1934年、1935年,儿子震东和小女秋汉先后结婚。连横夫妇遂相偕去关中旅行,踏遍陕南、渭水,饱览了关中风光,沿途吟咏留下纪游诗27首,直到1935年夏季才返回上海。

此时连横已届暮年,但忧国忧民,壮心不已,在其所写《关中纪游》的诗中可见一斑:"汉唐旧迹已无城,虎视龙兴几战争;试上钟楼南北望,秦山渭水拥西京。秦中自古帝王州,裘马轻肥事胜游;劫后山河多破碎,五陵佳气已无留。"

1936年春,连横在上海患肝癌,医治无效,于6月28日上午,与世长辞,终年59岁。

纵观雅堂先生一生,他不仅是一位爱国史学家,同时也是一位民族诗人,一位富有民族大义的学者。其著作除《台湾通史》外,尚有《台湾语典》四卷、《台湾诗乘》六卷、《剑花室诗集》、《文集》、《大陆游记》等。又校订有关台湾著作38种为《雅堂丛刊》,对保存台湾文献,其功至伟。

1950年春,台湾文化界举办连横逝世15周年纪念集会,刚刚从大陆撤到台湾的蒋介石为"收抚人心,安定地方",于3月25日与"行政院长"陈诚联署发布"总统令",予以褒扬:"台湾故儒连横,操行坚贞,器识沉远。值清廷甲午一役弃台之后,眷怀故国,周游京邑;发愤著述,以毕生精力,勒成台湾通史,文直事核,无愧三长,笔削之际,忧国爱类,情见乎辞。洵足以振起人心,裨益世道,为今日光复旧疆,中兴国族之先河。追念前勋,倍增嘉仰,应明令褒扬,用示笃念先贤,表彰正学之至意。"

1994年4月,海峡两岸学者,组织举办了"连横学术思想暨学术成就研讨会",对连横学术思想进行了系统探讨。2005年6月,广西人民出版社又出版了《雅堂笔记》七卷,分别为杂记和序跋、诗荟馀墨、啜茗录、台湾漫录、台湾史迹志、台南古迹志、番俗摭闻。除杂记、序跋等49篇外,其余均为笔记文字,大多刊于《台湾诗荟》。文章以地为经,以史为纬,文字雅致考究,是研究连横学术思想的重要资料。

连横一生热爱祖国,"虽历试诸难,不挫所守"。弥留之际,他还念念不忘台湾光复事业，勉励其子连震东："今寇焰迫人，中日终必一战，光复台湾即其时也，汝其勉之。"

连战是连横唯一的孙子，在其出生前两个月，其祖父便已辞世。他曾在《祖父与我》一书中写道："祖父曾告诉家父，中日必有一战，而台湾的光复就在战争之后。所以，他告诉家父母，假如生的是男孩子，就叫做连战，因为它除了寓有自强不息的意义之外，还有克敌致胜，光复故国，重整家园的希望……很多朋友问起我这个名字的原因，我就把祖父当时这个决定告诉他们，而且我一生用这个名字，也是我个人对祖父最好的纪念。"

连横不仅预见到了中日必有一战，让儿子和未出生的孙子（连战）背负起抗战使命，而且坚信中国抗战必胜，台湾必于此时能够光复。如此先觉、预见，除了他的学识睿智，更多的是源于他执著的爱国情操和矢志不移的信念。为孙子起名连战就是这一信念的最好注脚。

因此，台大教授、连横的外孙女林文月在其传记著作《青山青史——连雅堂传》中，评介其外祖父说："连雅堂是位读书人，他一生与高官厚禄无缘，死后留下一部60万字的《台湾通史》，另外还替他

的孙子留下一个名字——连战。"

连横有子女四人，女曰：夏甸、春台、秋汉，子曰震东。

震东，字定一，1904年出生，毕业于台南第二公立学校。1919年在父母陪同下赴日本应庆大学读书，开始参加政治活动，曾与在日本明治大学的郭国基、日本东京商科大学的吴三连等人，领导在东京的400多名台湾学生，响应台湾自治运动，反对日本殖民统治。1924年至1925年，他参加东京台湾青年会所办的文化演讲团回台演讲。1929年大学毕业后，他返回台湾，一度在《台湾民报》任记者。

因当时台湾尚处于日本殖民统治之下，而国民政府的北伐战争刚刚结束，呈现出一派新的气象。富有强烈爱国民族意识的连雅堂先生，深知要解救台湾，须先从建设祖国开始，于是他让震东奔赴上海，投靠同盟会元老张继。

他在给张继的信中说："今者南北统一，偃武修文，党国前途，发扬蹈厉，属在下风，能不欣慰！儿子震东毕业于东京应庆大学经济科，现在台湾从事报务。弟以宗邦建设，新政施行，命赴首都，奔投门下……弟仅此子，雅不欲永居异域，长为化外之人，是以托诸左右。昔子胥在吴，寄

子齐国,鲁连蹈海,义不帝秦,况以轩黄之华胄,而为他族之贱奴,泣血椎心,其何能恕?"其忧国之心,望子之切,跃然纸上。

张继为国民党创党元老,在国民党中央地位甚高,对连震东日后的仕途发展帮助很大,而连氏家族的政界仕途,也由此揭开了新的一页。

1931年,日本入侵上海,淞沪战争爆发,连震东随张继前往西安,任"西京筹备委员会"委员,并由张继介绍,加入了中国国民党。

其间,连震东一度前往北京,在朋友洪炎秋夫妇的介绍下,与赵兰坤小姐相识、相爱,并于1934年喜结连理。赵兰坤小姐出身于沈阳名门世家,毕业于燕京大学宗教学院。震东对其评价极高:"兰坤有北方女子刚毅之气质,不畏危难,得事果断。……笃信基督,自奉甚薄,待人极宽,能牺牲自己,慈爱他人。"

震东婚后两年,1936年6月28日,其父连雅堂因肝癌在上海病逝。时兰坤已有孕在身,即将临盆。雅堂便遗言子、媳:"中日必有一战,若生男则名连战,寓有自强不息、克敌致胜之意义,有复兴故国,重整家园,光明希望之象征。"是年8月27日,赵兰坤果然产下一子,遵从祖父遗愿,取名连战。母亲赵兰坤认为"战"字过于生硬,又取字"永平"。

一年后,抗日战争全面爆发,连震东遂将母亲接到西安奉养。

嗣后,连震东请求投笔从戎,参军抗战。可是军方认为:连震东籍贯台湾,现为日本统治,今中日开战,从军抗日虽然精神可嘉,但有诸多不便,要参军必须先恢复国籍。于是连震东便请张继和焦易堂作保,申请恢复了中国国籍,义无反顾地参加了抗日战争。

1940年,连震东全家迁到陪都重庆。震东仍在军中任职,兰坤女士在重庆黄楠桠学校任教。1942年连震东转往国民党战干团任教官,后升任陆军军官学校西安分校总教官,被授予少将军衔。

1944年夏,抗战已胜利在望,在重庆的台籍国民党人共商收复台湾方案,连震东参加了收复台湾训练班,被聘为"军事委员会国际问题研究所"第一组副组长,研究有关收复台湾所涉及的国际问题。同时他还负责主编"台湾革命同盟会"创办的《台湾民声报》,在该报创刊号上,他选编了抗日诗人许南英等5人的《乙未哀诗》,转录了陈蔼士的一首诗作:"鹿耳鲲身壮海东,延平剑气尚磨空。不须更写沧桑感,还我山河指顾中。"显示了抗战胜利在望,期盼台湾光复的喜悦心情。

1945年抗战胜利,台湾光复,连震东随台湾行政长官陈仪到台参加10月25日的受降光复典礼。重回台湾的连震东受到陈仪重用,被委任为"台北州接管委员会主任"。台北州辖区即今天的宜兰县、台北县、基隆县(市)等地,主要负责恢复道路、工程建设与改制工作。1946年1月连震东出任台北县长,并当选为台北市首届"国大"代表。不久被调任"行政长官公署"参事。同年5月,省参议会成立后,又出任"参议会秘书长",直到1950年任满。

由于连震东出身台湾世家,在日本留学10年,又在大陆为国民党效力多年,因此他随国民党到台后,更加受到重用。1952年就被奉派为出席联合国第七届大会代表团"顾问"。

此后,连震东仕途一路青云,节节高升。先后任"台湾省建设厅厅长"、"民政厅长"、"省政府秘书长"、"内政部长"、"政务委员"、"国策顾问"、"总统府资政"等,成为台湾政坛响当当的人物。此外,连震东在国民党内及社会上兼职甚多。

1986年12月1日,连震东在台北逝世,享年82岁。台湾当局为他举行了隆重的葬礼,蒋经国特颁"总统令"予以褒扬。

(八)台湾政要连战(附方瑀)

连战(1936年~)为台湾名儒连横之孙,连震东之子,曾任国民党主席,"行政院"院长。

连战,字永平,1936年8月27日出生于西安。因其母感到让独生子"抗战一生",未免太过沉重、太过辛苦,所以又为他取号永平,意谓"永远和平",期望中日之战后,能够永远和平、安宁。

连战的童年生活在西安,先后在西安作秀小学和北新街小学上学,后随父母转学到重庆南山小学,就读四年级。

1946年,台湾光复后,10岁的连战随母亲回到台湾,插班进入台北日新国小六年级就读,毕业后进入成功中学,后考入师大附中读高一。师大附中是台湾的贵族学校,外省籍高干子女多在此读书。连战在此受到了良好教育,不仅学业优异,且善长体育,是学校足球队、游泳队成员。

连战高中毕业后,考取了台湾大学政治系。这是台湾政界要人和学界大师的摇篮,不少台湾政界、学界名人即出此校。

1957年大学毕业后,连战进入政工干

连战先生

校,服预备军官兵役。1959年6月,连战赴美国芝加哥大学深造,攻读政治学,以全A的成绩取得国际公法与外交学硕士,接着攻读博士,于1965年9月3日取得政治学博士。

就在连战获得博士学位的第三天(9月5日),连战与他的未婚妻方瑀小姐在美丽的密西根湖边的龙德基督教堂举行了隆重婚礼。参加婚礼的双方亲友达200余人,同时连震东夫妇和方声恒夫人(方瑀之母)在台北园山饭店设宴,招待亲友,来宾冠盖云集,盛极一时。

"洞房花烛夜,金榜题名时",人生的两大乐事,被连战尽享,可谓好事成双,风光无限。

连战与方瑀,自小相识,可谓"青梅竹马"。1964年2月,两人就正式订立了婚约。订婚仪式也在园山饭店举行。证婚人是当时的"行政院长"严家淦。

方瑀小姐美丽动人,才貌双全,曾荣获台湾第三届"中国小姐选美"冠军。她聪明好学,以优异成绩考入台湾大学植物病虫害系,毕业后又到未婚夫所在的美国芝加哥大学生物研究所攻读硕士,并在此与心上人完婚。方瑀小姐也出生于书香世家,其父是美国麻省理工大学任教的方恒声博士,是一位太空农业专家。

婚后,连战夫妇住在威斯康星大学,连战随即在该校任教。不久,连战又转入康狄克大学任教。

1968年,连战应台湾大学校长钱思亮之邀聘,任客座教授一年,次年聘为政治系主任,随后担任台湾大学政治研究所所长。嗣后又被台湾政治大学国际关系研究所聘为该所外交研究小组成员,从事秘密的国际事务研究。这个小组直接向"行政院长"蒋经国负责,因此连战有机会见到蒋经国。

1969年9月,蒋经国指派连战出任联合国第二十四届大会代表团"顾问"。这正是17年前其父连震东曾担任的职务,"父子顾问"一时传为佳话。连战自美返台后,奉命进入"国防研究院"第十一期受训,受训者均属党政军高级干部,堪称台湾党政军要员的"黄埔军校"。

在同年召开的国民党"第十次代表大会"上,连战当选为"中央候补委员",开始进入政界。

1970年,连战获得台湾"十大杰出青年"称号。

1976年11月,出任国民党"中央党部青工会"主任。同年在国民党"第十一次党代会"上,连战当选"中央委员",两年后,他又出任"行政院青辅会"主任。

1981年11月25日,台湾"行政院"进行改组,45岁的连战被任命为"交通部长",成为历年来最年轻的部长。加之连战风度翩翩,才华横溢,出身豪门,年轻有为,被列为台湾"四大公子"(即:蒋经国之子蒋孝武、陈诚之子陈履安、周至柔之子周一熹、连震东之子连战)之一。

少年连战

连战母亲赵兰坤与连战

1984年2月,连战被选为国民党"中央常务委员会委员",进入国民党决策核心。1987年5月,蒋经国去世前,进行了最后一次改组,俞国华出任"行政院长",连战接替政坛资格甚老的林洋港出任"行政院"副院长。

蒋经国去世后,李登辉登台主政,台湾政局出现大的变动,连战被任命为"外交部长"。连战在"外交部长"任内,在"务实外交"方面取得很大进展,并促成李登辉以"总统"身份出访新加坡,进一步获得

了李登辉的信任。1990年6月改派连战出任台湾省政府"主席",成为仅次于"总统"、"行政院长"的台湾第三高官。

1993年2月,连战被李登辉提名为"行政院"院长,遭到反对党的反对。但在政界、工商界各界人士的支持下,连战以109票赞成、34票反对、1票弃权的绝对优势,顺利当选。同年,连战当选为国民党"中央副主席",成为台湾政界的第二号人物。

连战上任之初,提出"弘扬民主政治,推广务实外交,强化国防力量,快速发展经济,振兴教育文化,改进生活品质,充实社会福利,健全财政金融,提升行政效率"为施政重点的口号,并以建立"廉能政府"为目标。

在两岸关系问题上,连战也提出不少建设性政策。对缓和两岸关系,促进经贸往来起到极积的推动作用。1993年12月"行政院"记者联谊会上,连战发表了"排斥零和,走向双赢"专题演讲,倡导两岸关系应是携手双赢,避免你死我活的斗争,受到社会各界的普遍关注,反映了连战对于两岸关系的基本思想。

1994年初,连战又提出"以经贸为主轴"的两岸关系政策,让"经建委员会"主

任萧万长出任"陆委会"主任。1995 年,连战内阁又提出以大陆为腹地,建立"亚太营运中心"计划,成为台湾经济发展的跨世纪战略。

然而,连战的这些政策已不合正在阴谋制造"两国论"的李登辉口味。但为了政治利益,在 1996 年的大选中,仍选择连战为"副总统"竞选伙伴,并提名兼任"行政院长"。但实际上却独揽大权,架空连战,很快暴露出他分裂国家、支持台独的面目。1996 年 8 月,李登辉公开发表讲话,要改变"以大陆为腹地"的亚太营运中心的计划,基本上否定了连战的经济发展战略与大陆政策。

在李登辉"总统"的强权阴影下,连战的上述计划遭到压制,连战只能默默地积蓄力量,以待时机。

2000 年台湾大选中,由于李登辉公然撕破脸皮,"弃连保扁",以国民党主席的身份,反对国民党人选,而支持民进党竞选,引起国民党分裂,致使以"台独"为号召的陈水扁上台。国民党惨遭败绩,失去了执政党的地位。历史的潮流把连战推向了风口浪尖。2001 年 3 月,国民党举行了首次党主席直选,连战作为惟一的候选人,以超过 97% 的得票率当选,挑起了国民党历史转折的重任。

首先,国民党"十六大"清除了李登辉路线,毅然将"殃党祸台"的李登辉开除出党。2004 年与亲民党主席宋楚瑜联手竞选台湾领导人。虽然此次竞选以微弱差距失败,但在 2005 年立法委员竞选中,连、宋"泛蓝阵营"大获全胜,取得立法院多数席位。

面对社会现实,连战在历史的十字路口,做出了"寻求两岸和解,共创双赢"的抉择。他多次发表演讲,反对"台独",反对分裂祖国。他说:"我们都是一家人,两岸应该共同发展,共同为未来和平奋斗。"毅然摒弃国共两党的前嫌,为了中华民族的长远利益,为了两岸人民的福祉,迈出了参访大陆的"历史性的一步",踏上了"和平之旅"的航程,于 2005 年 4 月 26 日至 5 月 3 日率团访问中国大陆,回到阔别整整 60 年的故土。

在历时 8 天的行程中,他在国民党故都南京总统府提笔写下了"和平奋斗救中国"的题词;在西安清凉寺,携子女在其祖母墓前叩首跪拜,悼念亲人;在北京人民大会堂,与中共中央总书记胡锦涛亲切会见,实现了国共两党领导人 60 年来的第一次握手,达成了"胡连会谈"的"五项共

识"。面对北大学子，他激情满怀地作了"为民族立生命，为万世开太平"的讲演；在上海，他向两岸和解的先驱汪道涵先生请安问候。

从踏上大陆的第一步起，连战就一再向全体中国人民证明：参访大陆不仅仅是审时度势的权宜之计，而是对"民族之责任"；"我们不能够让'制宪'、'正名'、'去中国化'、武断的'台独时间表'来打破我们整个幸福的基础"；"国民党有责任让台湾人民有一个不一样的选择"。即台湾不

连战与方瑀结婚照

只有"台独"一条路可走，还有一条新路，一条两岸和解的路可走。

在和胡锦涛总书记会面时，他说："历史毕竟已经是过去的事情，我们没有办法在此时此刻再来改变历史，但是未来却是掌握在我们的手里。"通过会谈，达成了"胡连会谈五项共同愿景"，让世人看到两岸坚冰的融解，中国和平统一有望，标志着两岸关系出现了契机：告别过去，把握当前，迎接未来。

从大陆回到台湾后，无论是在最后几个月的党主席任内，还是在卸任党主席担任荣誉主席之后，连战一直把落实"胡连会谈五项共同愿景"变成工作的主要内容。而其中最重要的一步，就是将相关共识写入国民党的政治纲领。

中共中央总书记胡锦涛在连战担任国民党名誉主席后的贺电中，对此也有高度评价：

先生自领导中国国民党以来，为改善和发展两岸关系贡献良多。我们共同发布的"两岸和平发展共同愿景"，以增进两岸同胞福祉为依归，推动两岸关系向着和平稳定的方向发展，具有重要意义。贵我两党共同迈

出的历史性的一步，已铭记于两岸关系发展史的史册。衷心期望与先生共同努力推动两岸关系和平稳定发展，共创中华民族未来。

连战在回电中也说：

> 永平（连战字永平）所念兹在兹者，不仅为中国国民党之中兴，更是两岸和平的实践。在历史长河中，机遇难得，两岸领袖人物，实应本于为民谋福之宗旨，掌握此一契机，提升人民之福祉，共创中华民族之伟大复兴。永平仍将本一贯之初衷以及对民族责任，与先生共同努力，化愿景为真实。

2005 年 8 月 19 日，国民党举行了历史上首次党主席差额选举，马英九以 72.4% 的选票当选。连战欣然接受了名誉主席的职位。

8 月 20 日，中国国民党"十七大"通过了"国民党政策纲领"。在这份以"民主、和平、新希望"为宗旨的政纲中，连战"和平之旅"达成的"胡连会谈五项共同愿景"，以及国民党副主席江丙坤三月访问大陆达成的"陈江会"十二项共识都纳入其中。

这就从制度上保证了连战的努力将被其继任者延续，一旦国民党重新执政，这些愿景将成为实实在在的施政纲领。

从这一点上来讲，连战的大陆之行，增进了台湾对大陆的了解，也增进了大陆对台湾的了解，而且还有后续发展的意义，让两岸在关系缓和之后，更有期待，更有前景。连战在从政的最后时刻，把台湾带到这条路上，可说是贡献重大。

在随后举行的台湾县市长的选举中，国民党大胜，其原因固然很多，但连战顺应国情民意，参观大陆，并完成国民党世代交替，也是其重要原因。

连战在卸任国民党主席后，又于 2005 年 10 月 15 日至 28 日二访大陆，前往沈阳探亲，代母祭祖。2006 年 4 月 13 日至 4 月 25 日，连战夫妇携子女三访大陆，除参加两岸经贸论坛，进一步推进国共两党交流与对话，力促两岸经贸交流与直接通航外，两度与胡锦涛书记会面，对建立和平稳定、互惠双赢的两岸关系发挥了积极的推动作用。并偕家人赴福建祖地——漳州市龙海县马崎村朝宗祭祖。参拜了连氏宗祠，祭奠了连氏祖坟，用闽南方言作了深情的讲演，还用白手绢捧走了一抔故土……表达了眷恋故国的赤子情怀。

连战现在虽然已卸去国民党主席的重任，但他仍殷切地关注着两岸的"和解"、"双赢"。正如他在国民党"第十七次代表大会"开幕前主席交接仪式上所说的那样：

　　我们在关键时刻作出这样的选择和决定，缓解了严峻的两岸关系，也为两岸的和平带来了曙光。但是今后如何发展，还要看我们作出怎样的努力。让我们大家同心协力，让两岸共同来推动民族的复兴。

方瑀荣获中国小姐桂冠

连战夫人名方瑀，祖籍江西，家居南京。其父方声恒是原中央大学（现南京大学）物理系教授。抗日战争时期全家避难到"陪都"重庆。1943年，方瑀出生于重庆。1945年初，连战随父亲连震东从西安迁来重庆，两家住处不远，因此相识，彼此往来。1946年两家又先后迁往台湾，住在台北，两家因"大陆旧识"而成为至交，子女也常相往来，"战哥"与方瑀可谓是"青梅竹马"。

方瑀从小就受到了良好的家庭教育，4岁那年就被送进"国语实验小学"读书，虽然比同班同学整整小了两岁，但她头一次考试便拿了全班第一，此后的学生生涯中，方瑀经常保持着模范生和第一名的辉煌纪录，展现了过人的资质和领悟能力。

方瑀高中时就读于台北市天主教私立静修女中。该校是一所历史悠久的教会名校，学生多半为本省名门望族子弟，方瑀作为外省籍学生，且又讲一口标准的国语，常代表学校进行演讲比赛，显得十分突出，成绩很好，给人印象很深。

高中毕业后，方瑀本想进文科学校朝文学方面发展，但在父亲的坚持下，考取了台湾大学植物病虫害系。大学一年级时，气质出众的方瑀参加了"中国小姐"选拔赛，压倒了后来成为影视明星的井莉、归亚蕾等众多靓丽群芳，取得了冠军。接着参加在美国长堤举办的"世界小姐"选拔赛，不料仅获得提名，未取得名次，这与当时中国在世界上的地位不高有很大关系。方瑀的自尊心受到很大伤害。

然而此行却有意外的收获，即在异国他乡，与正在美国读研究生的儿时玩伴"战哥"巧遇，结下一段奇缘。三年之后，在情窦初开的异国他乡终成眷属。

1964 年，年方 20 岁的方瑀大学毕业后，赴美国留学，在获准的 7 所美国著名大学中，她选择了离"战哥"所在的芝加哥最近的普渡大学，并与心上人正式订立婚约。

1965 年 9 月 3 日，连战取得博士学位，并立即被著名的威斯康星大学聘用。两天后，两人在芝加哥大学的邦德教堂举行了简朴的婚礼。同时，在台北，连震东夫妇和方声恒夫人在最豪华的圆山饭店举行了盛大的庆祝宴会，由国民党政界要人严家淦为他们证婚，各界名流数百人出席，轰动一时。

方瑀婚后继续攻读硕士学位，取得了康奈尔大学生物化学硕士学位。

1968 年初，方瑀随夫回到台北，先到台湾大学植物病虫害系担任讲师，后被东吴大学聘为中文系副教授，主讲文学评论。汇集出版了《依莲集》、《亲情》和《朱自清作品评述》等著述。

1993 年，连战担任"台湾省省长"，省府设在台中南投县。为照顾子女和丈夫，方瑀只好十分惋惜地辞去她任教 10 年的东吴大学教职。

嗣后，方瑀在工作、写作之外，相夫教子，主持家政，成为连家内当家和连战贤内助。同时参与祖父连横著作的整理出版工作，1974 年出版的《雅堂先生馀集》，就是她与连战共同整理，由连震东校正的，书前有方瑀写的序言。此外，她还帮助连战主持"连雅堂先生奖学金基金会"和"连震东先生文教基金会"，赞助台湾的教育和社会文化公益事业。

方瑀和连战育有四个子女，长女连惠心生于 1967 年 8 月 1 日，长子连胜文生于 1970 年 2 月 3 日，次子连胜武生于 1976 年 1 月，次女连咏心生于 1981 年。如今四个子女均已长成，且学业事业有成。

长女连蕙心，为美国哥伦比亚大学艺术教育博士，1995 年 1 月 2 日嫁与商界名人陈清忠之子陈弘元，陈弘元为耶鲁大学博士。长男连胜文毕业于辅仁大学法律系，留学于美国。次男连胜武就读于中央大学电视系，小女连咏心也于2005年完成了留美博士学业。

（九）爱国侨领连瀛洲

连瀛洲（1906年~　），广东潮州潮安县大布乡人，系潮州客家连姓后裔。9岁时失去母亲，次年父亲病逝，瀛洲与8岁的弟弟成了无父无母的孤儿。

家庭的惨状和人生的艰辛过早地压在了幼小的瀛洲肩上。为了糊口活命，瀛洲到表兄水果店帮忙。由于他勤快懂事，深得表兄好感。然而人生的前途，渺茫的命运，出路何在？连瀛洲想起父亲生前的教诲："瀛洲"是中日之间的海上仙岛，他可弥补你命中缺少的五行之水，你将来应到一个四面环水的岛上谋生，你一定能获得成功。

怀着这一心灵的慰藉和对未来的梦想，经表兄介绍，瀛洲12岁时来到香港表兄未婚妻父亲的小店里打工，虽然老板只管吃住，没有工钱，但瀛洲仍十分卖力。14岁时经好朋友郑如璋帮忙，瀛洲终于来到了四面环海的星洲岛国新加坡，在郑雨生的船务杂货店打工。与店里的其他40名店员相比，小瀛洲勤快机敏，善解人意，深得老板信赖，也交结了一批同行好友。他白天干活，晚上学习英语，为未来的人生一步步打下基础。

由于他熟悉业务，勤快、可靠，16岁时就当上船务"书记"，负责客户订货，小小年纪在船务公司崭露头角，也使瀛洲对自己的人生充满了信心。

1926年，20岁的连瀛洲与黄秀金喜结良缘，共创家业。1929年连瀛洲与侯园芳合资建立了自己的"华兴公司"，经营业务范围仍是他所熟悉的船务供应。凭着他多年的良好信誉，公司承担了英国海军的军需供应，公司迅速兴旺起来。

1937年，连瀛洲在新加坡崭露头角，当选为"潮州会馆"主席，许许多多新来的潮州人都得到过他的帮助，使"会馆"成为潮州人的第二故乡。

1941年，35岁的连瀛洲又以最高票数当选为新加坡总商会会长，这是一个威望很高的职位，连瀛洲是该会有史以来最年轻的会长。

然而随着太平洋战争的爆发，新加坡沦陷，连瀛洲被迫四处奔波。期间他回到祖国，在重庆创办了"华联银行"，投资金融领域。由于他在抗战期间的爱国义举，被选为"国民政府参议员"，为中国人民的抗日战争作出了一定贡献。

抗战胜利后，连瀛洲于1947年回到新加坡，在莱佛士置业，建立了华联银行总部，由于资金短缺，直到1949年2月华联银行正式开张前一天，才凑足200万元的成立资金。为了节约开支，办公室都不装冷气，连瀛洲自己也与职员一样，办公室只有一台摇头电扇。

1958年，连瀛洲接受下属的建议，毅然决定在有条件的地方设立分行，并和总经理欧阳一起到马六甲实地考察，以高速的工作效率和神不知鬼不觉的铁的手腕，很快办起了马六甲第一分行。嗣后，一间又一间的分行在各地建立起来，形成华联金融体系。

1963年，伦敦和东京的两家分行也相继开张，华联银行成为新加坡银行在国外开设分行的第一家。至今也是新加坡在国外开设分行最多的一家。

在创办华联银行的同时，连瀛洲又把目光转向了房地产业，经过艰辛的运筹，他从当时东南亚糖王、新加坡首富黄仲涵手中买下了莱佛士坊一号的土地。之后，他又相继买下了莱佛士坊八号华联银行附近的六号、七号土地，建成高达280米

的共计60层新加坡最宏伟的华联银行总部大厦。新加坡总理李光耀亲自为大厦剪彩。并由衷地赞扬说："连先生以他独到的眼光和过人的胆略，加上努力和运气的配合，实现了心中的梦想。"

连瀛洲先生有句名言："要做，我就要做最好的。"这是他一生奋斗的总则，也是他一生成功的秘诀。

功成名就，享誉中外的连瀛洲先生的高尚情操，就是知恩必报，饮水思源。虽然少小离家，一生寓居他乡，但一时一刻也未忘情于故国山河，由他主持的潮州会馆，是潮州乡亲的第二故乡。1985年秋，他又乘访问北京之际，辗转托人找到上党襄垣连氏后裔、著名的新闻工作者、《人民日报》原国际评论员连云山先生，托他查访中华连氏的祖庭所在和北方支派。而连云山也不负重托，于1986年2月回到上党老家进行实地考察，发现了一块记载着连氏族源历史的唐代《大周故飞骑尉连府君墓志铭并序》石碑，收集到一部从元朝开始，直到民国年间，记录着襄垣连氏族史的《连族谱牒》，从而拉开了中华连氏研究的序幕。嗣后，福建连氏研究会，古上党连氏文化研究会等团体和宗亲组织相继建立，《中华连姓》杂志也正式刊行。使中华

连氏这一古老而辉煌的姓氏，以全新的姿态向海内外展现出其风姿英采。

连瀛洲无愧为中华连氏的优秀子孙，也无愧于龙的传人。

（十）侨务元勋连贯（附连环雄）

连贯（1906 年～1991 年），原名连学史，广东大埔县枫郎镇王兰村人，1906 年 10 月 19 日（清光绪三十年农历九月初二）出生，是一位客家贫苦农民的后代，8 岁起当过童工、学徒，14 岁插班读小学，16 岁后在广东省立大埔中学和广东省立梅州中学读书，期间，曾任"连氏小学"和"何氏小学"教员。

1925 年（19 岁）参加革命工作，同年由蓝裕业介绍加入中国共产党，党内名"连贯"。

连贯早年在家乡梅州大埔积极参加革命宣传工作，组织农民协会，在广州中山大学工作期间，从事学生运动。1927 年，国民党反动派公开叛变革命，连贯利用同乡会等社会关系，营救被捕同志，掩埋烈士遗体，后经香港转到越南，继续坚持革命工作，在华侨青年中进行革命文化活动。

连贯像

1932 年，连贯回到广州，在中山大学图书馆工作，积极参加革命群众运动。1934 年，他参加"广州左翼文化联盟"并任委员，后又在上海参加田汉等领导的"中国戏剧舞台协会"，继续从事革命文化活动。1936 年初，连贯受党组织派遣去香港，任全国各界救国联合会华商区总部秘书，并任中共党组书记。1937 年春任中共香港工委委员兼组织部长。任八路军驻香港办事处党支部书记兼华侨工作委员,积极参与领导港澳地区的抗日救亡运动,团结和联络海外侨胞及各界友好人士,并组织和转送大批爱国华侨青年赴延安和抗日前线,有力地支援了祖国的抗日战争。

1939 年 11 月 3 日,港英当局查封八路军驻香港办事处——"粤华公司",连贯被英方扣留。后经宋庆龄、廖承志等营救获释。

1941 年,在抗日战争最艰苦的阶段,国内投降、反共的声浪甚嚣尘上,白色恐怖笼罩全国。中共南方局安排大批文化界知名人士前往香港避难,如茅盾、邹韬奋等。均由连贯负责安排接待。

1942 年 12 月 7 日,日军偷袭美国海军基地珍珠港,太平洋战争爆发。次日日军进攻香港,12 月 25 日,香港陷落,形势发生急剧变化。在太平洋战争爆发当日,中共中央、周恩来副主席,两次电示廖承志等,务必将滞留在香港的民主人士、文化界人士何香凝、柳亚子、茅盾、邹韬奋等营救出来,转移到后方安全地带。连贯义

连贯全家福(中排左四为连贯)

不容辞地参与了由中共南方局组织指挥的大营救工作,通知在港民主人士和文化界名人随时作好准备,先由香港转移到九龙,而后再向大后方转移。

由于当时港九地区粮食、燃料供应匮乏,日军决定疏散一批港九居民到内地。于是连贯和廖承志、乔冠华等亲自安排护送抢救对象,经秘密渠道送出香港,抵达东江游击队控制的地区——广东惠州。

而后,又经过周密部署,经由惠州北上,把这批从香港抢救出来的脱险者转移到龙川重镇、东江航道的终点——老隆,以便分头向川、桂、黔和闽西北、皖南、苏北疏散。

由于营救任务十分紧迫,连贯根本无暇顾及自己的妻子儿女。

据连贯之子连环雄回忆说:1942年初,父亲在接受周恩来安排的大营救任务后,对母亲说:党的任务非紧急,非常重要,你就带着孩子们随难民逃难,到老隆去找我吧!

当时环雄8岁,妹妹环球4岁,小弟环图2岁。连贯夫人就这样带着三个年幼的孩子,随着被日本人赶出香港的难民,通过罗湖关口进入内地,沿途遭遇日本飞机的轰炸,险些丧生。快到惠州时,又遭土匪抢劫。到惠州后,正在走投无路时,恰好有一批被抢救出来的文化名人要坐船到老隆。连贯夫人只好向他们表明身份,对他们说:我们是连贯的家属,逃难途中遇劫,请带我们到老隆与连贯会合。但他们都半信半疑。因为连贯他们组织的大营救,安排得十分周到,每站都有专人接送,他的家属怎么会没人照顾?好在船上尚有空位,看他们母子四人实在可怜,就让他们上船,反正到老隆后就会真相大白。

到老隆后,见到连贯,才知母子四人确是连贯家属。这些文化名人对共产党人舍己为人的精神,深为感佩。

1942年6月,连贯奉命进入东江抗日游击区,先后任中共广东临时工作委员会委员兼侨委主任、中共广东区党委常委,参与领导粤中人民扩大抗日武装斗争的工作。

解放战争时期,连贯先后任中共中央粤港分局委员、中共中央华南分局委员兼香港工委副书记,负责主持党的统战工作和华侨工作,为团结和争取各民主党派和爱国华侨,为加强与各民主党派的团结合作,为新政协的召开做了大量工作,作出了重要贡献。解放战争时期又将一大批爱国民主人士、著名学者邓初民、黄药眠、翦伯赞、千家驹等从内地转移到香港，免遭国民党的迫害，为新中国保护了一大批人才。为筹备中华人民共和国开国大典，建国前夕又成功动员和组织护送了民主党派负责人、爱国民主人士李济深、何香凝（代表民革）、沈钧儒、章伯钧（代表民盟）、马叙伦（代表民主促进会）、陈其尤（代表致公党）、彭泽民（代表农工党）、蔡廷锴（代表民主促进会）、谭平山（代表三民主义同志会）、郭沫若（代表无党派）、许广平等从香港到北京参加中国人民政治协商会议第一次全体会议。

1949 年 6 月，连贯参与中国人民政治协商会议第一次全体会议筹备工作，任常务委员会副秘书长。

1949 年 9 月，连贯作为华南解放区首席代表，出席中国人民政治协商会议第一次全体会议，被选为政协第一届常委、副秘书长。

新中国成立后，他历任中共中央统战部秘书长、中央人民政府华侨事务委员会委员、中共中央对外联络部副部长、马列学院第一分院第二副院长、中国人民大学分校校长、全国人大常委会副秘书长、国务院侨务办公室副主任、中国人民外交学会副会长、中国——老挝友好协会会长、全国侨联副主席。他是中共八大代表、第二届和第三届全国人大代表、第五届和第六届全国政协委员。

连贯长期从事统战、外事、侨务和政权建设的工作，十一届三中全会以后，他为恢复党的侨务工作机构、落实侨务政策、维护归侨、侨眷和海外侨胞的合法和正当权益，作了大量艰苦的工作，深受归侨、侨眷和侨胞的爱戴和敬重。

连贯忠于党、忠于人民，他在漫长、艰难的革命斗争中，几十年如一日，殚精竭虑，兢兢业业、忘我工作。他不居功、不诿过，谦虚谨慎，严于律己，宽以待人，尊重朋友，平易近人，联系群众，是我党一位德高望重的老同志。

1991 年 12 月 23 日，连贯因病在北京逝世，享年 85 岁。

连贯有子女三人：连环雄、连环球（女）、连环图。

连环雄 1935 年 5 月生于香港。1964 年毕业于前苏联莫斯科工程物理学院，高级工程师，曾任广东核电站投资有限公司副总经理，1995 年离休。

连环雄于 1946 年参加抗日游击队东江纵队，并随队转战至山东，1948 年调中国人民解放军第三野战军司令部，任电台

连贯陪同毛泽东主席接见老挝代表团(前排右二为连贯)

译电机要员，参加过淮海战役、渡江战役和解放上海、福州、舟山等战役。1959年至1964年在前苏联莫斯科工程物理学院核能动力装置专业学习，获苏联物理工程师及硕士学位。回国后，先后在核电局及重点工程办公室任高级工程师、处长等职，参与核设施的选厂、科研及设计建造的管理工作。后又参与了我国第一个自行研制的浙江秦山核电站的选厂、科研及设计建造的管理工作，1986年调深圳，参加广东

大亚湾核电站的建设工作。任广东核电投资副总经理，为大亚湾核电站建设、株江三角洲的改革开放，和香港的繁荣、稳定及顺利回归作出贡献。曾先后荣获核工业部颁发的"长期从事核工业建设荣誉证书"、国务院颁发的"政府特殊津贴证书"和深圳市"杰出专家证书"。

（本节据《中华连氏》总第七期《连贯先生生平简介》辑录）

（十一）曲艺大师连阔如

连阔如（1902 年～1971 年）原名华连寿，号仲三，笔名云游客，北京人，满族，清王朝灭亡后，改为汉姓连氏。

连阔如六岁入私塾启蒙，1915 年在北京学徒，1927 年拜师李杰恩学评书，曾参加北平市曲艺工会，1933 年起，曾在天津《时言报》、《民声报》、《立言报》发表评书小说《西汉演义》等。

抗日战争爆发后，在平、津等地说书，并兼营广告业务，曾应尚小云之邀，为荣春社排演的全部《东汉演义》说戏。

中华人民共和国成立后，连阔如任北京戏曲界艺人讲习班主任委员，创建前门箭楼大众游艺社，自任社长。1951 年任赴朝慰问团曲艺服务大队大队长。归国后，多次应邀到北京大学、中国戏曲学院、中国科学院语言学院研究所讲学。

新中国成立以来，连阔如历任全国政协委员、全国少数民族委员会委员、中国文联委员、中国曲艺研究会副主席，北京市人大代表。1971 年 8 月 18 日逝世，终年 69 岁。

他演出的评书节目有：《三国》、《水浒》、《东汉演义》、《列国》、《红军长征演义》（与人合编）、《李有才板话》等。

（十二）新闻奇才连云山

连云山（1926 年～ ），1926 年 2 月 17 日出生于山西省沁源县沁河镇南石渠村一农户家中，祖籍襄垣，系上党连氏后裔。

连云山幼年一边随父辈种田、放牛、喂猪、砍柴，冬闲时在村小学读书。11 岁时进入本县高小。抗日战争爆发后，八路军开赴山西敌后抗日前线，开辟晋东南抗日根据地，连云山于 1938 年投笔从戎，参加抗战，先后任联村抗日武委会工作员、民兵队长、区抗日武装工作员、"围困日军轮战队"队长等职，全程参加八年抗战。全家有四位亲人牺牲，父亲被日军刺了九刀，侥幸存活下来，成为终身残疾。

1945 年 4 月抗日战争胜利前，连云山调抗大太岳分校军事队学习。1946 年调野战军晋冀鲁豫六纵十八旅，先后任侦察兵、炮兵、工兵，任排、连、营等基层职务。

连云山参加过太岳抗日战争，解放战争时的平汉战役、冀鲁豫战场的汤阴战役、强渡黄河战役、定陶战役、鲁西南战役、千里跃进大别山战役、襄樊战役、淮海

连云山

战役、强渡长江、皖南战役、进军大西南和成都战役、朝鲜战争的五次战役、加里山战役和上甘岭战役等。

连云山在抗日战争、解放战争和抗美援朝战争中,身负战伤三次六处,为国家三等甲级残废。他的腰部腿部可说是弹痕累累,是一个百死一生,幸存之人。

1951 年,连云山从朝鲜战场选调北京,被任命为中央军委和国防部派遣军官派驻《人民日报》社,分配在国际部工作,任《人民日报》高级军事记者、编辑,后升任《人民日报》军事部主任、军事评论员和国际评论员。这是一个无边无际的知识海洋,是接触和参与国内外大事,在实践中磨砺,在实践中经受锻练的一个特殊大熔炉。

经过一段短暂的强化工作与学习后,他负责《人民日报》的中国军事和西方军事采访组织和主持重大国内国际有关的军事报道及言论写作,负责归口撰写军事和涉及军事的国内和国际问题的社论,历时近 20 年。

连云山勤于学习,善于思考,勇于探索,敢于直面现实。在《人民日报》社工作期间,他阅读了大量古今中外名著,深入到社会现实的各个角落,撰写了一批有重大影响的内参资料、新闻文稿和学术专著。

1961 年,正值我国处于"三年困难"时期,是阶级斗争弦儿绷得正紧的时期。他冒着重大政治风险,撰写了 30 多万字的《从两次世界大战看苏美德日四个世界强国发展经济的经验教训》(亦名《发达国家比较经济史》),提出苏联的经济模式是有重大弊端的落后的模式,中国不应步其后尘,不应学习苏联模式,而应借鉴美日德等西方国家发展经济的方法,从中国自身的实际出发,发展中国社会经济。经社领导审阅同意后,少量印刷,送中央领导参考。

由于该书的观点和陈述，与当时中央的基本国策与导向不符，甚而对立，未被采纳。半年以后，周恩来总理的秘书打电话通知他说："你的书总理看了，交待给你四个字，'适可而止'，不要扩散，不要再提。"

"文革"结束后的 1980 年，外省发现了一本孤本，经全国政协文史委员会主任董一博和社科院工业经济研究所的资深经济学家曾延伟过目后，对该书汇集资料之丰富，观点之新奇，十分惊讶，认为这是

新中国建立后，由中国人写的第一本研究西方国家的比较经济学奇书。1995 年 5 月 18 日，《解放日报》报刊文摘以《连云山，一个胆子太大太大的经济学家》为题向世人作了报道。

在连云山新闻生涯中，社会影响最大、历史意义最为深远的另一件大事，就是率先组织、宣传了对雷锋事迹的系列报道。

雷锋是中国人民一笔巨大的无形资产、精神财富，发现和宣传雷锋，是一个时代对社会道德要求应运而生的产物，是一

连云山在襄垣考察连氏碑志

个多方面共同工作的系统工程。

1963 年 2 月 7 日，《人民日报》以史无前例的规模，用两个半版的篇幅发表了由沈阳军区甄为民、雷润民、佟希文、李建羽等人采写的雷锋事迹，向全国介绍了雷锋精神、雷锋思想。而最早将雷锋事迹推荐给《人民日报》社领导，建议向全国宣传雷锋的关键人物之一，就是当时《人民日报》社军事组长、军事评论员、记者连云山。他是雷锋去世后最早到达抚顺现场的采访者之一，是《人民日报》社宣传雷锋的具体策划组织者，全部文稿的亲手编辑者。是他向《人民日报》社领导作了采访的全面报告，并得到全力支持，从而完成了这项重大工作。

晚年连云山继续他未完的几项重大研究工作。

一是他用十年时间，克服重重难关，完成了《谁先到达美洲》（又名《中国人发现美洲》）的重大研究项目，得出了"东晋时期（412 年）中国人法显东航大海，横渡太平洋发现美洲"的结论。1992 年该书由中国社会科学出版社出版，被日本《朝日新闻》称为"石破天惊"的重大科学新说。1992 年在纪念哥伦布到达美洲 500 周年之时，由中国太平洋学会会长、复旦大学著名教授周谷城，中国考古学界泰斗贾兰坡等发起，在北京召开了"环太平洋人类文明起源国际研讨会"，中、日、美、韩等国 30 多位专家学者参加了盛会。会上，由太平洋学会秘书长张海峰教授向世界宣布了连云山先生的这一重大研究成果，并向与会代表赠送了连云山先生的这部科学巨著，引起了世界轰动。

二是在 1993 年与友人毕季龙（前联合国副秘书长）等人共同努力，创办了"中国国际跨国公司研究会"，在《经济日报》、《管理世界》等国家级大型报刊上发表了大量介绍和研究评述国际跨国公司产生和发展壮大的文章，提出了借鉴外国经验和做法，深化改革，与国际接轨等一系列观点。

三是以亲身经历和实地调查，撰写了《关于解决沁源二战历史遗留问题的建议》，送交山西省委领导，引起了省委和各级领导的重视。正如中国社科院张凯研究员所说："连云山先生的科研成果和工作，为我们的国家和民族做出了令人瞩目的贡献。"

连云山先生晚年的另一项工作，是发起组织并亲自参与了对连氏历史的研究考证。1985 年，他受新加坡实业巨子连瀛洲的委托,考察中华连氏之源。次年2月即亲赴山西上党地区进行调查访问,实地考察。在上党襄垣县发现了被弃置多年的唐代《大周故飞骑尉连府君墓志铭并序》,搜集到起自元代迄于民国的《连族谱牒》,并撰写了《三千年亲情一脉传》的考证文章,从而拉开了中华连氏的研究序幕。在他的倡导、推动下,"福建连氏文化研究会"、"古上党连氏文化研究会"、"河南禹州连氏研究会"等民间团体相继成立,连云山被聘为顾问。嗣后连氏文化研究迅速展开,《中华连姓》杂志也正式刊行问世。连云山于中华连氏研究的开创之功可谓大矣!

连云山数十年的传奇经历和坎坷遭遇,为我们展示了老一代新闻工作者的精神风貌。他们心怀祖国的千秋大业,肩负民族的历史使命,以其直面现实的超人胆略和睿智的思辨分析,谱写了一篇又一篇在国内外发生了重大影响、产生了重大社

连云山先生在大会发言(连氏宗亲首次联谊会)

会效益的内参、通讯、新闻、评述,无愧于时代的强音、民众的喉舌,是新闻工作者的骄傲,是连氏族人的骄傲,更是中华民族的骄傲。

(本节据《中华连氏》第8期《中国奇人连云山》改写)

(十三)国医泰斗连汝安

连氏中医的第八代传人连汝安,1928年12月8日生,山西省襄垣县阳泽河村人。父亲连国正系明朝著名御医连成玉的第七代传人,连汝安从小就耳濡目染中医世家的诸多风范。1937年,40岁的连国正毅然投身于抗日民族战争的烽火之中,成为八路军一二九师中唯一的中医大夫,负责刘伯承、邓小平等领导人的医疗保健工作。1938年,10岁的连汝安也入伍随父习医。1945年,连汝安被送往冀鲁豫北方大学医学院(即现在的白求恩医科大学)学习西医,使连汝安不仅拥有中医的底子,同时也打下了西医的根基。

1958年,为落实毛主席"挖掘中医中药瑰宝"的指示,时任中国人民解放军第304医院(即现在的北京301医院)内科主任的连汝安,被医院推荐参加中西医结合

学习。他拜中医泰斗徐季含、岳美中先生为师,专修中西医结合治疗心脑血管疾病。徐季含、岳美中两位导师对医治老年病造诣很深,担负着国家领导人宋庆龄、郭沫若、张澜的保健工作。他们发现连氏中医也擅长老年病、慢性病的防治,便安排连汝安也负责一些国家领导人的医疗保健,并建议他选择老年病中比较突出的冠心病作为研究课题。

在跟随导师的四年中,他发现西药"潘生丁"、"消心痛"治疗冠心病尽管不错,但停药后旧病复发,不易根治,而两位导师的汤剂中有几味中药疗效还比较明显,于是,他萌发了以古老的中医学向冠心病挑战的大胆设想。他系统攻读中医古典文献,从《黄帝内经》、《神农本草》到李时珍的《本草纲目》,从医圣张仲景的《金匮要略》到清人王清任的《血证论》,多少个寒灯孤影的不眠之夜,许多个亲人团聚的良辰美景,他徜徉在浩瀚无边的中医典籍世界里,寻找破译的要诀,从中不断收集挖掘中医的精华瑰宝。同时,他把在山西的老父亲接到北京,利用业余时间收集整理连氏中医验方。在翻阅连氏家族遗留下来的医案中,一个非常偶然的机会,他发现珍藏几个世纪的连氏秘笈中记载着

先祖在给皇上、后宫娘娘以及大臣等治疗心血管病时曾用山羊血去瘀、用海藻软化血管、用紫丹参活血，记载了"山海丹"对抗冠心病的功效。父亲传授这一秘方时告诉他：此方取山羊血、海藻、丹参三味主药的头一字命名，由于它是民间验方，古典文献和《中药药典》中均未收入。

连汝安还不断吸收徐季含、岳美中两位恩师的临床经验，发现他们经常用西洋参、琥珀、三七、黄芪等中药治疗心脑动脉硬化，他结合自己多年的临床实践，又增加多味名贵中药，经过成千上万次的反复试验，把握最佳剂量，终于形成科学的配方"山海丹"处方。医疗实践的信息反馈表明，疗效显著，连汝安欣慰地笑了，老父亲连国正得知消息后，高兴地说："我连氏中医，有了第八代传人了。"

1962年，连汝安又回到解放军第304医院，担任医务副院长。

1970年，他调任解放军第二炮兵后勤部任卫生部部长，依然继续对"山海丹"的临床疗效进行深入细致的研究和验证。

他并不满足传统中医个人的经验积累，对冠心病这一课题进行了符合现代科学规范的总结，从药物研究扩展到检测手段的研究，将冠心病课题变成一项系统工程。连汝安经过四十年的努力，到1983年终于完成了领先世界先进水平的冠心病工程，取得了三项科研成果。其一，成功地研制出"特效型复方中药山海丹"及"山海丹"的第二代产品——治疗冠心病、心脑血管病的纯中药制剂"汝心安（丹芪）"胶囊。1993年"汝心安（丹芪）"胶囊获得国家发明专利。1996年"汝心安（丹芪）"胶囊在山西省获批准文号，2002年获国药准字（B20020331），先后获国内专利博览会金奖、英国自然医学及天然药物"金皇冠奖"。1990年获国家卫生部三类中药新药批准文号。医疗实践证明，"汝心安（丹芪）"对心脑血管疾病的治疗预防具有显著的疗效。其二，发明研制了"全方位多功能心电自动诊断仪"。从许多患者还未来得及诊断出病情就突然猝死的严酷事实中，连汝安教授意识到：有了治疗冠心病的"山海丹"和"汝心安（丹芪）"还不够，还必须解决冠心病的早期发现、早期诊断问题。于是，他把主攻方向转到了改善诊断手段上。早在1986年，连教授就与有关专家合作，运用系统科学理论、生物控制论的方法和信息分析技术，经过临床反复验证，研制成功了世界上第一台能早期诊断冠心病、评价心功能、预报冠心病危险程度的"心电频谱诊断仪"(第一代仪器);1987 年研制成功了"心电多域(多项)自动诊断仪系统"(第二代仪器);1991 年研制成功"全方位多功能心电自动诊断仪"。该机通过电子计算机对心电信号做快速傅立叶变换,把时间域的心电信号转换到频率域进行分析,计算出单导联的自动率谱、自相关函数和双导联的互相关函数、

传递函数、脉冲响应及相关函数等六项诊断指标,然后绘制出心电频谱图,对早期冠心病、心肌炎、不典型心肌梗塞、心肌梗塞合并束枝传导阻滞等难以确诊的病症,都能准确地诊断出来。其三,研究成功了"连汝安冠心病(胸痹)中西医结合诊治专家系统"。该系统是运用医学家的知识,建立起人机对话的技术和方法。该系统只需

连氏宗亲在沁源县政府大院合影

一名医务人员操作，全部由电子计算机完成，前后只需 3 分钟。用专家系统诊断治疗冠心病，如同连老亲自给你看病一样，难怪人们赞誉它是"没有专家的电脑专家"。

上述三项成果的有机结合，构成连汝安的冠心病系统工程，它成功地运用中西医结合、多种方法优化组合，从宏观整体上进行诊断、治疗和预防，实现了诊治冠心病的数字化、智能化、计算机化，为中医走向现代化、走向世界提供了成功的范例。

同时，连汝安对各种类型心脏病（风心病、肺心病、心肌炎、心肌病等）、高血压病、脑血管病、糖尿病、慢性肝、肾病、各种肿瘤，特别是抗衰老、抗疲劳以及"亚健康状态"等，都有深入的理论研究和丰富的临床实践经验。

经过半个多世纪的呕心沥血，连老终于实现了对冠心病诊治、预防为一体的愿望。那一封封来自五湖四海情真意切的感谢信，一面面写着"华佗再现，造福于民"、"用药如神，手到病除"的锦旗和匾额，无不显示了千千万万个病人和他们的家属对这位御医传人的崇敬和赞美！

1985 年离休后，他发挥其技术专长，积极从事医疗科学技术理论研究和医疗保健工作，先后担任北京市生命科学研究所所长、北京市中医多学科研究中心主任、北京市环桥医院名誉院长等职。现任国际抗衰老（香港）医学研究院院长、中华御医（亚洲）医疗保健中心主任、华夏景珍（北京）国际中医院长、《中国保健》杂志专家委员会主任、国际中医药学会常委副会长、北京京华圣医保健研究院首席专家、中华御医堂养生文化研究院首席专家、法国巴黎少阳中医医学院客座教授、英国医学院自然医学与天然药物研究中心客座教授、加拿大健康保健药集体有限公司高级药理技术顾问等职。

已经出版《论冠心病工程》、《中华药膳宝典》、《中国传统食疗与健美》、《三精养生文化精要》、《四季生态养生膳》等专著十馀部。发表《山海丹治疗各类型冠心病的临床疗效观察》、《心电频谱图的理论基础及临床应用》等论文 30 馀篇。

先后在美国、英国、加拿大、俄罗斯、匈牙利、日本、泰国等国讲学及出席国际医学专业学术会议。同时多次参加了国内的"健康扶贫"养生保健等活动，受到了社会各界的赞扬和好评。

2002 年春，应台湾"中国统一促进会"

会长戴德斌先生邀请，连汝安担任台湾"中国统一促进会"中国大陆荣誉会长。中国国民党主席连战亲笔书写"国医泰斗"四字,赠送连汝安。

连汝安教授在人生的道路上,已经艰辛地走过了近80年的历程。已经由一个"红小鬼"(小八路)成长为中国人民解放军的中高级军官,由一个救死扶伤的青年军医成为一位国内外享有盛名的心脑血管病专家。如今,他仍在医学科学的征程上奋力拼搏,正在继续完成他的伟大医学理想,由"冠心病工程"到"老年病工程"再到"健康长寿工程",实现他多年来的心愿——"创造中国中西医统一的新医学",为中国和全世界人民的健康事业做出应有的贡献。

（据连旭升《连汝安:专攻冠心病的国医泰斗》一文删改,原载《中华连姓》2007年第2期）

贰

　　连氏是一个人才辈出、代有英贤的中华大姓，自春秋时齐大夫连称见之于史籍记载之后，至今已有二千多年。在历史的长河中连氏繁衍生息，绳绳相继，在不同的历史时期涌现出一批家族精英。但由于文献资料阙略，未能一一载录。今据所能见到的史志资料，及族谱家乘，选录了先秦时期至近、现代60个连氏知名人物，作一简要介绍。已经独立作传者，不在其中。

　　这批连氏名人，大都有史、志记载为据。也有一少部分人物仅见于家谱记载，其生平事迹是否真实可靠，难以稽考。但因其在连氏家族发展史上，特别是某些支派的开基创业中占有相当重要位置，多为开派之祖，故而尊重各连氏支派"重本溯源、敬宗尊祖"的习惯，将其收入名人录中，以待稽考。也有部分连氏名人，因我们掌握史料所限，未曾收录，有待进一步补充完善。

二　连氏名人录

先秦

惠连、季连

据《史记·楚世家》记载,上古陆终氏生有六子。其第三子曰惠连,《姓氏博考》称其后有连氏。其第六子曰季连,为楚国先祖,其后楚国公室宗支有"七十二氏",其中有连氏、季连氏、连尹氏、连敖氏,后皆改为连氏,故季连被视为楚国连氏鼻祖。

连挚

据广东龙川连氏族谱所载,连挚为连称之子,系齐国连氏二世祖,姬庄王(应为鲁庄公)二十三年(前671年)为齐国将领,娶于楚国熊氏,生一子名叔,其名见于《庄子》,为连氏三世祖,生有三子,其第三子名石,娶于狄。当时山西上党为赤狄、白狄聚居之地,由此推断,连石当为由齐国连氏迁狄之始,为上党连氏开派之祖。石生四子,其长子名连明,娶于秦,生七子,由山西上党分迁各地。

连尹襄老

春秋时楚国大夫,为楚国公族,因其世袭连尹之职,故以官名氏。后死于晋楚邲之战中,其后人以连为氏,《史记》《国语》中载有其事。

汉代

连休

汉代辽西鲜卑族酋长,汉安帝时入侵边疆,焚毁"扶黎营",后被汉朝与乌桓联手击败,是最早见于史书的少数民族连氏。为鲜卑连氏的开派之祖。后魏大连氏、是连氏即其后裔。《后汉书·鲜卑乌桓列传》载有其事。

南北朝

是连氏、大连氏

名讳失记,为北魏时鲜卑大族。北魏孝文帝实行汉化改革时,均改为单姓连氏。统称"河南连氏",为中华连氏的重要分支。

连愿

生卒年不详,山西上党襄垣人,为北齐时并州太原县令。因其德行高洁,政绩卓著,有"韦弦两佩"之誉。

隋朝

连公

生年不详,卒于唐永昌元年(689年)八月二十日,为连愿之子。初任汴州博士,后迁洛州参军,娶妻张氏,为南阳望族,后合葬于山西襄垣县纯孝里连氏祖茔。其子连简为唐太宗、高宗时飞骑尉,清代发现其墓志碑铭,现存襄垣县博物馆。

连谋

据福建魁城族谱所载,为上党连氏后裔,唐代中叶由浙江婺源(金华)入闽,居"三山之地"(福建福州),开基创业,历经艰辛,建立家园,遂以族名江曰"连江",以江名地,曰"连山"。是为连氏入闽始祖。

唐朝

连总

族谱中亦作连揔,字会川,福建闽县人,唐懿宗咸通九年(868年)进士,官至大理评事、户部员外郎。族谱中称其曾任广西、四川副使,故称"广川公",善于诗赋,所作《十二楼台赋》,为温庭筠称道。有的族谱中,连总、连揔分作二人。

连恺

连总之子,唐僖宗中和年间进士,官叶州通议大夫,后弃官归隐,传"阿凤连氏"。

连仲英

连总之子,袭父爵,拜节度使。其子连罕、孙连可封,为录事参军。

五代

连胤

生卒年不详,进士出身,仕至银青光禄大夫、把截使,后辞官卜居福建大田魁城,为大田魁城连氏开派始祖。

连光裕

乳名五荣,为连总后裔,曾任湖北随州应山县令,有善政,民思其德,历任磁州、郢州推官,清风亮节,名重一时,致仕后家于应山。其后裔连庶、连庠均为应山名士,进士及第,故为应山名门望族,闽、赣连氏多奉其为开派始祖。

连重岩

福建宁化莆田人,据族谱载,曾官"军机大臣"。但"五代十国"时无此官爵,疑是闽国权臣连重遇之误,或连重遇兄弟。

宋朝

连万夫

据《宋史·连万夫传》，万夫系湖北德安（应山）人，系连庠之子，连南夫族弟。补将仕郎。建炎四年（1130年），"群贼犯应山，万夫率邑人数千保山砦，贼不能犯。巨寇浪子以兵至，围之三日，卒破之。贼知万夫勇敢有谋，欲留为用。万夫怒，厉声骂贼，为所害。赠右承务郎，官其家一人"。

连希觉

据《万姓统谱》，为绍兴中知英州，筑陂引水灌田，民感其惠，号曰"连陂"。

连茹

据《延平府志》，为绍兴八年进士。

连城

据《延平府志》，为淳熙戊午举人。

连致道

据《延平府志》，为乾道壬午举人。

连掀

据《延平府志》，为淳熙甲午举人。

连璧

据《顺昌县志》，为於潜训导。

连世瑜

据《尚友录》，乐清人，居左洞，事母至孝，母死刻木为像，奉之愈恭，郡守张九成派人查访后赏赐酒、礼，旌表其门。

连三益

据《泉州府志》，字叔友，安汉人，登庆元二年（1196年）进士，任沙县知县，为官清政，及离任，民众相聚挽留。后迁广州知府、绍兴知府。

连逢辰

据《万姓通谱》，为嘉定进士。

连德嘉

据《万姓通谱》，为嘉定进士。

连如璧

据《万姓通谱》，如璧为於潜人，咸淳进士。

连治

据族谱所载，为连总九世孙，字国宾，弃文就武，征讨辽金有功，封散骑常侍、将军，晋封异吉侯，后加封右丞相护国大将军，为"阿凤"连氏始祖。但正史无传。

元代

连肇

字开，元至元间进士，山西襄垣人，历任潞城、陵川、汾州教官，转阿都太尉府参军，山东道贡院试官，后赠集贤院学士。其

子连楷,为明代御史,"靖难之役"中尽节
而死。

连九鼎

据《万姓统谱》,为锺离县尹,以勤政
爱民著称。

连式

广东新会人,精通医术,热心为民医
病,不重钱财,敬业守德,后人称之为"罗
浮真人"。

明代

连玉

(1358年~1431年)　字昆冈,山西忻
州新路村都坡头村人。自幼聪颖好学,中
明洪武丙子年(1396年)举人,授常郡学
正,后迁国子监助教,为皇太孙朱允炆老
师,"靖难之役"后连玉避祸归隐故里,后
迁江流村岳丈门上,教子读书,奉养双亲,
终生不言朝政。明宣宗宣德年间,"靖难之
役"殉职诸臣相继平反,诏令连玉复任国
子监助教,辞以年老体衰,未能成行。宣德
六年(1431年)卒于家中,享年73岁。清乾
隆年间追谥"国子师表"。

连均

据《建安县志》载,字士平,永乐乙未

年(1415年)进士,初任云南道监察御史,
巡浙江海道有功,擢升江西右参议,督武
州军饷,规措有方,升四川右参政,再升江
西布政使,历官40馀年,人称其刚介正
直。

连智

据《建安县志》载,字景修,永乐乙未
年(1415年)进士,历官翰林院修撰,参与
《永乐大典》及《五经四书》修订工作。其子
连镛字文绍,为福建按察使,正统末年,有
邓茂七等聚众为乱,连镛奉旨前往招抚,
用反间计使诸寇自相攻击,并设伏歼其首
恶,招降部众,朝廷明诏奖嘉,褒称"义勇"
二字。

连俊

据《万姓统谱》,为邠州人,刚毅果断,
锄强抚善,所治太仓县因遭海波冲击,田
地多毁,百姓无力完纳税粮,连俊向上司
奏免,百姓深感其德。宣德癸丑年又遭蝗
灾,奏请开仓借粮。次年又遇灾荒,奏请借
用常熟官粮万担以救济百姓,存活一方百
姓。

连盛

河北永年人,明成化年间进士,官拜
御史,刚介方正,人皆敬畏。正德年间,宦
官刘瑾专权,中外百官争相阿附,独连盛刚

直不从。刘瑾十分恼怒,遂将其流放于海南。连盛之子连鑛,字白石,中正德年间进士,选为庶吉士,后官至都御史。时有巡方大使李新芳身患"狂疾",路过广平府时,被炮声惊吓,遂诬称知府李腾霄谋刺使臣。令兵备杨彝捕缉二千馀人,致使人心惶惶。连鑛遂上书朝廷。以一家百口保李腾霄等绝无谋刺之事。后经朝廷会审,避免一场大的冤狱。后官至总河都御史。

连三

据《松溪县志》载,为松溪县令。嘉靖壬戌(1562年)倭寇来犯松溪县,连三奋力御敌,不幸被倭寇火枪击伤,不治而死。

连继芳

（1550年~1619年） 字以善,号荣洲,福建龙岩人,万历二十年(1592年)进士,初授德清知县,廉政爱民,重教育人。累迁河间同知、常州同知、户部员外郎,转迁安庆知府,补广西按察司副使,诰赠中宪大夫。晚年致仕归养故里,在龙岩新罗第一泉旁构筑了规模宏大、结构独特的民宅——十八堂(乔木堂)。继芳有子五人,均有功名,出仕为官。其长子连金,字士砺,好学礼贤,以孝友著称,以恩贡入仕,官至思恩府同知。故"十八堂"门楼有御赐匾额曰"父子科甲,文武世家","十八堂"

也因之而闻名于世。

连标

字孟准,河南禹州人,万历年间进士,初授"行人",选为御史。因"上书"立太子,救曹学程,几犯不测之祸。后巡按宣大(今大同、宣化一带),兼学正。曾计擒私开矿藏的大盗张守清。后出巡"畿南"、山东等地,累破冤狱,又兴学育人,修孔子庙,立"万古长清坊"。有 "术士张元阳妖言惑众",不徇请托,立置于法。历升副都御史、巡抚宣府,修边墙千里,墩台若干座。"捐俸置义田、义学",瞻养族人。后以劳瘁成疾而卒,追赠右都御史,著有《历游草》若干卷传世。其兄连格,也是进士出身,万历年间任大同县令,为政勤简,不扰百姓"遇事剖决如流,悉得其情",百姓拥戴,有古良吏之风。后升御史。人称"一门双进士,兄弟两御史"。

连捷

字金门,陕西平凉安东卫人,聪颖好学。天启辛酉年(1621年),中乡试第三(举人),为人宽厚,居家孝友,与弟连芳民同居终身,合家和睦,乡里称贤。

连城璧

江西金溪人,崇祯间灵山县令,为人耿介端方,勤于政事。时值明朝末年,流寇四起,有贵县"巨贼"韦儿、黄应秀等四处剽掠。城壁修缮城池,训练乡勇,增设汛兵,分险守御,百姓赖以保全,擢升监察御史。

连守度

字慎所,河北乐安人,以恩贡任淳化知县,因擒获大盗王尧官等有功,升镇南知州。因见天下大乱,遂以父母年老为由,归家奉养,终老于家。

连必渊

福建宁化人,由岁贡出仕,任北京后卫经历,升直隶泰州同知。

连经芳

福建龙岩人,号碧台,为继芳之弟,明末举人,岁贡进士,应选时次贡张士琛因年老急于求仕,愿意出钱贿买连经芳岁贡资格,求其让出名额,经芳答应了其请求,而退还了其金钱。经芳历仕邵武、光泽县训导,升广东遂溪县教谕。后致仕归家。归家之日,正为明亡之时,于是独居一楼,终生不下,以示"不履清地",忠于明朝。

清代

连美

广东潮阳大布人,号璧峰。生平志气豪迈,投军后胆略过人,屡立战功,朝廷赐号为"捷勇巴图鲁",满语意为非常勇敢的人。并封正二品武显将军。

连日春

台湾双溪人,祖籍福建长泰,为清代台湾第一位举人。

连士毅

山西襄垣阳泽河村人,是明代忠烈御史连楹十六世嫡孙,家贫好学,咸丰辛亥(1851 年)恩科第十二名举人。

近现代

连声海

(1885 年~1947 年) 广东顺德市勒流镇沙富村人,毕业于日本早稻田大学。为"同盟会"早期会员,追随孙中山先生参加反清斗争。1917 年任广东大元帅府印铸局局长,1923 年任大本营秘书,为孙中山亲信随员。1925 年 9 月任广东省政府秘书主任(秘书长),1927 年 3 月任武汉国民政府秘书长。1928 年任铁道部政务次官,1931 年署理铁道部部长,9 月任全国经济委员会委员、立法院立法委员,后任交通专门委员会委员。1947 年 9 月病逝,年 62岁。

连钟山

（1901 年 ~1990 年） 内蒙古自治区土默特左旗白庙乡什不更村人。黄埔军校第四期学员。曾在西安陆军学校任职，后任华北地区专员（中将军衔），1949 年随国民党败退台湾。1952 年经香港返回大陆曾任内蒙古政协委员，文史馆馆员。1987 年任黄埔军校同学会副会长。1990 年病逝。

连士英

（1903 年 ~1940 年） 广东潮阳大布乡人，曾任国民革命军黄涛部 157 师 469 旅长，1940 年在粤北抗战中以身殉国。

连谋

（1908 年 ~1990 年） 福建惠安坝头人。黄埔军校四期毕业，获少将军衔。抗战时期曾任民国政府财政部督察长。1945 年台湾光复时，任高雄市市长等职。晚年侨居泰国直至去世。

连之诚

（1922 年 ~1996 年） 山西忻州新路村人。1952 年加入中国民主建国会，历任民建太原市委常委副秘书长、副主任委员、主任委员，山西省第六届人大代表，政协太原市一、二、三、四、五、六届委员，第六届常委，副秘书长，太原市政协副主席。几十年来，他坚持革命和进步，为党领导的多党合作和政治协商，作了大量工作和重要贡献。

连跃庭

山西襄垣人，中国人民解放军海军上将。

连田峻

山西襄垣人，原外经部副部长。

连汝安

山西襄垣人，祖传中医，北京医科大学教授。

连光明

（1930 年 ~） 1930 年生于台北，祖籍广东潮阳县大布乡人。毕业于台北工业专科学校。1958 年到泰国办企业，先是与人合创"共荣电机有限公司"，自任董事长兼经理。1967 年自创"东邦工业有限公司"，其间赴美深造，1981 年获美国旧金山大学硕士学位。1983 年又自创"东邦电子股份有限公司"及"东邦电子资讯电子股份有限公司"等企业。下属企业员工达五千多人，成为泰国及东南亚很有声誉的大企业家之一。是泰国中华商会董事长、台湾会馆主任、泰国连氏宗亲会理事长。创立了"连光明奖学基金"，扶持其企业员工子女读书求学。

连家生

（1939 年 ~） 祖籍广东潮阳，1939 出生于海丰县公平镇，幼承庭训，喜欢书法。其作品参加过日本、韩国、新加坡、马来西亚、泰国、加拿大、美国、比利时和港、澳、台等国家和地区展览，举办过多次书法讲座。现为中国书法家协会会员、澳门书法家协会主席，任西安书院教授等多种社会兼职。

连登

（1945 年 ~） 祖籍广东顺德，1945 年出生于广州。少年从母学画，1965 年毕业于广州文史夜校中国画专业。此后一直从事书画创作和研究，先后在广州、柳州、杭州、日本等地举办个人书画展，并善于作诗，被誉为"岭南秀才"。现任广东省书法协会副主席，广州市书画研究院院长。

连果义

（1946 年 ~） 福建龙岩人，毕业于清华大学。曾任广东深圳南海油田集团有限公司副总经理（副厅级），现任深圳南海油田开发区房地产投资开发公司董事长等职。

连敏

乳名镜新，广东龙门县永汉镇冚岛村人。早年参军入伍，后入广西大学中文系学习。1978 年任永汉中学教导主任至退休，从事教育工作 42 年。退休后又致力于连氏族谱的搜集整理和连氏文化研究。先后编写并自费出版了《上党连氏族谱集锦》《上党连氏族谱集锦续集》，并为《中华连姓》期刊的编写、集资、出版、发行工作付出了不少心血，对中华连氏文化研究作出了重要贡献。

连萧思（女）

新加坡华侨，祖籍福建福安市秦溪村。其父连士升 1907 年出生于福建韩城（福安市）城关中兴街，毕业于燕京大学，获硕士学位，民国时期曾任国民政府外交专员，1947 年侨居新加坡。曾任南洋学会会长、新加坡大学董事，新加坡作家协会发起人暨顾问，1972 年 7 月 8 日逝世。有子女 6 人，连萧思即其中之一。

连萧思早年毕业于南洋大学物理系，后入英国伦敦大学帝国学院深造，获物理学学士和计算机学科硕士。1978 年回新加坡，就职于惠普公司，任系统工程师，先后任新加坡地区、东南亚地区应用工程经理，1995 年任整个亚太地区软件服务和支持经理。2000 年又出任惠普亚太地区副总裁，主管亚太地区 8000 余名惠普员工。在 2003 年《财富》杂志国际工商界女强人排行榜中,名列第八,成为影响惠普未来的女人。

此外,她还兼任新加坡港务局、新加坡国立理工大学、南洋理工大学董事等职,并被聘为广东省省长顾问。

中华连氏作为源远流长、代有英贤的强宗大族，在历史发展的长河中，以其"崇文尚武"、"开拓进取"的精神风貌和仁孝、诚实、勤劳、俭朴的传统美德，繁衍播迁，与时俱进，形成了独特的人文特征和家族风范，体现出中华民族所共有的伦理道德和文化特色，也为我们遗存了一批珍贵的文化资源。

一 族谱家乘 血缘凭借

在中国古代宗法社会里，修宗谱、建宗祠、置族田、立祖茔是族人的四件大事，都具有慎终追远、报本思源、敦宗睦族、凝聚血亲、光前裕后、传承文明的教化功能，也是寻根问祖、通籍联宗的重要凭借。

族谱家乘是中华民族传统文化的瑰宝，是研究姓氏、家庭文化的重要文献，是人类文明进化的轨迹，社会历史发展的缩影。被列为与"正史"、"方志"互为表里的三大历史文献之一，被有识之士称为"平民史册"。

族谱，也叫家谱、宗谱、家乘，是中国古代宗法社会中载录家世渊源、传承世系和宗族事迹及名人传记的典章文献，即宗族或家族的史书。

家谱的纂修是宗族的大事，不仅要有严密的组织机构，严格的工作程序，严谨的谱书体例，也要有一定的人力、财力为基础。

首先，要组建以族长为首的家谱编委

《连族谱牒》

会,俗称"开设谱局",由主修(一般族长担任)、倡修、编修、监修、协修、校阅等组成,其人数多少主要由宗族大小、门派多少而定。

其次,筹措修谱经费。一般由族田、族产的收入来支付,以及由族中有钱人捐助。此外每个入谱的男丁都须交纳一份谱银。

再次,要调查登记。将拟定的谱例,分发各处房支、门派,要求族众主动提供相关的资料(丁口册等),尤其是族众散居于众多州县的高门大族,各房支要责成专人限期登录,收集相关资料。

最后,谱书修成后,要举行隆重的祭谱、拜谱仪式,族众齐集祠堂,祭告祖先。先将谱本一套(或数套)存放祠堂,然后由族长按房支发谱,每房支一套,并编列序号,登录在案。每年元旦、清明,或春、秋两季祭祖时,要求藏谱之家携带谱本,入祠堂查验,谓之"会谱"。如保存不善,或有遗失篡改,会受到严厉的惩罚。

在门第等级观念盛行的宗法社会里,族谱是血缘传承世系的重要凭藉,是贯彻嫡长子为核心的宗法制度的依据,又是科举入仕、通婚联姻的档案,社交场合的"名片"。因此名门望族都强调秘藏族谱,严禁示人,以免同姓、异宗攀附、冒认。即使是庶民百姓,也将之视为家族的根本,秘不示人。

在历史发展的长河中,各支派的连氏族人都先后修纂了本宗支的族谱、家乘。历经浩劫,保存至今的连氏族谱已经不多。据国家档案馆、上海图书馆、中国社科院和山西省社科院家谱资料研究中心等部门统计,保存、著录于科研档案部门的连氏族部仅 10 部,大量连氏谱本散存于民间,其中以闽、粤二省居多。为弥补这一缺憾,抢救这一珍贵的文化瑰宝,2000 年,文化部、国家档案局、国家教委等部门联合发文,决定委托上海图书馆组织编纂全国家谱目录,各省、自治区都积极配合,按统一规格,整理、编撰各地的家谱提要。目前此项工作已近尾声,中国家谱总目即将问世,全国的连氏族谱也会有个较为明确的统计。

(一)《上海图书馆馆藏家谱提要》(连氏族谱)

(上海古籍出版社,2005 年 5 月第一版)

《连氏家谱》,一卷,[上虞]清光绪初

钞本,1 册,增补至民国年间。(馆藏号:911881)

始祖楹,明建文帝时殉节金陵,其少子避难至浙,潜居会稽花堪,以叶为氏。数传至春一,由华浦迁虞西之叶家埭。明末,晓三由叶家埭卜居上湖头,复姓连氏,遂为始迁祖。谱载世系、事略、寿序、家传、记。内《庚申被难记》记清太平军事。

《独醒居[连氏]谱稿》一卷,[上虞]连光枢纂修,民国钞本,1 册,卷端又题独醒居乘稿。(馆藏号:907358)

是谱载复姓考、徙居考、诰敕、选举、遗文、杂纂、宗贤传、列女传、像赞等。

《连氏宗谱》,五卷,[崇安](清)连润青等纂修,清嘉庆十七年(1812 年)木版活字本,3 册,存卷一、卷三、卷五。(馆藏号:3429)

连氏先祖世居河南光州固始县七里乡,北宋淳化间弥公官迁建宁府,卜居建阳西罗。至六世孙英、朝,南宋淳祐间居崇安五夫之典村,为始迁祖。存卷载坟山、山契、山图、支派图、世系等。

《连氏宗谱》,五卷,[崇安](清)连仰宸等纂修,清光绪十八年(1892 年)木版活字本,4 册,存卷一至卷四。(馆藏号:3428)

卷一序、家训、传、檄文、仕宦考,卷二图,卷三、卷四世系。

《龙州昆正连氏家谱》,清木活字本,1 册,存卷十六。书名据版心题。记事至清乾隆间。(馆藏号:3427)

存卷载高房敦素公派行传。

(二)襄垣《连族谱牒》

《连族谱牒》是连云山先生 1986 年回乡考察连氏文化时,在连氏聚居的村落——襄垣县南峰沟村连兴华、连宪明家中发现的珍贵谱本。

《连族谱牒》,民国年间连德舆、连商享等纂修,民国二十六年(1937 年)潞安翰墨林书局石印本,共 6 册,446 页。

该谱为山西省襄垣县连氏族谱。计卷首一卷,谱表五卷,装为六册。本谱记述了襄垣连氏自元代集贤院学士连肇以下,至民国二十六年二十五世的支脉谱系。因世居县之阳泽里,故称"阳泽连氏"。

本谱以元集贤院学士连肇为阳泽连氏开派之祖。其孙连楹为明洪武监察御史,在"靖难之变"中尽节而死,宗族四散,奔走鲁、豫及沁、屯之间。其长子、三子"渺而难稽",五子远走邯郸,仅二、四子后裔留居襄垣,繁衍生息,蔚为大族。乾隆甲午年(1774年),其十二世孙连池维等首纂《阳泽河旧谱》,十一世孙连凤仪撰《南关旧谱》。其后,东畛、西岭、南峰沟、黄楼壁、任家沟、常隆等连氏支族先后于清末、民初分别修纂了本支族谱。

民国二十六年(1937年),18世孙连笃敬,19世孙连德舆等15人发起合修《连族谱牒》,依据各村之草谱、正谱与宗轴、木主,按户调查,依世序列。

本谱在体列上采用了新式谱法,以传记、谱系为主,坟茔、祠堂、族规、契约均未刊载,但运用了近代统计学方法,新增了连氏"现存户口表"、"各疃村名迁居表",既有新意,又切实用,初露近代谱牒的端倪,是一部颇具特色的族谱。

《连族谱牒》最重大的功用在于其记述了上党连氏的发祥渊源和根祖脉络,对于整个中华连氏的研究具有很高的文献价值,可补正史、方志及诸家族谱之不足,是一部正本清源的族史家乘。

由于族谱是由襄垣各村各支连氏族谱综合而成,是同源同姓的联宗之谱,故而谱中保留了各支连氏的谱序,今择其要者复录于后,供连氏文化研究者参考。

阳泽河旧谱序

乾隆甲午年梅月　十二世孙池维等志

从来忠臣之裔每多义士,孝子之后恒有慈孙,此固天道报善之功,抑由其贤祖宗之所积者厚也。襄垣连姓甚多,其世系无由略考,惟有大明忠义臣讳楹,字子聪老先生之胤,世居邑西北之阳泽河村,族属繁盛。老先生于洪武时官拜监察御史,由国学而任左春坊太子赞读,明史特书,班班可考。其事君也,忠直壮烈有犯无隐,力诤弗听,以死继之。赴义时白气充塞于天,形骸僵立于地,面色如生前,色不稍变。即汉唐以来所称精忠大义者不过如是。宜其克昌厥后,而子孙绳绳不绝也。彼时所生五子,长、三支渺而难稽,五支远奔邯郸。独留二、四支荷祖宗之保佑,幸苗裔之绵长。越万历一十二年蒙都察院勘令内开,广东道御史屠叔方奏复原官,六世孙教告入乡贤祠。迨我朝雍正皇帝初膺宝历,追荐明勋,其报主捐生,移祀忠义祠,获享春秋血食。其后又有十二世农官万年、兴叔云腾,同深霜露之感,共切本源之思,将连姓隐藏敕书告发县主阎公,当堂

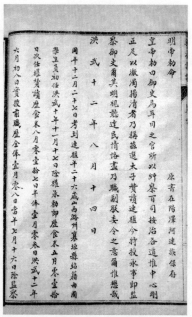

明帝颁给连楹的敕命

断出，恐其历久无传，因同首事生祥、有禄、万山，遴祀生嵩郭昌龄等重为整修家谱，永垂后世。事在乾隆三年。到今支分，不无派别，窃虑世代远而易湮，理应纂辑。今十世孙维等会集合族公议、捐资，各照支派，秉公详叙。谱成功竣，随敕书轮流执守，以承先志，世世子孙相于维持于勿替。所谓有忠臣必有义士，有孝子必有慈孙，不其然乎？诗曰：螽斯羽诜诜兮，宜尔子孙振振兮。又曰：绵绵瓜瓞。愿取以为连族之多士咏焉。是为序。

南关旧谱序
十一世孙凤仪撰

闻之春露秋霜，昭祀典也，水源木本，溯从来也。世之仁人孝子所以廑之于衷，而不敢忘者此耳。第虑家乘不彰，恐源远而或紊，宗轴不备，恐祭繁而或遗。以故古之大族如苏氏、欧阳氏倡谱制，使天下后世为人后者，遵其法而修之。其义赅而详，其情周而备。而其法有璇玑图、衣冠图者。璇玑，则知前者之必有其后，后者之必系于前，源源本本而非其数者，不得而着之。衣冠，则知若祖之形像若何，若公之容仪奚似，诚诚恳恳而执豆边者，得存而着之。论者谓璇玑诚书致矣，衣冠独未便也，因而易之以宗轴。先始祖次世及，左为昭，右为穆，庶几一堂之上乃祖、乃宗各得所而无遗，若子若孙各致诚于如在。余姓连氏，古韩巨族，或云上党名裔。其居襄也亦弗详于何代，得名阳泽连为前后，阳泽村人世居县之阳泽里，传自建文间我楹祖金川门靖节，而后子孙四散，有同里而分居者，有分里而异居者，世传七里连有自来矣。虽然里居虽分，而考其本源，究未尝不同归一致也。书云：慎厥终，惟其始。苟不探其本根,将使后之亲不属,而情不联。服有书,而爱莫笃,岂不视族人如涂人乎?余族因之有感,会集族长纂修族谱,庶几于祭扫拜谒时,一披览之,睹本察末,各抒爱敬之忱。溯流穷源,咸昭雍睦之气。以亲相属,以情相联,将服有书,而爱弥笃。不可谓非修谱之功有以致之也。是为序。

东畛旧谱序

其一,同治八年春正月十八世孙应銮撰

盖闻礼运详十义,以序人伦。王制明七教,以典民德。我连氏自肇祖创业以来,栋宇公则心如铁石,声远公则学究天人,对愧公则时荐馨香,甘奚公则善抚士卒。他如列成均游泮水,重有德,尊高年,簪缨继世,代不乏人。固属乡邻所周知,无庸余为之赘述也。但族巨人蕃,非谱则世系无以考,丁多户广,非谱则终始无以知。余于道光年间绘立草图,本欲修谱,奈人心不一,遂有志而未逮焉。己巳春正月,族人议及此事。余曰:此素志也,云胡不为?于是探本穷源,支子不得乱宗子;左昭右穆,小宗不得混大宗。五世抬头,原系尊祖敬宗之意;七岁登谱,宛然承先启后之心。言在

不言征,后人不许犯先人之名讳;讳名不讳姓,仲氏不能袭伯氏之尊称。谱成,余愿足矣,余志慰矣,遂不禁而为之序云。

其二,民国十年阴历正月二十世孙承武撰

族之有谱,犹国之有史。国无千年不变之史,而族则亘古一谱。所谓自然团结,历万古而不磨者也。溯我连氏自肇祖以至今日,凡二十七世,越五百馀年。其间盛衰兴替,辗转迁移,经过虽多,然此一系相沿,远近同轨,殊非他族各立门户者所可比较。夫谱所以纪传统,序尊卑也。慎终追远,古有明训,十年一修,谱着成规。我连氏族谱之失修已二十馀载,前人屡议辑修,奈言易行艰,卒未果办。本年春余适由乡宁县假归,乃徇众请,毅然举行,未几竣事。是举也,于显扬祖德,奖掖后进,所关至钜。爰序数语,藉志不忘云尔。

西岭旧谱序

民国二十年阴八月 十八世孙京辅撰

尝闻木有本,水有源,而人岂无其自

哉;朝有史,野有集,而家岂无其谱哉。是谱之必有也矣。我连氏之谱不知创自何时,今则敝坏不堪,难以传后,然阅其内容,则支分派别,昭穆显明,祖宗功德,言之甚悉。但恨其无唐时远祖之一篇耳。虽然历年久远,叙者屡更,晚近舛误,时有所闻。若不録而记之,删而改之,恐将来名称触犯,尊卑倒置,昭穆混乱,甚而冒吾姓、凌吾裔者,其弊可胜言哉。且上负吾先人修谱垂虑之深心,继湮吾连氏一脉相承之世系,终遗子孙以蒙昧也,可不惧哉。吾不得已起而修之,除将远祖增入外,谨遵旧章挨次而叙,爰将支派之断者续之,缺者补之,失次者正之,舛误者改之,务期条分缕晰、井然不紊。倘后之孝子哲孙仍取而接绪之,藏为家宝者,则连氏幸不乏人耳。此又予之所深望也,故述之以告后之贤裔。

南峰沟旧谱序

其一,宣统元年寅月二十一世孙上达撰

粤稽国有史,县有乘,史记兴哀,乘详沿革。凡以本朝之掌故,综列代之事实也。家之有谱何异于是。吾连氏自聚族以来历年不知凡几,赐姓不知何日。考之列国,有所谓连称者,其它无闻。秦汉以降,渺矣无几。自元、明连肇以学士显,连楹以御史着。其子孙之散处乡曲者,阳泽里其遗址也。吾始祖梧公于明永乐年间由阳泽迁居于南峰,至九世祖朋振始由南峰移居于南峰沟,初名南泉,继改今名。羡、乔、钦、峰分为四支。吾祖胜霞,其峰祖之后乎?考胜霞以岁贡出身,年历一世,而青衿秀士代有其人,非贻谋之善能如是乎?迄今年几廿世,吾祖、吾父各授贡元,其它读书识经者亦多英贤秀士。溯先代之流传,昭昭故不爽也。因为之记其始末,响慕云尔。

其二,民国十四年阴正月二十世孙瑗撰

甚矣,谱之不可无也。盖谱所以继先世于既往,开后世于将来。有之,则水源木本知所自出,尊卑以序,宗支以明,昭穆以辨,而亲亲之道笃矣。否则,卑踰尊,疏踰戚,宗族相视如路人者,比比矣。是谱果可无哉。维我连氏祖居桃园,先世谱牒久已失传。启祖讳梧,于大明永乐元年迁居南峰,生子三:讳得温、得清、得实。清一支迁居广平府琵琶庄,温一枝迁李村里四甲,实一枝迁李村里一甲。至崇祯七年并里,改为东周里八、九甲矣。所虑世远年湮无可稽考,因序谱牒以垂后世。使后人见斯谱牒,皆知身所自出,于同宗共祖者,莫不亲爱周恤,族属虽远,不至视如路人。自清乾隆五十年克纯爷补其后,迄今一百三十五年,再无修补。有寿、有纲、生元等有念于兹,遂立意补葺。特以户广人众,加之越年已久,不便稽考,乃就本门九世祖朋振公以下叙一小谱,以免遗传而垂后世。异日倘有贤哲创议合修,助同人等之所不及,则更善矣。

连氏合修谱序
十九世孙德宪谨识

迩来国难频临,外侮日甚,民族生命之危机,实为目前重大之隐忧。惟复兴民族之先决条件在于宗族之扩大团结。先总理曾着意焉。故宗族之集合,诚为刻不容缓之急务。溯我连氏祖先,自楹公蒙难以来,族谱散失于兹数百年,支派分离,昭穆难考,言之诚堪痛心。近年虽屡议创修,然终未见诸事实也。惜哉。今年春连承汤首倡,赞成者连笃敬、连承武、连建中、连上福、连辅、连鳌、连惠民、连存灵、连升儒、连九卿、连如彬、连夺魁、连应壁等,同予

共十五人,遂毅然共同发起,设立办公处于城内后街门牌二号,即推定连上福等从事实际工作。办公以来惨淡经营,经多日整理功夫,始稍见端倪,此就襄垣全县境域而言。他如梧之后,有迁于山东琵庄等处者,楹之后有迁于沁源及山东临洺关等处者,此皆有谱可考,然以事体重大,非朝夕事也,故未遑登焉。予于公余之暇,辄浏览新谱,见向之支派混沌者,今则井然有条,见向之残缺不完者,今亦补正无爱遗,蔚然成册矣。噫,斯举也,洵可谓我连氏最有价值之纪念,洄溯半年以来做调查工作者半,做撰修叙述工作者半,徒以时间短促,能力所限,错误遗漏之处在所难免,深望后之贤裔者,关心校正,庶几可以渐臻于完善之域乎。予不敏,为族人,诚有不能不言者。爰将修谱始末冠诸简端,聊以志不忘云尔。

(三)凤阿连氏族谱序跋选

连氏世系(旧序)
余连氏,上党郡也,世居光州之固始。至唐干符间。恺公以明经擢第,任叶州通议大夫。弃官避乱,奉双亲入闽,家于福建闽县。生一子,讳冯,擢开封府尹曹参军,

赐紫金鱼袋。三世讳晨，领乡荐，初授迪功郎。生两子，长讳佶，登太平兴国五年进士榜，官至谏议大夫。次讳信，咸平间擢孙瑾进士榜，以磨勘改朝奉郎。五年春，被奉旨赴京入觐，拜大名府少尹管勾学士。生一子，讳环，仕至秘书郎，析居古田。五世孙，长讳瑄，咸平年间，征蛮有功，任处州经历。生二子，长讳铭，次讳钦。佶公之次子讳琮，入籍浙江温州府一派。瑄公次子钦公，号舜宾，入籍河南怀庆府济源县西乡南姚村地名连福文占住。后生二子，兄弟同榜进士。瑄公长子铭公，天圣间任泰兴县主簿，迁江宁府法曹参军。至七世孙讳斌，熙宁间以岁贡授湖广教谕，再任端州府教谕。次讳斓，官至迪功郎，占于福建之连江。八世讳敬，擢建炎间进士，授抚州太守，致仕养亲。前仕天台，在官清廉，台民德之，相率画其像作谣互送。长讳源（原谱记绝。今余查考，在广东省大埔县盛族），次讳治。隆兴间，因辽金作乱，征讨有功，封镇南将军，守镇江南。淳熙间，再封升吉侯。至孝宗朝，加封右邦丞相。因佞臣变乱朝纲，三谏不纳，遂解组入闽，在仙邑唐安连阪占住。生男应祖，从父归隐。应祖公生三男，长讳钺，嘉泰元年乡试，授文林郎；次讳钊，宋嘉泰年间卜居于泉州府惠邑，为始祖一派（惠安县坝头连大盛族）；三讳锡，入郡庠生。钺公生二子，长讳谦，任顺昌教谕，旧居仙邑前连一派；次讳诰，肇入延平沙县及大田魁城并漳泉龙岩连坑一派。锡公生二子：长讳训，不仕。生男文高，入永春德化佶头村占住一派，于今亦盛族。锡公次子讳谨，在莆田俞公潭叶大洋一派。余虽不敏，撰成谱牒，以贻后胤云。元大德丁酉年正月十三世裔孙广东盐运使应麟谨序。

重修仙游凤阿阿头连氏谱牒序

吾连氏源远流长，乃陆终之后，祖宗高阳氏。恭父相夏有功，胙士命氏，赫赫悠悠。连氏兴起山东，望出上党。齐大夫连称公瓜代举义。事载《春秋左氏传》，迄今凡二千七百余载矣。入闽始祖总公，字会川，唐咸通年间（860年～873年）领乡荐进士及第。初知广州，官至侍从、大理寺评事，赠金紫大夫。所作《十二楼台赋》，太原文豪温庭筠称之典丽。后嗣相继登第，誉称赋笔传家，为连氏入闽第一祧祖。原谱无载，今增补，以志不忘耳。评事公与夫人伊妈卒后，合葬于十六都溪西畔，其穴似仰天火炉。谶曰："仰天火炉，子孙旺多。若人得比，官至赵高。"

一世恺公,字广志,行二,评事公次子,恺公于唐僖宗中和年间(881年~884年)自河南光州固始迁居闽县(今福州),经二百八十余载,传十世。九世丞相治公,文武双全,位高爵重。感慨虽有公卿累世之荣,莫如子孙昌盛之耀。时势变乱,遂立志弃官归隐,于南宋隆兴年间(1163年~1164年)卜居兴化仙游邑云顶山之北,鼎建府第。因以姓为地号,得名连阪。连阪阴地阳居俱成凤穴,为游方舆师陈半仙误伤风水,丞相公携子应祖公再徙阿头,遂名村曰前连。连阪住宅交与家人史氏住管,俗谓连牵史是也。

十世应祖公生三子,长讳钺,次讳钊,三讳锡。钺公生二子,长讳谦,世居仙邑阿头;次讳诰,肇入延平(今南平)沙县及大田魁城。钊公于南宋嘉泰年间(1201年~1204年)分派惠安坝头,为坝头始祖。锡公生二子,长讳训,生男文高公,入德化佶头(亦称甲头,今国宝格头),为格头始祖;次讳谨,往莆田俞潭公叶大洋。

丞相公与孔氏妈卒后,于南宋绍定六年(1233年)合葬连阪桥头山。墓地为凤穴。此凤阿之所由来也。吾族门第多有"上党家声大,凤阿世泽长"楹联,以示宗派堂号。仙游、惠安、德化三邑连氏皆治公、应祖公后裔。每逢九九登高日,凤阿子孙聚集丞相公坟前,祭扫瞻仰。凤阿连氏祖茔于乾隆十二年(1747年)阴月重修,碑铭:"宋右丞相素庵连公,夫人孔氏佳城仙邑、惠邑、德化全立。"庚午年(1990年),三邑子孙再次重修。

吾族于明中叶,二十世惟广公之后,分为四房,传十三孙。清康熙朝"盛世滋丁,永不加赋",由是丁口蕃衍,乃自阿头渐次向田厝、顶厝、尾厝、新厝扩张。乾隆中叶,三十一世珫公(春侯)传四子,廿四孙、九十九曾孙。尤以"阿五"、"阿六"富甲一方;贵有亚魁,武魁,竖旗杆,立匾额。自东向南及西先后兴建一列八座朝南大厝,形成"丁"字形古民居,蔚为壮观,名闻遐尔。

先祖定居仙游前连八百余载,吾族原以名字偏旁部首区分辈分排行。至明中叶万历年间(1573年~1619年),始立昭穆字辈(表德):"宗殿协建,公侯伯子,元德升闻。"五十年代续增:"燕翼贻谋,克绳祖武。"自二十六世始为"宗",迄今传至四十世"贻"字辈。前连方圆约二点五平方公里,生息繁衍地域空间极其有限。于是谨承祖训,向外播迁,谋求发展,远至台湾、南洋、美洲各地。前连凤阿人口,在乡有五千余,在外亦五千余。

吾族世代耕读,读书传家,人才辈出,乃兴化地方望族。清光绪末年,村内曾设焕文学堂,不久停办。民国卅六年(1947年)设立前连小学,子弟读书者众。迄今有博士25人,硕士20人,本科(包括学士)256人,大专254人,获高级专业技术职称93人。中级专业技术职称190人,以及国家级剧作家,省级书法家等。

吾族谱牒始纂于南宋建炎年间(1127年~1130年),迄今凡八百七十余载,其后屡有续修。应麟公所撰《连氏世系》距今七百余载,鸣琳公所撰《谱序》亦有三百余载,建仁公所撰《谱文》二百三十余载,均是先人宝贵遗产。迨至民国,曾再度修谱,主其事者乃卅五世裔孙捷珍公。民国十七年(1928年),民军林继曾两度遣其部属周至龙带兵进村骚扰,殃及族谱,幸有州四世裔孙慕云公,渠少年追承祖风爱惜族谱,抄录至二十世止,弥足珍贵。乙巳年(1965年)秋,卅六世裔孙占选公索慕云公抄本转抄,族谱得以流传。彼等录谱之功不可泯没。己卯年(1999年)重九修谱,卷首收录先人序文,续以重修刊行缘起凡例,附刊宗祠祖屋祖茔宫庙等文物照片;其次照录旧谱,厘定总图分表,备述源流,

顺序世系,系以传文,依次分房,赓续至今。是为序。

仙游前连凤阿阿头连氏概况

连姓,起源山东,望出上党(今山西省长治市)。

《姓氏考略》云:“连氏出自陆终三子惠连之后。”惠连是陆终六子中的老三,陆终则是祝融氏吴回之子,吴回则是颛顼帝高阳氏的曾孙,高阳氏则是黄帝嫡传裔孙。《左传》:“齐国大夫连称是后世连氏家族之始祖。”《唐代名贤氏族言行类稿》便引用这个说法。《姓氏考略》:“楚国连尹、连敖等官职的后人,连氏必有以官为氏者,望出上党。”

连氏自古以来就有盛名,其历史相当古老。连氏的光荣族史源远流长,整个家族极其繁杂,还有一支出自鲜卑族(见《汉书》),一支则为通古斯族的后裔所姓。

周朝中叶,齐国大夫连称徙居上党。上党郡乃秦朝设置,辖山西东南部,由于地势很高,古称“以天为党”,故名。后来,子孙繁衍,终于发迹,成为上党地区的名门望姓。

唐广明元年(880年),一世祖恺公自河南光州固始奉双亲入闽,卜居福州闽

县。闽县府城外开化里(今属福州仓山区城门镇)。九世祖治公,字素庵,宋淳熙年间(1174年～1189年)任右邦丞相兼护国大将军,宋孝宗隆兴年间(1163年～1190年)退隐,卜居仙游云顶山北麓之连坂。云顶山干龙入首,结成凤穴。阳居建于凤首,阴宅葬于凤翼。"上党"门而"凤阿"第也。故连氏门第楹联:"上党家声大,凤阿世泽长。"

谱志云:丞相公府第被地师误伤之后,将府第交与家人史氏,乃率子应祖公及长孙铖公迁往仙游阿头(今盖尾镇前连村),次孙钊公迁往惠安坝头(今泉州市泉港区前港镇坝头),三孙锡公迁往延平府(今南平)转入尤溪魁城(今属大田),定居德化甲头(今国宝乡格头村),皆大盛族。形成"三凤鼎立"之势,世称"凤阿"连氏。

前连村位于盖尾镇东部,东临云顶山,南与郊尾镇西山、新窑村交界,西占盖尾街一半,与盖尾村毗邻,北隔木兰溪与昌山对峙。前连村古民居建筑群依山傍水,门前成片平原,境内2公里长的宝杉公路(镇道)横贯东西,把三郊公路(省道)、濑榜公路(市街)连接一起,与中心村道联成"日"字形的道路网,地理位置优越,交通方便,为招商引资办企业提供了有利的条件。

前连村方圆2.5平方公里,聚居着连、高、李、郭、陈、王、蔡诸姓氏,历史悠久,世态兴衰。高、李后裔迁徙溪北(今盖尾岑头),郭家后裔迁徙郊尾新窑。而铖公传二子,长子谦公守居前连本土,次子诰公迁往延平府,转入大田魁城,传及漳泉、龙岩一带。

前连连氏派系子孙昌盛,瓜瓞绵长。明英宗年间(1436年～1450年)二十世祖惟广公(1437年～1501年)有四房,十三孙之荣,人文鹊起,蕃斯衍庆。至清康熙年间,二十九世祖建仁公(1693年～1766年),号德老,"习堪舆葬亲"(谱志),孝行可嘉。传三子,长子公南公再传四子。老三瑞公(嘉侯)有四子二十孙九十曾孙之耀。老四珧公(春侯)有四子二十四孙九十九曾孙之盛。由于地少人多,势必向外发展,连氏后裔迁往鲤城坝垅、象溪黄坑岭、榜头溪尾、盖尾卓垅及莆田涵江、黄石、江口、梧塘,以至移民明溪,远至台湾、港澳、马来亚、新加坡等地区。工作人员遍布祖国各地乃至日本、美国等。至今20世纪末,传至40世,居住本乡的族人有五千余人,在外地工作居住的宗亲也有五千余人。

前连连氏世代勤劳创业，耕读传家。明末清初阿头砖瓦祖厝，既窄又矮，已是残破不堪，但元宵游神驻驾，仍是第一道。清康熙、雍正年间，连氏祖先又在尾厝、阿头建起"五间厢"平屋多座，至乾隆年间，公南公（1722年~1766年）从阿头祖厝向南延伸，在旧厝（老大珩侯）、隔壁（老二瑞侯）、田厝（老三嘉侯）建起三大座坐东向西的"五间厢"并护厝，连成一排奇特的长廊。老四春侯（1763年~1814年）买尽南门杉行几家杉木，在旧厝头、中厝、旗杆厝一次性建起坐北朝南成百米长的"九间厢"三座厝三大座。俗谚"未识连九庶"豪言壮语，语出春侯（名庶生）。嗣后，其六个儿子先后依次向西扩张，建起新厝（二房）、仙公（长房）、下张厝（九祖）、阿六亭（六房）、阿五亭（五房）、上过溪（六房）、下过溪（二房）、桥头（二房）的一条龙"九间厢"、"十一间厢"三座厝，整体形成"丁字形"的老民居，鳞次栉比，气势磅礴。特别是六房元松、元约两兄弟筹建一座"十九间厢"连护厝长达百米的大厝，居莆仙老民居之首，显赫一时，誉满仙邑。正如阿五"听涛楼"大门石联刻道："草庐敢谓同龙卧，别墅依然附凤阿"之感慨。这些老民居建筑厝群结构严密，设计合理，保持着清代民居特色。虽经200多年沧桑岁月，"我自巍然不动"，成为珍贵的历史文化遗迹。

新中国成立后，前连村历经社会主义革命和建设，特别是改革开放年代，随着农村经济不断发展，村容村貌不断改观，在老民居建筑群屋后，成百座新建楼房拔地而起，寓有现代化建设气派，西洋式艺术装璜，错落有致，相得益彰。200多年的古民居老屋于今又焕发了青春。

早在清末民初，"听涛楼"就办有"焕文堂"。1947年秋，连氏宗祠公办"前连分校"，成立"仙游县香北乡第三国民小学"，当年筹建"工"字形教学楼。解放后定名为"仙游县前连小学"，沿用至今。1985年筹建一座四间底两层新教学楼；1995年续建第三层；1997年抓住50周年校庆之契机，拆除"工"字形楼，进一步优化，现有12个教学班，2个幼儿班，教师30人，学生700人左右，是一所小有名气的村完全小学。

前连村地灵人杰，科甲联芳，英才辈出，素有"笔杆村"、"文化村"之美誉。清代，上进公"亚魁"，上拔公"武魁"，在祠堂、旗杆厝、阿五亭立匾额，竖旗杆，名闻遐迩。现有大专以上学历近千人，其中博士生27名，硕士28名；获高级专业技术职称的教授、研究员、高级工程师、一级剧作家、省级书法家等 90 余名,荣获国务院特殊津贴专家 4 名;党政部门科局级以上干部、军队将校、工厂企业董事长、总经理、中小学校校长数以百计,人才济济。前连人把握"天时、地利、人和"的优势,同心同德,奋力拼搏,与时俱进,创造业绩,赢得物质文明与精神文明双馨。曾连续两次被福建省评为"文明村",被仙游县评为"自治达标村"。村党支部、团支部、民兵营、妇联分别荣获县、市先进单位。村老协会也荣获福建省老龄委授予省级老协会先进集体。

连氏在仙游前连发迹已有八百多年历史,文物古迹比比皆是。

丞相墓

丞相治公素庵于南宋绍定六年(1233年)葬于仙游县云顶山麓连坂桥头山。墓前木兰溪碧水长流,墓后云顶山青峦叠翠,宛如飞凤朝阳,乃凤阿连氏开族盛地。清乾隆十二年(1747 年)重修。数百年来,每逢九月初九登高日,仙游阿头、惠安坝头、德化格头三邑连氏宗亲聚集在丞相公墓前致祭,盛况空前,已成为优良传统。

凤阿祖祠

连氏大宗祠始建于南宋末年,规模简陋,明代重修,现存为明代建筑。殿堂绘有连氏祖宗彩色肖像壁画,上厅有楹联:"骑紫马直上天台于今勋名显着,平辽金而安宋室至此功史犹香。"以追溯丞相治公的历史功绩。门前楹联:"春秋祭祀彰先德,科甲联芳起后贤";"百代箕裘承祖德,千秋燕翼衍贻谋。"记述后裔祭祀盛典,显示族亲光前裕后之荣。前清大理寺正卿郭尚先造访连家时感慨道:"郭家两个祠堂上下厅,不如前连一个阔嘴厅",言简意赅,盛誉溢于言表。

昭灵宫

丞相治公率子孙聚居前连阿头,始建前社、后社,年代久远,几经兴废。清道光丁酉年(1837 年),族人文芳、文照兄弟率众重修,择"凤阿"胜地,并两社为昭灵宫前连社。石柱楹联:"道祖庐山光腾两社,源承圣水波溢万家"记述盛事。宫内主祀法主仙妃、昭灵大帝(三姓君)、黄公二使、慈济真君、司马圣王等神明。宫内天井有"莲花汲水"之奇迹,虽大雨倾盆,满而不溢。厅上古匾:"感应甚神"系武官王邦达用杉木片书写,笔力遒劲,堪称一绝。宫前有一对雕龙石柱,活灵活现,巧夺天工。每年元宵佳节、仙妃诞辰、八月中秋,演戏游神,自古皆然。这些民族文化传统活动,热闹非凡。

会仙阁

民国癸丑年（1913年），族人上国、元兰倡建。坐南朝北，面对洋山屏幛，兰水环抱。阁中奉祀三一教主，称"三一堂"。正中楹联："道祖唐虞开来继往，教参佛老出有入无。"阐明林龙江先生教义。2000年，经县批准为"宗教活动场所"。连年香火旺盛，尤其初一、十五，信士门人焚香膜拜，络绎不绝。门人现有592人（含外乡在本堂入门）。每年上、中、下三元开设道场，祈求平安；两次会道，宣讲正宗，演绎道学，倡明三氏，化度人生。

凌烟岩

坐落云顶山腹，系明末清初古刹。群山环抱，深幽雅静，既利僧家修身养性，亦利游客登高观光。岩右建有"竹林坛"，正是"竹里岂无三友伴，林间自有七贤来"（楹联），为古刹增添景观。多年来，村民上山造林种果。清明祭祀，聊以驻足休闲，品茶聊天。新千年第一春，里人倡议，仿古翻建，保护古迹，造福人群。

调元庙

已有数百年历史。明洪武初年，里人重建，庙堂久经风雨侵蚀，破败不堪。1993年初，阿头人集资重建，略具规模。堂上悬挂"神昭海表"匾额，壁画妈祖生平。每逢农历三月廿三日妈祖羽化日，开展妈祖文化活动，弘扬海峡女神"泽施四海"的爱国爱民精神。

辛丑孟春毅旦卅七世裔孙城谨记。

（四）河南禹州连氏族谱序

连氏于禹为望族，洪武二年来自洪洞。始迁祖曰海，故禹连氏皆祖海。生四子英、春、朋、亨，咸治农。其后举天顺辛卯乡试，知山东齐河县。亲殁居葬，有赤白兔绕墓。李东阳为作孝感记者详也。七传为太仆寺少卿格，宣府巡抚右副都御史标，天下称二连。终明世，中乙科为知府以下官邑，牒不绝书。逮清先后为举人，曰占鳌曰：云鹏、曰振铎。族大而散居者众。问其自出，皆老连庄连氏云。治北诸侯山，夏后氏朝诸侯之所也。连氏聚族处于其下，世称山连。始祖曰国才，为海十世孙，其辗转来此不可究诘，大概在明清嬗代之际。易之茂才，其族之秀者也。约长老谱，本宗之世次行居，断自国才，他支缺不书。兵乱牒亡无征，昭慎也。谱之为道，用在传信。国有史，家有谱其义一也。国史不亡民知怀旧，虽戎羯荐臻废者可以复兴。家谱不亡，人不忘本，虽支属逖远，疏者可以复亲。宋以上有官谱,隶史而行。官谱亡,私家之谱兴矣。世儒惕于民族之战,昌言军国主义,而陋宗法,谓必离宗法,社会始达于军国。不识有形之类,大皆起于小,一大民族皆集无数小民族而成。不恤其宗,何爱其国。天下有厚薄,本未可以倒施者乎。其说倡自侯官严氏,附之者众。实乃远西一往之论。于中土习俗固隔阂不相入也。易之为谱成,以书抵京师,责其友陈嘉桓为之序如此。中华民国五年立夏前一日。

(五)河北广平府连氏族谱序

族谱之说其来尚矣。往往传之载籍不一而足。大抵以之明世系,别亲疏,叙昭穆。世之大贤君子多识先人,至百世不绝。祖宗不忘,宗族不散,其势宜忘而独存者,谱之力也。吾郡太守连公有见于此,乃自述其谱于春秋时迄于今之上世,而一世之上缺而弗书,至如大宗小族之法。虽得苏氏欧阳氏谱例,而莫知旁从,俾昱为之订定。夫苏谱谓子得书,而孙不得书。以着代以一人之身,分而至于途人,可不惧乎。然欧阳谱亦自七世而始见随亲疏详略各为小传于图之左,可谓得矣。公之谱当以是而法焉。公曰:可。乃敢授肇而为之书。嗟

乎,谱之所以为,由祖也衍而行之,百世而下可知也。岂独考之。当先立其本,而齐其末,验于今,而信于后。缔观连氏,自其大宗之后而分支派不知其几至矣。若宋南夫讳鹏,绩学能文,以为世表,而于上党之祖,孰得而知之。广平之祖与上党亲也、近也,可指而明也。况得次莫详,字讳莫及,宜乎一世之下然明白,可以知矣。故曰远者、疏者略之,近者,亲者详之。此人之常情也。欧阳氏所谓,元孙既别自为世,则各详其亲,各承其所出,是详者不繁,略者不遗,吾固于兹谱亦云。

弘治十七年岁次甲子八月中秋日诏赐高年冠带治下生朱昱拜书。

(六)《新路连氏族谱》

连旭升主编,2000年12月修成,内部印行。捐赠山西省社科院家谱资料研究中心、襄垣县古上党连氏文化研究会、北京图书馆、山西省图书馆、山西省档案馆等单位收藏。

新路连氏源出上党连氏,后徙洪洞。元至正三年(1334年)为避战乱,北上阳曲,后迁居忻州路村都坡头村。明永乐年间连玉公辞官归里,选址流江村南建新村

定居,命为"新路村",耕读传家,子孙繁衍,600年来生生不息,蔚然大族,故名《新路连氏族谱》。今雁北及内蒙古连氏多为新路连氏支裔。

现将其新、旧谱序选录于后,以飨读者。

坡头《连氏宗谱·后叙》

（清） 连廷梓

吾家先世,土著平阳之洪洞。洪洞衡繁邑也。遭有元季世之乱,二世祖和卿公因其昆弟皆以乡勇相继而殁于军,其父思义公母张太君俱已年迈,更不堪其忧虞,乃于顺帝至正三年辇而避难于阳曲县。居无何,阳曲之挠犹夫洪洞,遂再迁于忻郡集贤乡,择居路村都之坡头别墅焉。是村也,不知立于何代,其先有冯、刘、贺、王四大族居之。见公之来,恂谨谦和,乐与为比,因而贳之田庐,公遂出其囊赀,偿而安焉。但仅得田十馀亩,以备饔飧而已。未几思义公谢世。正值元社将覆,触处土寇渐滋。和卿公时负其母逃入山林,采拾以供。伺乱稍息,奉母还居,竭力奉甘旨,以故称

连横《台南连氏家乘》手稿

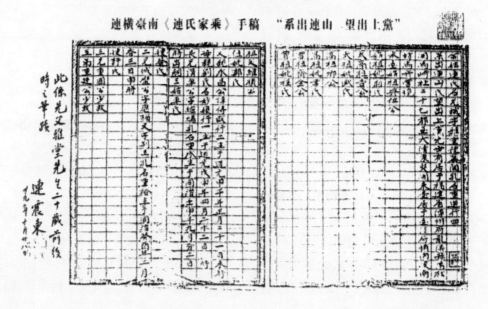

连横臺南《连氏家乘》手稿 "系出连山 望出上党"

其孝者,窃比江革云(载公墓表)。嗣后张太君殁,卜葬于西山之麓,地名水沟梁,至今坟墓湮没。其在平北平原茔内成冢者,乃招魂葬也。迨有明太祖定鼎,崇尚文教,礼士求贤,和卿公于斯心安。有子二,长玉、次澄,爰命玉公受业于逯家庄周某先生。周固有人鉴伦,见玉公器宇不凡,又极敏慧,心甚爱之,预卜为栋梁选,因以其族女嫁于玉公之弟澄,而玉公所配之王夫人,则周先生之至戚女也。后玉公果于洪武二十七年丙子科举贤书,旋授常郡文学掾,选九年最上,升助教成均,且为傅于建文皇帝焉。当玉公之贵也,供职京畿,廪禄甚厚。尝遣人迎养和卿公与卿公之元配张太君。和卿公书辞不往:以为有尔弟澄朝夕省视,足慰我心,尔但乃心王室,勿须以我为念(载公墓表)。寻以靖难兵起,玉公目击方公之惨,知维挽之不能,效管仲而不欲,挂冠隐归,缄口不谈朝政,惟与弟澄赡依严慈膝下,以敦家人父子之情而已。至永乐七年,和卿公即世,张太君旋亦长往,遵制葬于平北平原墓地,为树贞珉焉。

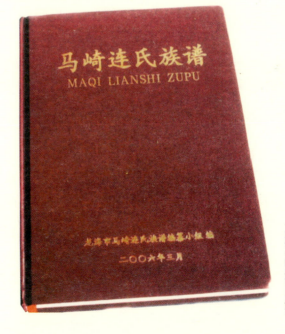

龙海马崎连氏族谱

至此以后,玉公适性林泉。回忆少时就学逯庄,数过流江村,稔其地气丰美,遂比之而为别墅,名其里曰新路村,示不忘本也。迄今新路村生齿繁衍,另有谱牒。其自是而支,如东呼延村、后河铺、龙凤坡、马石瑙背以及冶头、南社等村所居者皆以玉公为宗。若我坡头村、下河北村居者,则皆宗澄公,而始祖则讳思义者也。

清道光二十四年坡头村十七世孙连廷梓叙。

新修《新路连氏族谱》序

张海瀛

《新路连氏族谱》是一部具有鲜明时代特征和开拓创新精神的新型族谱,很值得重视,特别引人注目的是以下几点:

族谱以略古详今、存真求实、力求展现连氏族人的贡献为宗旨,这样就在谋篇布局方面彻底摆脱了旧的修谱框架的束缚,从而为探索新的修谱体例迈出了可喜的一步,这是十分难能可贵的。

该谱以可知为断,史实为凭,因而具有很高的可信度。该谱从元至正三年(1343年)由平阳府洪洞县徙居太原府阳曲县写起,又以为连氏家族带来崇高威望和灭顶之灾的连玉公为一世祖,编制新路连氏世系表,整个谱系都是斑斑可考,代代可数,一目了然的。该谱关于迁徙的记载,是以新路连氏二世祖连整徙居河北省柏乡记起,并依据文献记载和调查资料编制了包括"世次"、"姓名"、"迁居地"、"当今联系人和联系电话"等栏目的《迁徙表》,这对于联络徙居各地的连氏宗人将发挥不可估量的巨大作用。

该谱单立《人物篇》,按照规定标准,将所收录的人物分别编入《简表》、《简介》和《传略》中。这些规定标准,坚持了男女平等的原则,完全是着眼和服从于当代的,因而集中体现了当代的社会思想和行为准则,对于教育和鞭策子孙后代是大有益处的。

拜读新修《新路连氏族谱》,受益甚多,秉笔直书,是以为序。

叁

中华连氏

人文篇

二 宗祠祖庙 报本思源

宗祠,也称祠堂、家庙。是宗族祭祀祖先的地方,被称为血缘崇拜的圣殿。人类对祖先的崇拜由来已久,早在氏族社会已经盛行,在殷墟遗址中,就发现有祭祀墓主而建造的享堂。到周代,由于宗法制度的确立,庙制逐步完备。对于不同身份、不同阶层的宗庙、祠堂的建筑规模和祭祀程序都有不同的要求。然而,真正意义上的民间祠堂,到西汉才开始出现。魏晋至隋唐由于官方的禁令一度中断。宋元之后,又开始出现了家庭祭祀的家庙和供奉宗族群祀的宗祠。

　　由于祠堂祭祀先祖的范围、内容不等,所以祠堂有总祠、支祠、分祠等不同类别的称谓。一族合祀者为总祠或宗祠,分支各祀者为支祠、分祠。祠堂的规模,视家庭人口的众寡和族田、族产的多少而定。一般为数开、数进的宫殿式建筑,富裕家族的祠堂则异常的富丽堂皇,有二三十区的宅院。

　　祠堂瑞安放祖先的神主牌位,上面书写某某祖先的名讳、生卒年月,原配、继配氏姓,有的红底黄字,有的白底黑字,被认为是祖先的灵魂所在,因而也叫"灵位"。灵位的安放也有一定的规矩。正中神龛最为崇重,安放供奉本族始祖,左龛为"崇德",供奉有功名出仕、德泽于民的先祖;右龛为"报功",供奉捐资赠产、大修祠堂、购置族田,创办义学等有功于本族的先祖。此外,其他的历代祖先则按"左昭、右穆"的顺序分别安放于偏殿、侧室。除受到出族之罚外,一般男子死后其神主牌位都可进入祠堂。也有部分族人,因敬奉佛主,出家为僧,或娶娼妓为妻及操业卑贱并因而不得参加考试者,均不得在宗祠立位。

　　祠堂的管理之权,一般由长门嫡派出任族长,主持管理,并选派族中子弟负责日常有关事务,按照族规家法严加管理。在祠内不得堆放粮食、柴草、棺木及其他杂物,不得让人借宿,不得让工匠作工,也不得开设茶坊,特别是不得在祠内聚赌,或是将宗祠赁于他人。有些宗族特许族内的文人在祠内读书或会文。到清末民初,不少宗族还利用祠内的空房来举办小学。对于祠内的财产,如祭桌、祭器等,祠堂的执事人员都应随祭随藏,并逐一登记入册,禁止族人私自借用。也有些宗族允许族人在婚、丧事时借用祠内器用什物,但在事毕后应立即送还。有些家法族规中还有维护宗祠周围环境的规定,如不得将宗祠附近之地作晒场和工匠的作场,不得在通往宗祠的道路等处拴系牛羊、摊晒、堆积杂物等。为了保护好宗祠,有些宗族雇佣专人进行管理。另一些宗族则由各房或各支来转流"值年"。在宗祠的房屋有所损坏时,他们就应及时进行维修。

宗祠中举行的最隆重的仪式是对祖宗的祭祀。大多数宗族每年举行春秋两祭。也有的宗族实行四时祭祀即每年春、夏、秋、冬各祭一次,具体时间无统一规定,多在民间传统节日。如:清明、夏至、秋分、冬至、春节进行。遇有子孙科举或晋升官爵或受朝廷的恩荣赏赐,也可开祠堂特祭。在祭祀日前夕,有关执事人员应清扫宗祠,布置祠内的享堂,并按照本族的祭规准备好各色祭品。祭品不应过奢,但也不得数量不足,或质量稍次。大祭前执事的子孙应先期练习祭仪,并有明确分工:有主祭人、分祭人、司赞、司祝、司爵、司筵、纠仪等执事人员,分别负责主持、司仪、读祝祠、管祭品、祭器、纠察纪律等。在祠祭日,合族成年男子都应与祭。即便散居到数十里、数百里以外,每年或每两三年也须与祭一次。祭祖的原则是"必丰、必洁、必诚、必敬",其中最根本的是"敬",就是对冥冥之中的祖先心存敬畏,虔诚信奉,"事死如事生"。祭祀祖先最主要的礼仪是"三牲、三献"与"尸祝"。"三牲"是指

牛、羊、猪三种供品,也称"太牢",古代只有帝王、圣贤才能享用。二品以上官员可用猪羊各一只,五品以上用羊一只,五品以下人家,只用猪一只。猪羊供品,统称"少牢"。三献是"初献、亚献、终献"三道上供程序。"尸祝",是指代替死者受祭,象征死者的人,称为"尸",对"尸"致祝辞和为鬼神传话的人为"尸祝"。"尸",一般由臣下或晚辈充任,后世改用神主、画像来代替。

祭祖的大致程序是:1.主祭人向祖宗神位行礼;2.族长离开享堂,迎接牺牲供品;3.初献,在供桌上摆放筷子、匙勺、盏碟;4.宣读祝辞;5.焚烧明器纸帛;6.奏乐;7.族人拜祖;8.二献,上羹饭、肉;9.三献:上饼饵菜蔬、果品;10.撤去供品(也称散胙)。

但在实际祭祖程序中,三牲、供品、祭器香烛都是事先陈设整齐,届时由主祭人率领族人跪拜、致词。程序上大为减化。

祭祖的经费开支,一般由族田、族产公共收益中支出,若有不足部分则由族人捐助或摊派。

宗祠,除祭祀之外,还是处理族中重大事务和族人纠纷的场所,多由族长主持,约集众人,按族规家法进行处置,因而宗祠也就成为行使族权的场所,具有宣扬

教化伦理,凝聚约束族人的重要功能。

　　由于宗祠祖庙在族人生活中占有如此重要地位,因而连氏族人每次迁徙到他乡异地往往要建立连氏宗祠。

　　20世纪40年代以来,由于战争和人为的破坏,宗祠家庙多被毁弃,也有相当一部分被改作学校、仓库或机关单位的办公场所。到八十年代中期,随着改革开放的深入发展和全球寻根热的兴起,劫后余生的宗祠家庙得到了重视和保护,有的被列为文物保护单位,也有的作为对外开放、供海内外游人参观的旅游景点,或海外华裔侨胞、台湾同胞寻根问祖的朝宗圣地。

　　连氏族人对宗祠祖庙的创立及祖先的祭祀历来十分重视,修族谱、建宗祠被视为"敬宗收族,报本思源"的两件大事。民国年间,凡连氏族人聚居的村落、乡镇几乎都建有规模不等、名称各异的宗祠祖庙。

　　如在连氏发祥祖地的上党襄垣,民国年间有连氏十馀个宗祠,20世纪50年代

南峰沟连氏宗祠

以来历经浩劫、多被毁坏，只有襄垣南丰沟村的明建连氏宗祠保存较好，经修整后，成为接待海内外连氏宗亲朝宗谒祖的祖庭圣地。

（一）新路连祠
——"玉公堂"

在山西忻州市新路村，连氏宗祠也于 2000 年修整一新，开始接待海内外连氏宗亲。新路连氏宗祠，位于忻州市西乡新路村中街，建于清嘉庆八年，是为祭祀新路连氏始祖连玉公而建，故又名"玉公堂"。宗祠由东大厅和南北廊房组成，正殿三间供奉连玉和夫人王氏画像。南北廊房各三间为銮驾和宗谱厅，分别放置御赐全副銮驾和传世家谱。西出牌坊门楼一座，高悬乾隆皇帝御笔亲书"国子师表"四个大字的龙头牌坊，门楼两侧耸立功德旗杆，院内有四株参天古柏。当年的连氏宗祠，翠柏红墙，相映生辉，庄严肃穆，与崇化寺、奶奶庙三足鼎立，曾为忻州西乡的一大景观。

200 多年来，新路连氏宗祠虽经多次

新路连氏宗祠

维修，但因多方面原因，至 1996 年仅留的正殿已破旧不堪。在连银虎老人的倡议下，成立修复机构，进行联络募捐 4.3 万元，终于 2000 年 9 月 25 日（农历八月廿八日）重建完工并举行了隆重祭典。事后，成立了新路连氏文化研究会，并把每年的农历八月廿八日定为祭祖节。

在闽、粤二省等东南沿海一带，既是当今连氏人口最多的区域，也是连氏后裔渡海迁台、远涉重洋的出发之地，因而成为海外连氏侨胞和台湾连氏同胞寻根谒祖的首选之地，保留或重修的连氏宗祠数量较多，规模也较为宏大。

（二）福建德化连氏宗祠
——"诒燕堂"

"诒燕堂"位于国宝乡格头村,始建于明朝初年。四周峰峦叠嶂、苍松翠竹、郁郁葱葱,环境清幽。祠堂占地 5400 多平米,其中建筑面积 1000 平方,为二进歇山式土木结构,建有正堂和西厅,两厅并列,别具一格,全国少见,虽历经沧桑 600 多年,祠堂仍保留原结构风貌,曾于 2002 年被授于"泉州名祠"的称号。为进一步保护好"诒燕堂"的建筑文物,去年连氏村民对"诒燕堂"进行全面修葺,现已基本竣工。

在工程竣工时,村民们特地请连战先生为该祠堂题写匾额。经过厦门一位热心台商的介绍,连战先生欣然题下"连氏宗祠"四个大字。连氏宗亲接到匾额时感到非常高兴。于 2005 年 12 月 22 日举行了盛大的挂匾仪式。

（三）"凤阿"前连村连氏宗祠

"凤阿"前连连氏宗祠坐落于福建省仙游县云顶山下、木兰溪畔盖尾镇前连村,从北往南,与闻名遐迩的前连连氏丁字形大厝群联在一起。

德化连氏宗祠——诒燕堂

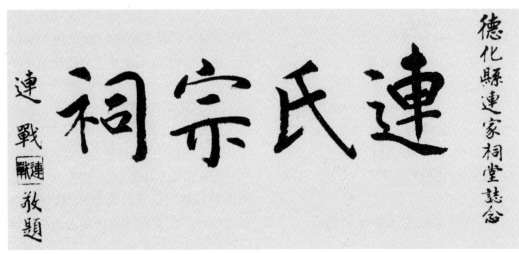

连战为德化连氏宗祠题词

连氏宗祠就建在这"丁"字形的横与竖的交接处附近，犹如镶嵌在这个特大丁字上的一颗璀璨的明珠。

唐末中和年间（881年～884年），一世祖连恺公为避战乱，弃官从光州固始奉双亲入闽（其父连总公和其母伊氏）卜居福州府闽县（即现在福州市仓山区城门镇濂浦连坂村。）经280馀载，传十世。九世祖连治丞相公，文武双全，位高爵重。感慨虽有公卿累世之荣，莫如子孙昌盛之耀。时势变乱，遂立志弃官归隐兴化府仙邑唐安连坂，始建府第。后因陈半仙误伤风水，连治丞相公携子往"阿头"，遂名村曰："前连"定居。连坂住宅交与家人史氏居住管理，俗谓称"连牵史"是也。

至清乾隆年间连春候公传四子，四子各支人文蔚起，子孙繁衍，俗称四子二十四孙，九十九曾孙，他们继承祖训辛勤创业，营建相互毗邻、自东向西一列十六座朝南丁字形大厝群，长约千丈，气势磅礴，蔚为壮观。实为我省罕见的古民居。

前连宗祠始建于南宋，宗祠主殿供奉三尊连氏入闽的唐、宋、明朝高祖肖像（此肖像经专家学者考证）。历代对宗祠时有修葺，由于连氏族人具有敬祖尊宗的美德，所以宗祠尽管历尽人世沧桑、天灾人祸，却幸免于难地保留下来。前连宗祠占地面积较大，主殿堂面宽三间，进深二座，中设天井,堂内为穿斗横梁屋架,悬山式瓦顶,祠堂门为一字形列设三个大门,中门上高悬:"连氏宗祠"之匾。门前的门枕石与门坛墙裙及两厢墙壁均加雕饰,古雅大方,下厅设大柱一对,柱础为明代时的雕饰风格,大厅堂为连氏家族供奉先祖供堂。每逢敬祖祭日时,村中连氏族人及各地连氏游子,纷纷来此祭拜。

(四)龙岩昆正连氏宗祠

龙岩昆正连氏宗祠始建于明万历三十八年(1610年),坐落于龙岩市区东门外大路旁,新中国成立后曾被充为公产,先后被数个机关单位所占用,又遭两次道路拓宽影响,仅残存正厅和中厅。2001年,龙岩连氏宗亲成立"收复理事会",通过多年艰苦不懈的努力,终于收回宗祠主权,又筹集近百万元资金,在原址上重建,于2006年建成。新落成的连氏宗祠仿著名的闽南古建筑泉州文庙格局,又保留龙岩当地闽西特色。大门为重楼式结构,气势雄伟壮观;厅堂柱子选用方形、圆形石材,屋顶的梁桁橼采用优质木材,复以琉璃瓦片,保持传统建筑风格;大厅正中用青色石材建神龛,供奉连氏先祖神位;左厅建

"义姑祠",右厅立"功德碑";大门口和正厅分别悬挂"连氏宗祠"、"追远堂"大牌匾。新建成的宗祠,既是龙岩连氏宗事活动场所,又是宗亲修心养性、娱乐交往场所,深得当地群众赞赏。

2006年12月17日龙岩昆正连氏宗祠举行盛大落成庆典和祭祖活动。来自北京的著名学者连云山,来自山西的中华连氏联络筹备组秘书长连旭升和山西、河南、内蒙、广东等省(市)宗亲代表及福建连氏委员会会长连文成、副会长连心豪、连逢发,各地宗祠(宗亲)代表30多人专程到龙岩表示祝贺。

(五)坝头连氏家庙

坝头连氏家庙位于福建省泉州市泉港区(2000年4月从惠安县析出新成立的区)前黄镇凤山村,1999年被评为泉港区重点文物保护单位。驱车沿泉港区内的涂(岭)山(腰)公路到坝头凤山段,经坝头商业小街可直达近年修饰一新的连氏家庙。

该庙背靠阿山,面对坝水,坐东朝西,依山势而建。本须经五级石阶才能进入隘门,现为车辆行走而填阶为路。停车场即为家庙的第一层平台,面积有180多平方

米。

从停车场登上十三级大石阶（这十三级石阶为连氏家庙独有，坝头连氏子孙不论旅居何地，皆凭着"我们祖籍祠堂面前有十三级石阶"的祖辈遗训到坝头寻根认祖的），便是用条石铺成的第二平台，面积约200多平方米。旧时此处石埕竖满旗杆架，是历代做官的标志。这平台是连氏家庙宗事活动的主要场所。

由石埕再上七级石阶，就进入家庙里用红砖铺成的面积有一百多平方米的前庭院。

坝头连氏祖先连治生于公元1127年，宋孝宗年间（1163年～1173年）任右丞相兼护国大将军。因此，连氏家庙依诰制格局建造：抬梁式木构架、二落三间，进深六间。由下厅、天井、回廊、船亭、顶厅、堂屏、后厅组成，占地面积达一千多平方米。下厅为单檐歇山式屋顶，顶厅为单檐硬山式屋顶，飞檐栉比。门首悬挂着红底金字"连氏家庙"匾额，两边镂有"出将入相"图案。门外两侧分置御赐的"禄马雕鞍"石鼓一对。门旁的对联写道"坝水澄清思源敬业家家乐，阿山耸翠衍派安居代代

泉港凤阿连氏家庙胜景

春"。

进入大门,右侧回廊边有一方石碑,碑文刻曰:"吾族原系山西上党郡,世居河南之固始,唐末避难入闽,由榕分支仙游连阪,南宋末衍居迁惠,历经三代,择地凤阿,元末立大宗,春秋二祭,自明及今,四经修葺。"简要地概括了连氏家庙历史。经天井中的六级石阶,即进入顶厅。顶厅由二对石柱,四对木柱支撑,木柱配以辉绿花岗岩雕花柱座。柱上题有明朝宾师苑马寺卿朱一龙、都察院御史康郎、左参政副使王约、教谕连灯的赠联。顶厅左边悬一个牛皮大鼓,这是古代当官耀祖荣宗的一种象征,鼓随官高。

顶厅再上一级即为后厅,内有一个大木龛,上方悬挂"流芳百世"匾额,内中供奉着坝头连氏历代祖先名人灵位。

连氏家庙始建于元末,该地势耸巍高踞,有终年蚊蝇不侵之奇异。庙貌雄伟轩昂,结构工艺精巧,与沙格宫、峰尾岳誉为坝头建筑三绝。各乡祠堂修缮多以此为依照。

家庙的后面是坝头连氏的发祥地"凤阿山"。若从对面远观,绵延的山岭酷似一只奋飞的巨凤。沿着崎岖的小路登上凤阿山顶,极目四望,山川大海、坝溪沃野、乡村农舍尽收眼底,令人顿觉心旷神怡。倘若依据坝头历史流传下来的诸多传说与典故,指点出处,睹今怀古,更是情趣盎然,乐在其中。

坝头连氏为全国最大的连氏聚居地(海内外计有3万多人),坝头人杰地灵,英才辈出,历代曾有右丞相护国大将军、榜眼、进士、举人等文武官宦,近代有国民党陆军少将连谋,台湾前"财政部次长"连龙辉,企业家连琦等,还有众多的处级以上干部及颇有建树的专家、学者,皆为连氏家庙增辉不小。

(六)福建福安秦溪连氏先祠

福建福安秦溪连氏先祠"世义堂"位于福安市东郊二里的秦溪村,创建于明万历四十年(1612年),总面积1000多平方米,规模宏大,是宁德地区五千多连氏族人的宗祠,誉为"秦水名祠"。该祠建筑结构由前后四部分组成,层层递进。前座(即华表亭)有12支大柱落地,其中4支大柱下半截为石柱,中4柱均用石条夹护,外围用青石栏杆保护,左右有石狮一对守卫门楼,大门上悬挂着"连氏先祠"金字匾额。进入大门内,称为下座,建有戏台,供

福安秦溪连氏宗祠

祭祖或节日演戏之用。左右廊楼则是古时专供女眷看戏的地方。每逢二世祖贵高公诞辰日（八月十五日），都要为其祝寿，在此演戏庆祝三四天。中座又名大座，有32支柱落地，高三丈馀，朱壁红柱，中梁上悬挂着明崇祯二年福安知县梁兆阳题赠的"义表韩阳"以及"硕士"等几十面匾额，引人注目。后座又名寝殿，特别华丽，雕梁画栋，颇具艺术特色。正中祖龛，又称太子亭，左右祖龛排列祖牌奉祀。祖牌全部鎏金，涂泽丹漆，金碧辉煌。

散落于各地的连氏宗祠，由于各地风俗民情有别，在祠规章程和祭祀仪式以及内容、程序上也各自不同。如福建龙岩昆正连氏即订有"祠堂规例"：

祠堂之设，上以妥先灵，中以联亲义，下以训子孙及族庶情份子孙。乃族庶情份子孙之训尤为繁，惟是六房，六房长内，有子孙不孝不悌，引套族中幼子赌博，管头放债，及恃丁多力强,动辄挟殴族弱者,该房长于朔望入祠指名告诫。如不遵训,合六房房长共攻之。如再不遵,合百族正鸣鼓攻之,或书之惩簿,贴之祠堂,或达之官府,重惩亦不为过。

立记善簿一扇,以示劝。立惩戒簿一扇,令其改过更新。总之无非纳之于善以为上党之光。

立族正一名,族长一名,族副一名。各房立房长一名。

(七)漳州龙海马崎村
连氏祭祖仪式程序

进入祠堂后,首先是喝甜茶仪式:用红盘子端甜茶给祭祀者每人象征性地喝一口。之后,祭祖仪式便在民间"八音"乐队演奏的"追思曲"的伴奏下肃穆地进行:

一、主祭者、陪祭者就位(执事)。主祭在祖祠正中祭桌前。所有参加人员站在主祭背后成两排,前排为祭祀者,后排为陪祭者。司仪和执事向外,面向行祭者在祖龛前祭桌头两侧。主祭在执事端的脸盆象征性地洗手后站回原位(须有手巾,由执事提供)。

二、迎祖驾。打开祖祠祖龛,由主祭开

中门,执事协助开边门。

三、献香。由执事将点燃的香支分给各位祭祀者。

四、参拜天地祖先。主祭、陪祭后转向大门方向,站立三拜天公,然后转回,面向祖龛三拜祖先,完毕后由执事把香收回插到香炉。

五、灌地。执事递酒于主祭者。主祭者站立奠酒(灌地三遍)。

六、附服。执事将祭品(三牲、果品等)逐一端给主祭者拜祭,然后由执事放回桌上。

七、诵祭文。

八、叩拜众祖。主、陪祭者三跪九叩。

九、焚祭文、金纸钱。执事焚祭文。

十、送祖。关祖龛门(同开祖龛门),起鼓、鸣炮、奏乐。

十一、礼成。

祭墓仪式程序

一、主祭者、陪祭者就位(执事)。主祭在祖墓正中祭桌前。所有参加人员站在主祭背后成两排,前排为祭祀者,后排为陪祭者。司仪和执事背向坟墓,站在墓头两侧。

二、献香。由执事将点燃的香分给各

位祭祀者(每人三支)。

三、祭拜祖先三拜完毕,由执事把香收回插到墓头。

四、叩拜祖先三跪九叩。

五、除草。拿锄头象征性地在墓上松土、除草。

六、焚金纸钱,执事负责。

七、礼成。

(八)广东潮阳大布连氏祭祖仪式

一、鸣炮开祭。

二、鼓响三通。

三、司事者各执其事。

四、主祭就位,陪祭就位。

五、主祭者至盥洗所盥洗、复位。

六、迎祖。

七、主祭献香、灌地。

八、读祝文。

九、行初献礼,"献香、献爵、献帛……"。

十、行亚献礼。

十一、行三献礼。

十二、耆老献礼。

十三、饮福受胙。

十四、读祭词。

十五、读祝文者焚祝文。

十六、司帛者焚帛、鸣炮。

十七、送祖。

十八、礼成。

十九、奏乐。

祭祀祝文也有成文规范,昆正连氏祭祖祝文曰:

维公元××年,岁××年农历××月××日。为举行一年一度祭祀,裔孙××暨全体派下裔孙等:

敬备茗醪花果,香帛沽牲,庶馐之仪,敢昭告慰列祖列宗。

敬献祝词而颂之曰:

恭维祖德,源远流长,贻谋燕翼,谦让礼贤,家传祖训,孝义忠信,宗风弘扬,螽斯蕃衍,叶茂枝荣。今日祭典,恭敬惟诚,右昭右穆,鼓乐齐鸣,罗列俎豆,敬荐馨香,追源报本,礼不敢忘,沐祖赐福,户户祯祥,英豪辈出,富贵永昌,年年奉祭,承继美世。谨以刚鬣柔毛,香帛洁牲,素品礼齐,以荐岁序,是格是尝。

伏维尚睹!

福建惠安"凤阿"连氏坝头祠堂秋例祭仪祝文曰:

维于×年×月×日×时,依例恭置香花时鲜,佳肴馔馐,并具香褚茅帛,于吾庙堂襄举典仪,致祭宗祖,兼循家礼,悼祭新考。敬望英灵感应,犀通驾临。昭告曰:

礼始周公,万世传芳,溯源及祖,祀祭弗忘。寸兹思祖泽,颗粒念宗功。科学光族勤拓业,安守法纪护家风。言孝须当敬父母,报本务必创辉煌。观念承势频频改,孝道尊行耿耿心。喜见乡貌依日变,萤雪功争搏其名。绵馨世泽庆蒸尝,远播宗誉告先翁!遥祈先灵知告慰,幽阳举觞共欢容。敬邀! 来格来睹!

伏维尚睹!

祠堂祖庙既是"敬宗收族"、"报本思源"的祖庭圣地,也是执行族规家法,规范伦理的殿堂。有违犯族规家法的不肖子孙,都会被带至祠堂,严加惩处,俗称"开祠堂"。经族长审讯后,按家法处置,或送官究治,甚至被开除"族籍",从族谱上除名,死后也不得进入祠堂,成为终生及其后代的奇耻大辱。

随着社会文明的进步,宗族的组织结构已荡然无存,代之而起的"宗亲会"等团体组织,已成为弘扬家族文化、构建和谐社会,增强中华民族凝聚力、向心力的桥梁纽带。宗祠祖庙已成为姓氏文化、家族文化的象征,成为各地文化活动的中心之一。

叁

中华连氏

人文篇

三　楹联题铭　轶闻掌故

姓氏楹联是载录姓氏渊源、展示家族文化的重要载体。在连氏宗祠祖庙的匾额廊柱上，族谱家乘中，或庆典活动时，往往有文人墨客撰写题铭的诗词楹联。这些楹联题铭，文词华丽，用典精当，对仗工整，朗朗上口，不仅给人以优美的艺术享受，而且极其精炼地概括了连氏的历史渊源和文化特色，准确、生动地记述了连氏英贤俊杰的丰功伟业。既是家族文化的表征，也是家族精神的升华和总结，有较高的史料价值和艺术价值。

华夏文化纽带工程组委会

同根同源血脉相连
华夏故土心手相连

连 战

（一）连氏对联题铭

勋嘉葵戍（连称）①；
孝踵丁兰（连世瑜）②。

①连称，春秋时齐国大夫。齐襄公让其与管至父戍守葵邱，令瓜熟时前往，应允来年瓜熟派人换防。戍期满，襄公违背前约。称遂反，杀襄公。

②连世瑜，宋代乐清县人。与妻方氏皆事母至孝，母死，刻雕木像奉事更恭，世人将其与东汉孝子丁兰相比。

褒遗书洒（连世瑜）①；
泽被乡邻（连舜宾）②。

①连世瑜，见前注。褒遗书洒，在史书中得以褒奖。

②连舜宾（字辅之），宋代应山县人。家中富裕，常资助乡邻。教二子庶、庠勤学，曰："此乃吾之资产。"舜宾死，远近乡邻皆往哭吊。

羽衣得道（连久道）①；
丽赋著名（连总）②。

①连久道，字可久，宋代人。十二岁能诗，父带其见当地名流熊曲肱，赋《渔父词》，曲肱以诗相赠，并曰："此子富贵中留不住。"后果成羽衣（道士），得道术，来往于西山。

②连总，字会川，唐代闽县人。咸通年间（860

年～873年)进士,善作赋,为温庭筠所称道。

应山世泽流光远(连舜宾)①;
清冻家声裕后昆(连庶、连庠)。

①连舜宾为宋代应山(今湖北广水)名士,乐善好施,扶危济困,被称为"大善人"。其子连庶、连庠双双进士登科,为官清正廉明,有"连底清"、"连底冻"的美誉。

光前振起家声远;
裕后留贻世泽长。

光前增方福;
裕后集千祥。

以上两联均为广东潮阳大布连氏为纪念其开派之祖连光裕而作,为题头嵌名诗之形式,上下联各嵌入"光"、"裕"二字。

(二)连氏宗祠楹联

氏源周鲁;
系出伯禽。

金木水火土万物总归根;
东西南北中连姓一脉亲。

以上两联为襄垣县南丰沟村"上党连祠"楹联。

上党家声大;
凤阿世泽长。

京闽蕃昌国族;
唐史积世公卿。

春秋祭祀彰先德;
科甲芳起有后贤。

骑紫马直上天台,于今勋名显着,
平辽金而安宋室,至此功史犹香。

以上各联为福建仙游盖尾"凤阿"前连连氏宗祠楹联。

和气致祥重福泽,
祖宇典祀衍家声。

永光门第百年惟礼乐,
传训儿孙万代有箕裘。

连氏子孙遵成古圣贤礼乐,
祖祠儿女序一家世代源流。

连战挥毫题词："中山美陵"

以上三联为广东大布"连氏和祖祠"楹联。

（三）连氏名人题写诗词、楹联

中国国民党原主席连战大陆之行题词，所蕴含的游子之情，展现的国学底蕴，让人们感受到中华民族文化的强大凝聚力。七次题词分别为：

西安兵马俑：

游秦冢而悯万民；

跨海峡为创双赢。

北京故宫：

昔日禁城百年沧桑难回首；

今日故宫几番风华齐向前。

横批：继往开来。

老舍茶馆：

振兴茶文化；祥和两岸情。

南京总统府：

和平奋斗救中国。

中山陵：中山美陵。

黄浦江：

滚滚黄浦南流水，

浪花造出英雄。

上海博物馆：

观青铜而兴思古之幽情；

赏画展再悟渊源而流长。

在龙岩重建新落成的连氏宗祠里，耸立着24尊石柱，每尊石柱上都镌刻着联句，共有12副楹联，都蕴含着人所共知的哲理，或鲜为人知的史实，成为许多来宾询问的热门话题。

在宗祠大门口上首，镶嵌着青石板材雕刻的"连氏宗祠"大匾额，门口两侧青石立柱上的楹联为：

源承上党家声远；
派衍昆庵世泽长。

这是福建省连氏委员会常务副会长、龙岩昆正连氏宗祠修复理事会会长连钧文撰写的。其寓意为龙岩连氏源于山西上党郡，繁衍发展于昆庵公之后。据谱载："龙岩连氏始祖谦，字伯嘉，先居龙溪（今大田县）之魁城，因游学龙岩，为庠学长，爱山川之胜，遂家焉。"其二世祖名寅，四世祖名梦魁，荣登进士榜，然而人丁稀少，世代单传至九世祖名瑛，号昆庵，生六子，始六门分派，"迨后甲第蝉联，家声丕振，肇于公也"。

从大门进入祠堂下厅，迎面一副楹联为：

中原先祖集华夏文明开基上党；
平寨后裔承宗族家风创业环球。

这副对仗工整、寓意深远的联句，是出自迁居深圳的族人连果义的手笔。连果义宗亲早年毕业于清华大学，曾服务于军界，改革开放后参与深圳特区的经济建设，成为闻名一方的企业老总。受到家乡优良家风熏陶，又有在国际大都市创业的特殊经历，使他得以穿越历史时空，以精练的笔触描绘了连氏子孙传承华夏文明，从上党迁居各祖居地，又迁居世界各地艰苦创业、繁衍生息的历史进程图。

穿过天井，步入大厅，堂名为"追远堂"，堂中撑四根石柱，属古建筑的"四点金"结构。

内柱头嵌入堂名：

追思吾祖留懿范功垂乡里；
远怀前贤立良图德衍家声。

连敏题字

饮水思源，不忘老姚。
上党雪阳，一家兄弟。
精诚团结，世代牢记；
本是同根，莫分彼此。

祝贺
上党连氏族谱集锦出版

连敏
一九九四年仲夏书

外柱楹联为：

知书晓义启智廉立德明礼；
蹈规履信修身自律抱淑守贞。

这是退休中学高级教师连天良撰写的。他高度概括了中国传统的道德准则和为人之道，也是他一生为人师表对宗亲和后人的谆谆教诲。

宗祠的左厅为"义姑祠"，用石雕姑侄俩立像，像前香雾缭绕。

厅前一副对联写道：

抚孤侄高风亮节力挽先祖一脉；
报慈恩炬烛馨香垂祭义姑千秋。

这里迸述的是明代（宣德、正统年间）七世义姑名素贞，时值父母双亡、兄嫂并逝，侄儿一则十龄，一则襁褓（后夭折）。在此危难之之际，"幸义姑天性仁孝，守贞不字，亲虽姑侄，恩同母子，励志抚育，综理家园。保全连氏恩莫大焉"。后义姑卒，葬于祖坟山内。为纪念义姑，先祖于祠堂左特设一龛祭祀，并立传以垂后裔。在重建宗祠时，族人亦遵祖训建有"义姑祠"，让千秋万代永志不忘。

宗祠右厅立"功德碑"，用青石板雕刻

曾为重建宗祠有贡献的许多宗贤名字和影像，为着重表彰连金明、连仁荣、连城炳三位宗贤捐献巨资作出突出贡献，使后人牢记他们的功绩，特撰一联，镶进三位宗贤大名于堂前石柱：

金碑撰仁孝堪称东城一范；
明堂写荣光理应彪炳三贤。

在另外六副对联中，有尊宗敬祖的：

春秋祭祀彰先德；
英豪辈出起后贤。

香烛高烧青烟缭绕喜迎先祖驾鹤至；
昆仲顶礼裔孙踊跃跪请家宗尝饷来。

有应景歌颂太平的：

长街宽坦车马驰骋追日月；
雅堂清净童叟嘻戏乐晨昏。

菩提树绿内隐黄鹂歌声暖；
华堂栋高上宿江燕携雏归。

有表述祠堂地理位置和朝向的：

坐辛向乙兼戌辰背倚州龙后土；
面东偏南得四水门环东津长流。

还有一副为藏名联：

金书一册载族谱，

明堂二进祭家宗。

以纪念连金明宗贤独资 15 万元捐建门楼。

以上除四副注明撰联人外，其余皆是连隆柏所撰。

（选自《中华连氏》2006 年第 4 期连隆柏"楹联引路话今昔"）

（四）轶闻掌故

轶闻逸事，民间掌故，虽说难作信史，但对于作为"平民史册"的族谱家乘来讲，也有一定的借鉴作用。在连氏各个宗支流派中都流传着一些与连氏历史密切相关的轶闻掌故。

"一姓源三氏，一祠祭三祖"

在广东省揭阳市区新兴办事处有一座建于明代的"邢氏宗祠"，是潮汕区 9 县

（广东揭阳）邢连颜一本祠

27村及海外邢、连、颜三姓11万人共同祭祖的宗祠，是中华连氏发展史上绝无仅有的"一姓源三氏，一祠祭三祖"的"一本宗祠"。其背后隐含着福建连氏发展史上一段曲折，辛酸的历史。

据1958年重修"一本祠"时发掘的碑文记载，早在"春秋"时，连姓有人来揭阳落籍，原为朝中大官，因故被朝廷杀死，其三子惧灭族之祸，逃往大浦。后留一人在大浦，仍姓连氏。二人回揭阳，分别改为与"连"音相近的"邢"、"颜"二姓，此为"邢、颜、连"三姓同源共祖的历史来源。

在仙游《连氏族谱·连氏迁潮史略》中也有相关类似记载。称连氏始于夏，至于"春秋"宋徽宗时，有连重岩裔孙始迁潮阳之北练江，后迁练江之南，为司马浦大布连氏不祧之祖。谱载连重岩五代时官拜"军机大臣"，公有三子，季子与赵锦代乱，事泄失败，避难它乡，后以邢氏为俗姓；长子游涉广东异地，改姓原，后为颜氏，次子以连为姓。这是"邢、连、颜"同为连姓的又一版本。

值得注意的是"连重岩五代时官拜军大臣"令人费解。因为"军机大臣"一职是清代才有的官职设置，五代十国时无此官名，显然有误。经查吴仁臣所著《十国春秋》记载，五代十国时位高权重、执掌军国大权的连姓人物，只有闽国开国元勋连重遇其人，后在闽王诸子的争位内讧中被杀，招致灭门之祸，子孙后裔下落不明。其生平事迹，官职地位与连重岩相同。

据此推断，笔者认为族谱中所说"连重岩"其人即连重遇之"音转字讹"，连重岩即连重遇其人。而族谱和碑文中的"春秋"一词，实是《十国春秋》的漏记、误记。这样我们就有一个清楚、明晰的解读：

潮汕、揭阳地区"连、颜、邢"三姓的始祖连重岩，即是《十国春秋》中闽国元勋连重遇；"连、颜、邢"三姓同为连重遇后人，同为连氏一脉传人。"连、颜、邢"三姓同源共祖"一本同宗"的历史之谜就可迎刃而解。

同样，对于广东惠东县大岭镇澄溪塘仔口村的《连氏族谱》中"连、颜、运、车、轰，自古无二姓，五姓皆同宗"的记述，也就可以找出合理的解释。即："颜、连、运、车、轰"五姓，均为连重遇后裔。"颜"为"连"之转音；"运"为连字头上加宝盖，即连姓之隐姓埋名；"车""为"连字去"走之底"，即连姓人逃匿播迁；"轰"为三车同行，意为连氏三兄弟一起逃走，相依为命，血脉相连。

《中华连姓》彩报创刊

这样，通过对"颜、连、邢"三姓同宗，共建"一本祠"的轶闻，和"连、车、运、轰、颜"五姓同根的掌故的解读，使我们对福建、广东连重岩（遇）一支连氏的历史渊源和支分派别，就有了正确的、合理的解读。

"一凤还三凤"，"凤阿"连氏有轶闻

"一凤还三凤"是福建凤阿"连氏"的一段轶闻，极其生动地反映了福建仙游前连连氏、惠安坝头连氏、德化格头连氏，同源共祖，支分为三的历史渊源。

据族谱所载，福建凤阿连氏的十世祖

连恺为连总之子，世居河南光州固始，为唐乾符年间（874年）进士，擢为常州尉。广明元年（880年）任叶州通议大夫。黄巢起义后北方动荡，弃官避乱，奉双亲入闽，卜居福州府闽县。

传至第九代治公（字国宾，号素庵，生于宋高宗建炎丁未年）少习韬略，隆兴间（1164年）征辽乱有功，封散骑尚侍、镇南将军，再升任吉侯，孝宗朝加封右丞相兼护国大将军，妻孔氏封镇南夫人，一品夫人。因佞臣变乱朝纲，三谏不纳，遂退隐于兴化仙游云顶山北卜居。

连治为建府第,清仙游沙园堪舆家陈郎仙择地建造。此地为"飞凤临田"之势,命名为"连坂"。经三个多月紧张施工,府第建成。

陈郎仙极爱吃腱(鸡胃),主人天天杀鸡而餐桌上却不见鸡腱,陈郎仙内心不悦,就故意建议在府第一侧挖口莲花池。

孔夫人乐善好施,在府第建完后的前一天,办了几盘礼物先遣人送到陈郎仙家中。陈郎仙刚进家门,其妻笑着说:"你这辈子无须再食补了!"他问:"为何?"她说:"你已吃了一百只鸡,还不够吗?"他说:"你怎么知道?"她捧出盛有一百个鸡腱的盘给他看。他看了大吃一惊说:"惨了!我挖一莲花池刺破凤嗉囊,风水已随之而破,这家不久就会灭绝!"他妻子急问:"有办法补救吗?"他说在上梁谢土前赶去,否则就来不及,就连夜赶往连府。此时连府正在张灯结彩,就要上梁谢土了。看到他匆匆赶来,急问何事如此慌张,他忙把原因说明,要连府的人速速搬离。

连治闻言并未责怪他,叫家人速速搬离新府第,并把此府第送与跟随他多年的佣人史家。

陈郎仙看到连治如此宽宏大度,就向他说:"你有三个孙儿,我不期破你一凤,但定要还你'三凤'!"他就此到处去找"飞凤"穴。最后在仙游前连、惠安坝头、德化格头分别找到三头"飞凤"。连治长孙连钺往前连;次孙连钊往坝头;三孙连锡到格头。形成"三凤"鼎立之势。三地连氏裔孙亲如一家,皆以"凤阿"为灯号,自称"凤阿连"。

连氏失"一凤"而得"三凤",遂成望族。

注:坝头第一代始祖钊公,字兆钦,应祖公次子,宋右丞相兼护国将军讳治公之孙,生宋孝宗淳熙壬寅年(1182年)正月十五日午时,姚莆氏生淳熙壬寅年五月廿三日丑时。公自宋嘉泰年间(1201年~1204年)仙邑唐安连板迁居于此。胥宇之功奕世永赖。

"偷来神像建庙宇"

台湾自古以来就是中国领土,台湾连氏根在大陆。有关福建坝头龙凤宫祖庙创立的一则轶闻,就生动地记述了这一渊源。

1992年3月,台湾省苗栗县竹南镇"龙凤宫"连氏组团来大陆寻根探祖。到达泉港区坝头龙凤宫时尚未落座,就问在场的接待人员:"你们这座龙凤宫有规定什么物件不能上供拜祭的吗?"接待人员当即回答"我们这座宫,鹅和鸭是不能用来上供祭拜的"。台湾同胞马上欢呼起来："总算找到了真正的祖庙。"

原来他们的"龙凤宫"是从大陆分香的,供的主神也是"唐公"、"妈祖"。流传下来是不能用鹅、鸭当祭品。为了找到祖庙,已经在大陆访问了很多龙凤宫,但皆无此禁忌。相隔数百年,要找到真正的祖庙只有这唯一的根据。

坝头龙凤宫为什么不能用鹅、鸭当祭品呢? 这里面有个传说:

宋朝时,坝头外坑村有个小商贩,一次从莆田忠门买好鱼脯(小鱼干)返回时,突然乌云密布,雷声轰鸣。眼看一场"西北雨"就要到了。鱼脯干如果被淋湿了就会发霉,变质。小商贩急忙寻找避雨的地方。但这荒山野岭没有人家,焦急中猛然看到不远处有一个小庙,就三步并成两步躲了进去。

这时外面雷鸣电闪,狂风夹着大雨倾盆而下。小商贩躲起来向上面的神明默默祈祷:保佑一路平安,鱼脯好销。两尊木雕的神像很小,但俗话说"佛显何须大",信徒谢恩的神帐挂了一层又一层。小商贩从神帐上知道这两尊神是"开闽王"和"太保公"。隔不多久,雨过天晴,他就向神明拜别,搭船回家。

顺利到家后,本来要卖三、五天的鱼脯一天之内就销完了。小商贩喜出望外,认为是小庙里的神明保佑的。第二天又往莆田进货时,特意先到小庙烧香。自此,他的生意非常兴旺,当然他也更不忘去奉敬神明了。

一次,小商贩点完香后,心里想:神明这么"显",如果能愿意让我请到家乡奉祀该多好呀! 于是他就祈祷说:二位神明如果愿意,让我请到家乡奉祀,就敬请赐"三信杯"。果然连卜"三信杯"。他就扯下两条神帐,把两尊神像小心裹好,放进婆筐,挑起来就往码头赶。可这些举动恰好被不远处一个放羊的小孩看到,他回家后向大人们说:"我们庙里的菩萨被一个挑鱼脯的人偷走了。"村里的人马上追了出来。

这时,小商贩坐的渡船已到半海,村里的人就驾船猛追,边追边喊,叫前面的渡船停下。小商贩顿觉不妙,就偷偷地把两尊神像从船边放下海。后面的船刚好赶到,把全船搜个遍,也没有发现神像。渡船上的客人都帮着劝那些人说:"这是敬神明的事,谁奉祀都是一样。何况没有证据,也就算了吧!"那些人只好回去了。

小商贩以为两尊神像已沉入海里,心里一直在忏悔,求神明原谅。渡船继续往前走，突然船边出现一只鹅和一只鸭，一直随船游着。待到沙格码头上岸时，小商贩下意识地一看，鹅和鸭却变成了那两尊神像在码头边上，他喜出望外，赶快将其请进篓筐，一溜烟跑回家。到家后，小商贩在祖厅壁上临时凿了个神龛，把神像安放进去，非常虔诚地奉祀了起来。

邻居们听说了这事，纷纷前来参拜。神明很"显"，信众日多，小小的祖厅根本容纳不下。信徒经过商议，就把两尊神像移往山上一座叫"刘官社"的小庙安放。"庙小神明灵"，数十里内外的信徒都闻名前来，香火大盛，小庙又显然无法容纳了。

几个村的头人商议后决定要建一座大庙。可是一直找不到合适的地方。

清朝康熙年间，有一年七月廿二日唐公（指开闽王）生日。弟子们杀猪宰羊忙着备办祭品。这时，一只大肥猪刚刺完血，人们正忙着倒水脱毛，这猪却突然跳起来狂奔。众人一声惊呼就群起而追之。可那猪还是连滚带爬地往山下冲，一直到草埔尾跑了一圈后才倒在一片石壁下，而且状若祭品。人们上气不接下气地追到这里，你一言我一语议论纷纷，有的说："这猪还没有死绝，又醒过来跑。"有的说："这是怪事。你们没看到刺了满满一桶血，它怎么

可能不死？"其中一人灵机一动，说："我们一直找不到建宫的地方，你们看这地方背山面水，前程开阔，这猪倒卧此处，又状若祭品，可能是唐公暗示我们在这里建宫吧？"众人听了觉得有理，就在神像前卜信杯，结果又是"三信杯"。

建宫的事早已蓄势待发，宫址就定在猪跑的范围内，各地信众同心协力，不久一座"皇宫式"的宫殿就落成了。

新建的宫殿高大宽敞，就把过去坝头溪的对面山上，一座将倾颓的宫里所奉祀的妈祖、文武尊王及其他一些神明一同迎入奉祀。因主神是开闽王属龙，天上圣母属凤，所以称为"龙凤宫"。又因为"开闽王"和"太保公"二尊神明是化成鹅和鸭随小商贩来的，此宫理所当然不能用鹅和鸭来当祭品了。这种禁忌也一直沿传至今。而原来供奉过两尊神像的祖厅和小庙，至今尚存。

这一轶闻逸事，听来有点荒诞不经，但在台湾苗栗连氏族人中却广为流传，坚信不疑，并借此在祖国大陆找到了他们的根祖之地。可见在民间轶闻逸事，甚至神话传说中，也有其科学的历史参考价值。

（据林如碧等人讲述整理）

叁 人文篇

中华连氏

四　血浓于水　故土情深

"敦宗睦族,报本思源",是中华民族固有的传统美德,也是连氏宗族文化的一大特色。20世纪80年代以来,随着全球寻根热的兴起和国内改革开放的深入发展,以"寻根文化"和经济开发为主导的连氏宗族文化有了长足的发展,旅居海外的连氏侨胞和港、台同胞,情怀故土,归国寻根。

1985年秋,旅居新加坡的实业巨子连瀛州先生前来北京,辗转托人找到祖籍上党的《人民日报》社原评论员连云山,托他寻求上党连氏之根。1986年2月,连云山先生回到阔别多年的上党故地,进行考察调查。在当地文史工作者的陪同下,走访了襄垣、沁水等多个村庄,找到了被弃置多年的、载有上党连氏历史渊源的《大周飞骑尉连简墓志铭并序》,发现了一部从元朝开始记到1937年的《连族谱牒》,为中华连氏源于上党找到了有力的历史证据。嗣后连云山先生又撰写了很有份量的考证文章《中国大陆连姓氏族源流考·山西上党连姓氏族源流考》和《三千年亲情一脉传》,从而开启了连氏研究之端。之后,上党襄垣连氏、忻州新路连氏、福建连氏族人及部分专家学者,也加入了连氏宗族文化研究的行列,搜集整理连氏族谱资料,修复连氏宗祠祖庙,组成各种名目的连氏宗亲社团,召开连氏宗亲联谊会和学术研讨会,编撰出版有关连氏研究的论文、书刊、内部资料,而国民党原主席连战的三次大陆之行,更把连氏宗族文化研究推向了高潮。

(一)宗亲社团　相继成立

据"中华连姓源流研究会(筹备会)"创办的《中华连姓》(内部刊物)介绍,目前在山西、河南、海南、福建、浙江等省市,已成立了各种名目连氏宗亲社团,开展宗亲联谊及学术活动,成为弘扬中华连氏宗族文化的基地。

山西省襄垣古上党连氏文化研究会

"古上党连氏文化研究会",经山西省襄垣县人民政府民政局批准,于1994年11月3日(农历十月初一)正式成立,并在襄垣县人民政府招待所召开了第一次"古上党连氏联谊大会"。参加会议的有来自上党(长治市)13个县区及襄垣30余个连氏聚居村的代表89名,襄垣县政协、统战部门的领导也参加了会议。连德先宗亲在会上作了关于连氏研究的学术报告。会议圆满成功,取得了预期的效果。

　　"古上党连氏文化研究会"成立后,进行了积极的努力,与全国各地的连氏宗亲进行了广泛的通讯联络。研究会为连敏《上党连氏族谱集锦续集》、连钧文《中华连姓》及其续集提供了翔实的资料。连安喜、连兴华、李天保于 2000 年 9 月 25 日参加了 "新路连氏宗祠修复落成庆典大会";连海安、连宏伟于 2004 年 11 月 6 日参加了福州《中华连姓》续本首发式暨首次连氏宗亲恳亲联谊会";连宏伟、连维俊于 2005 年元月 5 日参加了 "福安秦溪连氏宗亲总会成立大会"。1993 年,南丰沟连福全接待了福建同安连玉文宗亲;2000年,接待了忻州连旭升、连福贵宗亲;2000年 7 月 13 日,接待了福建龙岩连益治宗亲夫妇;2002 年,接待了福建永泰连长顺、连峰、连诗木宗亲。2005 年 9 月,又接待八省市宗亲代表共 27 人组成的上党祖地考察访问团。到目前为止,已与广东、福建、海南、内蒙古、山东、浙江、广西、河南、江西、陕西等省市的连氏宗亲取得了联系,就中华连氏宗族文化研究,加强连氏联谊,促进连氏社会经济、文化繁荣昌盛,进

古上党连氏文化研究会第二次会议会场

《中华连氏之根》首发式会场

行了积极有益的探讨。

2006年,"古上党连氏文化研究会"又编撰刊印了连有根策划、连德先主编的《中华连氏之根》一书(内部资料),收录了连有根、连云山、连磨纯等六篇研究成果。会长连有根先生还编制了大型书画专集《连源掇锦》,拟正式印行,弘扬上党连氏宗族文化。

海南省连氏宗亲联谊会

"海南省连氏宗亲联谊会"成立于2004年9月29日。在海南各地连氏宗亲的热情支持和省外连氏宗亲的帮助下,遵照联谊会宗旨,广泛联系海内外连氏宗亲,积极开展各项联谊、联络活动,充分发挥了联谊会的桥梁纽带作用,主要做了以下几方面的工作。

其一,广泛联谊,拓宽交流渠道。联谊会曾派连式林、连第盛、连金章、连陈燕等宗亲参加在福建省福州市举行的《中华连姓》(续本)首发式暨首次大陆连氏宗亲恳亲联谊会、福建省福安市秦溪连氏宗亲总会成立大会,及在福建省泉州市泉港区坝头连氏家庙召开的福建省连氏源流研究会第二次筹备会;参观仙游前连村凤阿连氏宗祠,拜谒仙游宋代右丞相连南夫墓;向福建省连氏源流研究会筹委会捐款2000元。凡此种种,进一步拓宽了沟通交流渠道,提高了海南连氏宗亲联谊会的知名度。在2004年成立的中华连姓源流研究会筹备组中,连介德被聘为研究会筹备组顾问,连式林被推选为研究会筹备组副组长。

其二,关怀宗亲,增进友情。联谊会成立以来,加强了宗亲之间的交流与交往,通过一系列具体活动体现了联谊会的关怀。2005年2月6日,在连式林会长的安排下,连第盛、连凤溪、连开环等到东路镇西坡村、抱罗镇大学村、清兰镇官园村、三江镇赤土村慰问了7户连氏孤寡老人,给他(她)们送去礼品和慰问金,这些老人很受感动,纷纷表示感谢海南连氏宗亲对他(她)们的关心。2005年5月,名誉会长连庆良带领连第盛、连开仕、连志豪、连开环、连开雄、连魁东、连及全等前往各乡村慰问连氏宗亲,并介绍了连战先生访问大陆的有关情况。秘书长连志豪还通过各种方式搜集整理了连战先生大陆之行的相关资料,复印装订成66册送给连氏宗亲阅读。在清兰镇官园村,名誉会长连庆良

慰问了连氏宗亲特困户连弈校并捐款1000元,资助连弈校的姐姐连玉梅500元。同行的连第盛、连开环、连进顺、连及全、连志豪等也为连弈校及连玉梅老人捐款,合计600元。之后,大家还到西坡、坡上、厚墩等村了解了连氏宗亲的生产生活情况。到厚墩村详细了解了"一口大坛"故事的来源。此外,对岛内宗亲的喜庆之事,联谊会积极组织各地连氏宗亲前往祝贺,从而增进了宗亲之间的感情。

其三,信息交流、促进发展。在名誉会长连庆良和秘书长连志豪的资助下,由连志豪负责编印了《海南连氏》内部刊物,为进一步沟通和交流起了积极的作用。为了便于海内外横向联系及省内连氏源流的考证,联谊会常务扩大会议决定出版《海南连氏》专刊,由连式林任组长、连第盛任副组长,此项工作得到各地连氏宗亲的大力支持,资金由连荣良、连玉梅、连式林三位宗亲筹集。刊物由连第盛、连凤溪、连进顺、连魁标负责,他们深入连氏聚居的乡村搜集图片、整理资料,在海南《海风》出版社的鼎力支持下,《海南连氏》专刊已顺利出版,分发至海南连氏宗亲每个家庭,以方便宗亲之间的信息交流。

福建省连氏宗亲联谊会(连氏研究会)

福建是连氏人口最多的省份,也是较早开展连氏文化研究的省份。20世纪90年代,连敏、连钧文等人就开始收集连氏文献资料,发表论文,先后印行了《上党连氏族谱集锦》,《中华连姓》内部专集,嗣后又推出了《中华连姓》续编。

2004年11月,"福建连氏宗亲联谊会(连氏研究会)筹委会"成立,经过一年的准备,于2005年10月23日,召开了福建省连氏宗亲第一次代表大会,正式成立了"福建省连氏宗亲联谊会(连氏研究会)",推选连成文为会长,拟定了今后五年的工作计划。

联谊会成立以后,做了大量工作,举办了连横学术研讨会,创办了《中华连氏》内部季刊和《连氏资料信息交流网站》,发表了一批研究文章,并着手筹备编撰《福建连氏统谱》。该会还利用福建省连氏人口众多、与海外连氏华人关系密切的人文资源和地理优势,在一些县、市组建了分支机构,组成了一个庞大的连氏文化网络,开展了多次宗亲联谊活动,也接待了连战等一批著名的港台连氏同胞和海外连氏华裔侨胞,对于推动海内外连氏宗族文化交流做出了重要贡献。

福建省连氏宗亲会成立大会合影

连氏宗亲在忻州新路村连氏宗祠合影

山西忻州市"新路连氏宗亲联谊会"

"新路连氏宗亲联谊会"的前身是"新路连氏文化研究会"，成立于2000年9月。五年来，围绕"弘扬祖德、敦睦宗谊、相互沟通、共谋发展"这个主题，新路连氏宗亲联谊会开展了一系列文化研究和宗亲联谊活动。通过修复连氏宗祠，焕发出了"团结、奉献、建设"的新路精神，提高民族自信心与自豪感；通过重修《新路连氏族谱》，加强了中华连姓的相互联系，把新路连氏推向全省，推向全国，提高了新路连氏的知名度和影响力；通过举办一年一度的祭祖节，增进了宗亲情谊，增强了宗亲凝聚力，推动了连氏事业的健康发展。2005年2月24日（农历乙酉年元宵节），来自忻州、原平、宁武、代县四县（市、区）二十多个村子的新路连氏宗亲代表欢聚古城忻州，参加"新路连氏宗亲联谊会"成立大会，一致推选连旭升为理事长，连福贵、连智军、连体义、连庆昭、连亮明、连喜明、连贵良、连文明、连晋华为副理事长。新路连氏文化研究揭开了新的一页。

浙江省乐清"峃前连氏总会"

"峃前连氏总会"成立于 2005 年 3 月 15 日。福建省霞浦县沙埕，浙江省瑞安、温岭、五环、德清和温州市的各地宗亲代表 200 多人，都参加了这次盛会，并推选连新飞为第一届会长，连新尧为顾问，连瑜为秘书长。总会积极开展征集族谱资料。及宗亲联谊活动和文化活动。

此外，河南新郑、禹州等地也成立了连氏宗亲社团和连氏文化研究机构。

（二）同气连枝 根脉相通

中华连氏作为五千年的古老姓氏，枝柯遍布，九州生春。然而同气连枝，根脉相同。近年来，连氏族人在构建和谐社会，弘扬中华文化的大潮流中，因势利导，联手出动，在连氏族人集中聚居的地区，开展了大规模的社会调查、祖地寻根、宗亲联谊、资源共享等一系列活动，把连氏文化活动推向了一个新的高潮。

其一，组织各地连氏宗亲对连氏发端祖地——上党地区进行了全面系统的考察访问。

由《中华连姓》报道组撰写的《中华连姓宗亲上党祖地考察访问记》详尽地记述了这一考察访问的全部过程。

《访问记》称：2005 年 9 月 10 日至 15 日，由中华连氏研究会筹备工作组顾问连云山、组长连钧文及八省市宗亲代表 27 人组成的中华连姓宗亲上党祖地考察访问团，历经 5 天，先后考察访问了山西省长治市区、襄垣县、沁源县及忻州市。考察访问团所到之处，受到当地政府主要负责人及祖地宗亲的热情接待，访问取得圆满成功。

据《访问记》所载，这次考察访问活动的日程安排和主要内容如下。

①参观古上党门

9 月 11 日上午，原长治市政府办公室负责人连玉林宗亲带领考察访问团参观位于长治市区的古上党门。上党门为古上党郡（后为潞安府）衙署的大门，是古上党的象征。中华连氏自古以"上党"为郡望、堂号，作为连姓族人，来到这里犹如回到先祖家门口，备感亲切和激动。据当地志书和竖在上党门前的碑文记载，上党门始建于隋开皇年间（581 年～600 年），有近 1500 年历史。早在唐玄宗李隆基任潞州别驾时，就在衙署增修飞龙宫、德风亭、翠云轩等建筑群。衙署最盛时，门内亭堂、楼宫

连战在台南柳营乡笃农村(小脚腿)祭祖时与族亲在明圣殿合影

计二百八十多间，可惜元代均毁于战火。现在看到的上党门和钟楼为明洪武年间重建，鼓楼则为明成化七年（1471年）所建,故看来左右钟楼略有差异。上党门门厅与楼台高低错落，交相辉映,极具观赏和文化价值。游人登楼远眺,长治城廓尽收眼底,遐思无尽。上党门早在1960年6月就被长治市列为省级重点保护文物。

②寻根阳泽河

9月11日下午，考察访问团马不停蹄，驱车前往中华连姓的发祥地——襄垣县阳泽河村。中华连姓始祖齐大夫连称"葵邱著迹,上党开宗",经考证连姓发祥地当在阳泽河村。该村地处襄垣城西北郊十几公里的开阔山坡，地名桃树林,此前原有一条阳泽河,20世纪50年代经拦坝成为库区,今已不见河流。原有的宗祠被水库淹没,至今尚未修建。该村的连宏伟宗亲只好把大家领到村部一间空房里设立的祖灵牌前祭拜先祖。祭拜完毕,宏伟

宗亲说,新宗祠地基已敲定,正筹划动工兴建,希望族人共襄盛举。考察访问团成员当即往功德箱内捐款,略表心意。相信不久的时候,阳泽河的宗亲将在新宗祠迎接更多来访的骨肉亲人,以满足他们在发祥地拜谒先祖的意愿。

③"上党连祠"祭先祖

襄垣县城西郊的南丰沟村连氏是阳泽河的分支,现有裔孙六百多人,是古上党较大的连氏聚居地。南丰沟村的宗

祠——"上党连祠"是上党地区唯一保存至今的连氏宗祠。

"上党连祠"建于明代万历三十二年(1604年),清代修过两次,民国初重修一次,此后尚未再修,看来比较破旧。但由于是建在五米高的石条台上,倒显得宏伟古朴。考察访问团一行拾级进祠,便看到正厅"报恩堂"的龛台上一字排列着连称、连公、连简、连总、连肇、连愿、连育(肩)吾、连楹等连姓先祖名人的灵牌。钧文组长引

各地连氏宗亲在襄垣南峰沟连祠合影

连氏宗亲在发祥祖地阳泽河村合影

领大家持香在堂前肃立并行三拜三叩首祭礼后，与连瑜两人应主人邀请，挥毫题词留念。听主人介绍说，宗祠已规划进行重修并在旁边空地上增建一个纪念馆。与阳泽河一样，全体考察访问团成员当场向宗祠捐款。下午3时，宾主在宗祠前合影后，考察访问团匆匆赶往"凉楼"。

④考察参观"凉楼"规划开发区

在襄垣县博物馆馆长李天宝的带领下，考察访问团来到与南丰沟仅隔1公里的南丰"凉楼"古文化旅游开发区。这里有座罗林山（又名南罗山），是漳河流域河洛古文化的发祥地。考古专家认定襄垣盆地是殷墟卜辞中所载的"黎国"。明《潞州志》云："黎在周亦为诸侯国，黎为不道，西伯戡之。"约在公元前1033年西伯带兵攻进黎国后，指挥中心就设在漳河以南的南丰一带。周文王、姜太公在这一带驻扎期间，他们常登罗林山顶的观象台（也叫通天楼，元时叫凉楼）夜观天象，研究天文历法，发现南罗山的地貌特征是一个先天生成的太极八卦图形，是一块风水宝地。这一带尚有佛教圣地兴福寺，道教圣地东岳庙遗址，还有炎帝、文王、法显和尚、郭子

仪、黄庭坚、察罕那延、刘龙、连楹等人涉足于此的神奇传说，文化积淀相当丰厚。更有当代朱德、彭德怀、杨尚昆、左权等老一辈革命家抗日战争时期留下的动人事迹。由于有如此丰富的旅游资源，襄垣县政府十分重视，成立了凉楼旅游区开发筹建处。经专家论证，已制定景点规划。中华连姓开宗纪念地——上党连祠被列为景点之一。在南丰村，李馆长特地带大家参观了该村连树文宗亲家中设立的文物览室。树文宗亲酷爱当地文物收藏，不辞劳苦、不惜代价，足有上百件珍贵文物陈列在室中。考察访问团的宗亲看了深受感动，也深为古上党有树文这样的宗亲及其成就感到荣耀和自豪。

9月13日上午，襄垣县政协特为考察访问团的到来召开联谊会。出席座谈会的有李安清县长、政协李海保副主席等党政主要负责人及上党地区宗亲近50人。李县长首先致欢迎辞，介绍了当地经济情况和今后发展规划，着重谈到襄垣地广人稀，土地资源和煤矿资源丰富，具备发展条件，县里将以优惠的政策诚引各地企业家和连氏宗亲来这里投资办企业，以促进上党地区经济发展。接着云山、钧文宗亲先后发言，对主人表示衷心的感谢，并谈

了个人的感受。祖地宗亲代表和考察访问团的其他成员随后纷纷发言，两小时的座谈会开得很热烈，很融洽，很成功，确实令人难忘。会后，与会人员在县政府大院留下了很有纪念意义的合影。

⑤陪云山宗亲回家看看

祖籍上党、长期工作生活在北京的云山老宗亲年已八十。他不但为筹划组织这次考察访问做了大量工作，还坚持参加各项活动。9月13日下午，考察访问团特地前往沁源县沁河镇南石渠村，云山老宗亲的老家就在那里，大家很高兴地陪他老人家回家看看。云山老宗亲16岁离开家乡，参加抗日战争、解放战争和抗美援朝战争，担任《人民日报》军事记者、评论员，长期工作在京城，很少回家乡。家乡亲人得知云山宗亲带领中华连姓宗亲上党祖地访问考察团来，更是喜出望外，南石渠村主任连文忠亲临迎接。

南石渠村现有连姓350多人，始祖于明永乐年间迁自阳泽河村。该村是一个典型革命据点村。抗日战争时该村连姓宗亲英勇顽强抗击日寇，惨遭日寇"三光"政策摧残，有不少人投入抗战和革命队伍并献出宝贵生命，但也有不少活下来的人当今成了名人或高级干部。如连云山（退休名

中华连姓宗亲上党祖地考察访问襄垣联谊会

连氏宗亲联谊会在襄垣政协会议举行

记者、学者)、连跃庭(退休海军中将)等，另悉今内蒙古自治区副主席连辑等人也是本村出生的。

连老今天心情特别激动，他带大家几乎走遍整个村落，并且边走边介绍童年发生的往事。他指着一幢年久失修的土墙瓦房说："我就出生在那间房里。"走到一个土坡前，他又指着一个洞口说："看，那是我童年住过的窑洞……"

南石渠距沁源县城不过几公里，但看来经济条件不好，比较贫困。小学校舍破旧不堪。2001年以来旅外乡亲心系故里，先后捐款资助在村头修筑了通外界的沁河水泥桥，盖起了村部楼房和一座教学楼。要想富，就是要先筑桥开路，办教育。相信南石渠村人一定会齐心协力，发扬革命传统，为建设美好家园努力奋斗，并取得成功。

⑥顺访晋北新路连氏

9月15日，考察访问团应忻州市连旭升宗亲的邀请，长途跋涉前往晋北较大的连氏聚居地——忻州市新路村访问。

新路连氏始祖玉公,明洪武国子监助教(建文太子的老师)。初步考证,很可能因连楹南京金川门靖难事件株连,玉公于永乐年间弃官之后辗转从上党隐居新路村。今传24世,人口近千人,新路村成为晋北较大的连氏发祥地。清代这里有很多人"走西口"移居内蒙古。考察访问团到达新路已是傍晚,早已等在村口的村干部连智军、连福贵宗亲热情与大家一一握手,该村的宗亲,男女老幼夹道欢迎,迎接的场面并不亚于上党祖地。大家进入两年前新修的宗祠——"玉公堂"。堂前大院鲜花盛开,宾主一边参观一边交谈,又是拍照,又是题词……

当晚,宾主共进晚餐后,考察访问团告别新路驱车进入忻州市区。至此,中华连姓宗亲上党祖地考察访问团活动结束。这次活动圆满成功,意义深远,为中华连姓史册增添了颇有纪念性的新篇章。

(原载《中华连姓》2005年第4期)

其二,对全国连氏、特别是上党连氏、闽、粤连氏的源流支派、人口分布及人文历史资源进行了深入的社会调查。

早在20世纪90年代,福建的连敏、连钧文先生就率先开展了此项工作。通过实地走访,信函联系收集到了大量的连氏资料,并在此基础上撰写了《上党连氏族谱集锦》、《中华连姓》书稿(2000年3月内部印行),及《中华连姓续编》,理出了中华连氏发祥发展、迁徙分布的基本脉络,虽说尚有不足之处,但开创之功实不可没。嗣后福建连氏宗亲会(连氏研究会)又着手准备编写"福建连氏统谱"使福建省成为全国连氏研究的先导和中心之一。

2005年连天雄先生又发表了"宋代福建连氏人文纪略",对南宋历史上福建连氏的源流支派及人文历史都有系统的陈述。该文称:

自西晋末年,中原战乱不止,士人南渡,一些衣冠之家也迁入福建一带,给当地带来了中原发达地区的政治、军事、经济和文化,使唐末五代的福建逐步与中原发达地区接轨。至宋代,由于北方战争频繁,民族灾难深重,靖康之难后随南宋偏安江南,政治中心南移。福建地处东南,无战事困扰,社会安定,官府倡兴文教,朱子讲学闽中,发达的刻书业等等因素,从而使福建成为南宋经济文化的重心地带,人才辈出,科举兴盛,无论鼎甲与及第人数都为全国第一。而连姓一族亦兴盛于宋代,登第者众多,如宋嘉定戊辰科(1208年)进士江西建昌连惠连、宋咸淳乙丑科

(1265年)进士浙江乐清连如琦等等。然而以福建连姓科第为最盛,且又主要集中在福州地区。

福州别称三山,宋时之闽县、侯官、怀安三县即属现在的福州市。翻开现存福建最早的地方志宋代梁克家《淳熙三山志》及《万历福州府志》,其中连姓登第者有23人之多,文科正奏名进士14人,特奏名7人,武举进士2人。这23位连氏先贤具有血缘关系,如连逢辰、连文瑜、连德嘉、连同之为兄弟行,系连总10世孙。连虞凤、连楸、连士首是连总11世孙,连琪为连士首之侄。又有连少嘉为连南夫6世孙等,盖皆连总之后也。

《三山志》所载连作砖者,也为连总之后。修于嘉靖壬寅(1542年)的大田连氏族谱,有三山进士许继所撰写的序言云:"总之后有曰作砖者,宋咸平中孙暨榜进士,仕至朝奉郎,曰康时者,宣和六年中沈晦榜进士。作砖女配晚唐殿中侍御史大夫刘文济之孙刘应嗣。是散居于古田、泉漳、建宁,闽中之连皆其裔也。"

其他史志书也可见到有关连氏先贤的踪迹,如《三山志》所载宋干道二年(1166年)进士连逢辰,嘉庆《新修江宁府志·秩官部》,记其曾任浙江江宁府通判(连南夫曾知此地知府事)。又有宋淳佑四年(1244年)进士连通,考诸宋《汀临志》武平薄题名:"连通淳佑十年11月到任,宝佑元年10月致仕。"宋绍熙四年(1193年)有进士连士登,字符龙,福清瑞岩过来桥边有"庆元丙辰(1196年)九月既望晋安连元龙"等楷书题名。连士登之子连世荣,字仁远。嘉定十年进士,榜籍侯官县。

宋代福州连氏蔚为大族,诸史志可证。福州市仓山濂浦(因闽江支流过此而得名)、连坂一带有连氏先贤的遗踪。连坂有唐代古桥,石梁面上阴刻一行楷字:"当境连满与妻林十六娘为所生父母造桥一所,愿家国平安同沾利禄,上元辛亥岁八月三日造",即是一证。然连氏的兴衰每每与鼎革、乱世兵燹息息相关。盖宋亡后宋幼主逃难于此地建行宫,连姓一族多赴义军追随文天祥勤王抗击元兵,连坂、连浦一带已然是元兵重诛之地,此后连氏子孙只好播迁异地。福州作为福建连姓的重大发源地,已是毋庸置疑。然而宋亡后福州连氏一族式微不显,盖或遁隐山林,或栖居水上,以至旧谱渐亡。但明清一代福州仍有连姓子孙举贡于乡,名载志乘。而从福州播迁往异地的连氏子孙则瓜瓞蕃衍,世纪绵长。

除福州一地,宋代福建连氏先贤如顺昌连潜、连茹,建安连舜元、连希元,龙岩连梦魁,安溪连三瑞、连三益等都擢进士第。

南宋时朱熹讲学八闽,闽学传播盛极一时,朱熹培养出了众多的理学名家。现存朱子 511 名弟子中,有连嵩卿者,恭忝其列。连嵩卿是朱熹早期讲学福建建阳崇泰里"寒泉精舍"23 名门人之一,这一群门人多是闽籍,潜心朱门而不求闻达。

连姓胄出山西上党,播迁大江南北。而入闽支派繁衍最广,福建一地可以说是中华连姓的第二发源地,南方各省连氏的子孙后代多与福建一地有渊源。

叁

五　连战大陆行　两岸一家亲

中国国民党主席连战系台湾宁南连氏第九代传人。据其祖父连雅党先生手书《连氏家乘》所载:台湾宁南连氏"系出连山氏,望出上党"。迁台始祖兴位公于清代康熙年间由福建龙溪马崎村迁居台南马兵营。据此可知连战家族是上党连氏的宗支衍派,宁南连氏之根深植于祖国大陆。

基于这种"木本水源,血浓于水"的故土情怀,"归乡省亲,谒祖朝宗"就成为连战一生最大的心愿。从 2005 年 4 月 26 日到 2006 年 4 月 25 日,连战一年之内三次飞赴大陆,不仅实现了其"归乡省亲,朝宗谒祖"的个人心愿,而且促成了 60 年来国共两党高层领导人的历史性握手,推动了两岸关系的发展,是中国当代史上一件重大的事情,也是中华连氏家族史上最为光辉灿烂的一章。

连战先生的第一次大陆之行——"和平之旅",从 2005 年 4 月 26 日至 5 月 3 日,历时 8 天。

其活动日程和主要内容:

4 月 26 日,下午 4 时 30 分,连战一行

连战拜谒中山陵

连战在北京大学演讲

乘坐的东航飞机安全降落在南京禄口机场，连战与夫人方瑀女士60年来第一次踏上祖国大陆。发表了激动人心的讲演。

4月27日，上午，连战率国民党访问团来到南京紫金山中山陵，拜祭了孙中山先生陵墓，推崇孙中山先生是"千古一人，一人千古"。同日，参观了原"中华民国政府总统府"，夜游秦淮河，品尝了夫子庙的风味小吃，体味"回家"的感觉。

4月28日上午，离开南京，飞赴北京。

下午5时30分，中共中央政治局常委、全国政协主席贾庆林会见连战一行，并在钓鱼台国宾馆设宴款待。晚上8时30分，连战一行前往北京老舍茶馆听戏。

4月29日上午，连战来到未名湖畔，在母亲赵兰坤的母校——北京大学，作了"为民族立生命，为万世开太平"为主题的讲演，受到北大师生的热烈欢迎。在长时间热烈的掌声中，夫人方瑀情不自尽，走上前去，给丈夫一个赞许的亲吻。

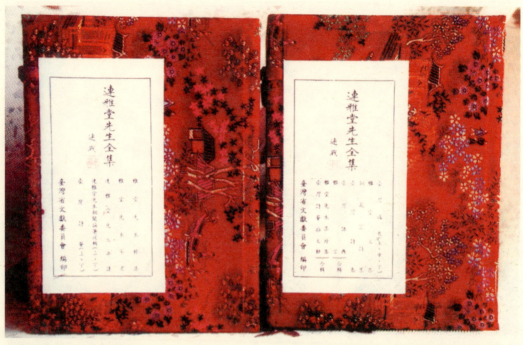

《连雅堂先生全集》珍藏版

然后,连战向北大赠送了一套祖父连横的《雅堂文集》和自己的新著《改变,才有希望》。

会后连战参观了北大校园,并到母亲赵兰坤70多年前在此求学时曾住过的宿舍小楼参观。

4月29日下午3点整,具有重要历史意义的时刻到来了。中共中央总书记胡锦涛在人民大会堂东大厅会见中国国民党主席连战一行。现场到会的三百余名记者激动地记录下这一历史时刻。

胡锦涛总书记和连战主席站在红地毯上亲切握手。

"历史一握跨越60年",新闻记者现场报道说。

胡锦涛总书记和访问团成员分别握手后,和连战及访问团成员合影。

参加会见的还有,连战夫人方瑀女士,国民党副主席吴伯雄、林澄枝,秘书长林丰正等。

会见后,胡锦涛总书记和连战主席举行正式会谈。会后发表了《中国共产党总书记胡锦涛和中国国民党主席连战会谈新闻公报》:

应中国共产党中央委员会总书记胡锦涛邀请,中国国民党主席连战率国民党大陆访问团,于二〇〇五年四月二十六日至五月三日访问大陆。这是国共两党一次重要的交流与对话。在两党"正视现实,开创未来"的共同体认下,四月二十九日,胡总书记与连主席在北京举行会谈。双方就促进两岸关系改善和发展的重大问题及两党交往事宜,广泛而深入地交换了意见。这是六十年来国共两党主要领导人首次会谈,具有重大的历史和现实意义。四月二十八日,中共中央政治局常委贾庆林会见了国民党访问团全体成员。两党工作机构负责人进行了工作会谈。基于两党对促进两岸关系和平稳定发展的承诺和对人民利益的关切,胡总书记与连主席决定共同发布"两岸和平发展共同愿景"。全文如下:

五十六年来,两岸在不同的道路上,发展出不同的社会制度与生活方式。十多年来,双方本着善意,在求同存异的基础上,开启协商、对话与民间交流,让两岸关系充满和平的希望与合作的生机。但近年来,两岸互信基础迭遭破坏,两岸关系形势持续恶化。目前两岸关系正处在历史发展的关键点上,两岸不应陷入对抗的恶性循环,而应步入合作的良性循环,共同谋求两岸关系和平稳定发展的机会,互信互助,再造和平双赢的新局面,为中华民族实现光明灿烂的愿景。两党共同体认到:

坚持"九二共识",反对"台独",谋求台海和平稳定,促进两岸关系发展,维护两岸同胞利益,是两党的共同主张。

促进两岸同胞的交流与往来,共同发扬中华文化,有助于消弭隔阂,增进互信,累积共识。

和平与发展是二十一世纪的潮流,两岸关系和平发展符合两岸同胞的共同利益,也符合亚太地区和世界的利益。

两党基于上述体认,共同促进以下工作:

一、促进尽速恢复两岸谈判,共谋两岸人民福祉。

促进两岸在"九二共识"的基础上尽快恢复平等协商，就双方共同关心和各自关心的问题进行讨论，推进两岸关系良性健康发展。

二、促进终止敌对状态，达成和平协议。

促进正式结束两岸敌对状态，达成和平协议，建构两岸关系和平稳定发展的架构，包括建立军事互信机制，避免两岸军事冲突。

三、促进两岸经济全面交流，建立两岸经济合作机制。

促进两岸展开全面的经济合作，建立密切的经贸合作关系，包括全面、直接、双向"三通"，开放海空直航，加强投资与贸易的往来与保障，进行农渔业合作，解决台湾农产品在大陆的销售问题，改善交流秩序，共同打击犯罪，进而建立稳定的经济合作机制，并促进恢复两岸协商后优先讨论两岸共同市场问题。

四、促进协商台湾民众关心的参与国际活动的问题。

促进恢复两岸协商后，讨论台湾民众关心的参与国际活动的问题，包括优先讨论参与世界卫生组织活动

的问题。双方共同努力，创造条件，逐步寻求最终解决办法。

五、建立党对党定期沟通平台。

建立两党定期沟通平台，包括开展不同层级的党务人员互访，进行有关改善两岸关系议题的研讨，举行有关两岸同胞切身利益议题的磋商，邀请各界人士参加，组织商讨密切两岸交流的措施等。

两党希望，这次访问及会谈的成果，有助于增进两岸同胞的福祉，开辟两岸关系新的前景，开创中华民族的未来。

会谈后，双方互赠了礼品。随后国民党方面举行记者会，连战在记者会上表示：

与中共中央胡锦涛总书记进行了两个多小时坦诚的意见交换，感觉非常良好。这是六十年来中国国民党和中国共产党的首次对话和交谈，我是以非常珍惜的心情进行这次对话的。五十多年来，两岸的局势是对峙的、对立的、对抗的，而今天有这样一个契机让我们能够总结历史的过程，

开展一个新的契机,这是非常非常重要的。至于今天,我相信这个门是开了,但是怎么样通过这个门走入一个新的愿景、新的未来,台湾的执政当局要负起很大的责任。

这次具有重要历史意义的会谈情况,通过电波立即传遍全世界,受到广泛的肯定和赞扬。

晚上,胡锦涛总书记在中南海瀛台宴请连战夫妇和访问团主要成员。"大陆行"进行曲在"欢乐颂"中达到高潮。

4月30日,连战离开北京,飞赴西安,飞向孕育了他生命的黄土地,飞向埋藏着祖母遗骸的清凉寺,开始他的"大陆行"进

连战与家人在西安祭拜祖母墓

行曲第三乐章:"寻根之旅"。

从南京,到北京,又到西京(西安),这代表着中华民族五千年历史的三大古都,还有远在祖国东海之滨的祖籍福建和故乡台湾,以及远在东北的母亲籍贯沈阳,更久远的连氏祖籍山东齐地、山西上党、湖北应山,处处都有连战家族的足迹,处处都有连战家族的根。连战家族可谓是中国古老的千年望族的一个典型代表,也是无数个从中原大地孕育出来陆续迁往祖国宝岛台湾的家族中的一个典型代表。连战家族的历史,就是台湾和祖国大陆血肉相连的历史缩影和生动证明。

连战一行乘坐的包机于早上9点30分由北京起飞,11时10分抵达西安咸阳机场。他在机场发表感言,用陕西方言称呼大家"各位乡党",动情地说:重返这个阔别六十年的地方,受到热情的欢迎,令他心里感到荣幸与高兴。

连战说,西安是他出生、童年成长以及接受启蒙教育的地方,虽然当年在战乱下环境困苦,但童年仍是他弥足珍贵的岁月,当时的景物人事仍隐约在脑海之中。他今天重返此地,希望可以找寻小时候的种种。

"少小离家老大回,乡音未改鬓毛衰"。下午,连战到儿时上学的"北新街小学"即今"后宰门小学"访问,沿途受到上万市民夹道欢迎。有人高举"回家的感觉真好"等乡情浓郁的横额。连战的车队抵达时,民众报以热烈掌声,欢呼声此起彼落。连战伉俪不断向人群挥手,感激乡亲的支持。

"连爷爷,您回来了!"

"欢迎连爷爷回母校!"

众多小校友的热情欢迎,使连战的思绪急速地穿过六十多年的时空隧道,一下子回到童年。他情不自禁地喊众多校友为"小学长",谈起自己的家史。他说,祖籍福建漳州,后来全家迁居台南。三十年代,祖父连横无法忍受日本人统治台湾,将独生子送回大陆参加抗日,故他才生于西安。祖母到西安三四年后就去世了,六十多年以来,家族中就没有一人回来给她扫墓。说到此,他不禁眼泛泪花;台下的方瑀也不禁落泪。

连战坦言对于学校已无印象了。他曾尝试寻找昔日经常躲日本飞机空袭的防空洞,但洞已变成了操场。连战希望小校友们珍惜现在这个和平童年。

连战向母校赠送了祖父所著的《台湾通史》和艺术品,还捐赠了红包10万元用

连战重访西安后宰门小学

于购图书。校方则向连战赠送学生们制作的 7 米长卷画幅:《长安自古多名士,江南春暮隐奇贤》。

离开母校,连战夫妇及中国国民党大陆访问团成员的车队驶向咸阳,参观访问被称为世界奇观的秦陵兵马俑博物馆,受到馆方和游客热烈欢迎。连战题辞:

游秦冢而悯万民,跨海峡为创双赢。

晚上,中共陕西省委书记李建国在刚刚建成的大型文化公园 "大唐芙蓉园" 宴请连战一行。席开 15 桌"仿唐御宴",宴会后欣赏展现大唐风貌的大型歌舞晚会。

5 月 1 日上午,连战和家人驱车来到位于西安城南 10 公里处的古刹清凉寺。完成他西安之行的最大心愿——六十年后首次祭扫祖母沈太夫人墓。

连战一家人按照中国传统的祭祖仪式庄严地在沈太夫人墓前上香，礼拜，献花，献酒，献果，诵读祭文。随后，国民党访问团成员也祭拜了沈太夫人，以尽同仁之礼。

连战在墓园门前，对数百名记者动情地说：今天这一刻，对连家来说是永远难以忘记的一刻。感触良深，内心激动，感伤。他是用家乡的闽南话向祖母表达了感激的心绪。他说，今天到西安，我与牵手(夫人)及囝仔(儿女)来祭拜祖母。祖母在此，做子孙的有责任好好照顾这休息的所在，过去无法每一年来祭拜。今天能够达成愿望，内心感动、感激。

随后，连战及家人到与墓园一墙之隔的清凉寺，对清凉寺多年来对于祖母墓地的维护与关照表达了谢意。最后，连战与家人再度步入墓园，注视祖母坟茔，向祖母告别。他们对先辈毕恭毕敬、虔诚怀念之情，使在场的人无不为之感动。

5月1日下午3点10分，连战一行乘坐的包机离开西安，前往"大陆行"的最后一站上海。当晚，上海市委领导在连战下榻的香格里拉大酒店会见并宴请连战一行。

5月2日上午，连战取消了原定参观东方明珠的安排，召开了临时记者招待会，畅谈与胡锦涛书记会谈的意义。谈到了海峡两岸经贸全面交流的观念和现实意义。

5月2日上午，连战一行还与大陆"海峡两岸关系协会"会长汪道涵在锦江小礼堂举行会晤，互赠礼物，互道珍重。中午，连战在上海滨江大酒店，和从全国各地赶来的台商代表共进午餐，就两岸"经济双赢，互惠互利"的这个题目发表了精彩演讲。

5月3日下午，连战一行结束了在大陆的访问启程返台。轰动世界的"连战大陆行圆满结束。"

2005年10月14日至29日，已辞去中国国民党主席，而荣任荣誉主席的连战携夫人方瑀及子女进行第二次大陆之行。

连战此行为私人访问，是奉母命代母亲回乡省亲。10月14日中午一时，连战一行抵达沈阳桃仙国际机场，受到中共中央台湾工作办公室主任陈云林、中共辽宁省委副书记王唯众等人的热烈欢迎。

当晚，中共辽宁省委书记李克强会见并宴请连战一行，对连战的到来表示欢迎，并把连战母亲赵兰坤在辽宁就读和任教时的档案作为礼物送给连战,连战也回赠了礼品。

15日上午,连战和夫人方瑀携子女前往祖父母墓地祭拜,上香,献花献果,跪拜行礼,默哀多时。随后转往母亲赵兰坤当年学习、任教的"坤光女中"旧址参观。中午,连战和沈阳亲友聚会叙旧,下午参观"九一八博物馆"等地。

10月18日至20日,连战一行从大连来到青岛访问,踏上了两千五百年前的齐国大地,追怀连氏大始祖齐大夫连称的往事,游览了名胜风景区崂山。

10月20日至22日,连战和夫人方瑀一行又来上海参观,上海市委领导在新锦江大酒店会见并宴请了来访的连战夫妇一行。

上海期间,连战一行参观了淞沪抗战纪念馆,并和上海亲家陈清忠、女儿连惠

连战夫妇在四川卧龙看望赠台大熊猫幼崽

心、女婿陈弘元，儿子连胜文、连胜武等到南京路、老城隍庙逛街，到豫园观光，领略了上海风光。

10月27日，在中台办主任陈云林的陪同下，连战和夫人方瑀及子女，来到著名的四川卧龙大熊猫研究中心，一睹大熊猫的风采，与准备赠台的大熊猫亲密接触，希望大熊猫尽快赴台。

29日上午，连战一行乘机离开成都，返抵台湾，圆满完成第二次大陆旅行。

连战先生的第三次大陆之行是2006年4月13日至4月25日。此行的主要活动是出席"两岸经贸论坛"，和回乡祭祖。

4月13日下午3时，连战夫妇一行抵达北京首都机场，与前来迎候的中共中央台办主任陈云林热烈拥抱。

当晚，中共中央总书记胡锦涛在中南海瀛台为连战夫妇一行接风洗尘。

4月14日上午9时，举世瞩目的"两岸经贸论坛"在北京饭店开幕。中国国民党荣誉主席连战和中共中央政治局常委、全国政协主席贾庆林分别发表演讲。

连战讲演的题目是："和平繁荣，两岸期盼"。他指出，新时代的发展趋势，有两个不可逆转的形势：那就是国际上区域经济的合作和中国大陆的崛起。并就"农业合作"、"金融合作"、"能源问题"、"三通问题"等十方面，作了精彩的讲演。

贾庆林主席接着发表演讲。指出，举办此次"两岸经贸论坛"，是落实胡锦涛总书记与连战主席去年会谈新闻公报的重要举措，是我们国共两党继续交流和两岸关系中的一件大事。这次论坛以两岸经贸交流与直接通航为主题，必将对深化两岸经贸合作、构建和平稳定发展的两岸关系产生重要的积极的影响。4月15日下午"两岸经贸论坛"圆满结束。

2006年4月16日上午，胡锦涛总书记在人民大会堂会见了连战荣誉主席及台湾参加经贸论坛会的代表团成员，胡锦涛总书记和连战荣誉主席再次紧紧握手，分别致辞，一致强调指出：和平发展理应成为两岸关系发展的主题，成为两岸同胞共同为之奋斗的目标。在京期间，连战夫妇一行游览了雍和宫、颐和园和八达岭长城，于4月17日上午离开北京飞往福建，踏上了梦魂牵绕的"寻根之派"。

4月17日傍晚，连战夫妇一行抵达福建长乐，受到当地领导和各界人士的盛情款待。次日上午游览了著名的闽江马尾港和船政文化博物馆，在福州鼓山涌泉寺礼

佛敬香,当晚抵达厦门。

4月19日上午,怀着连家几代人的心愿,连战携夫人方瑀、大女儿连惠心和儿子连胜文、连胜武,踏上还乡路,到祖籍地漳州龙海市榜山镇马崎村寻根祭祖。9时10分,连战一行来到马崎山下,踏上马崎村的土地。1400多位马崎连氏宗亲,以及400多位来自周边地区的同族宗亲代表,聚集在村口、路边,夹道欢迎。村道上空彩旗飘扬,路边舞龙舞狮、威风锣鼓、大鼓凉伞、管弦乐队等富有闽南风情的传统表演,呈现出浓烈的乡情、亲情。

来到马崎连氏宗祠"思成堂",十几位宗亲为连战夫妇敬上用鸡蛋、桂圆干制成的甜茶。参观了宗祠后,连战开始祭祖。祭祖仪式正式按照马崎当地风俗进行,从奏乐开始,经历就位、净身、盥洗、祭拜、迎祖驾、献香(参拜天地、祖先)、附服(奠酒、灌地、呈祭品、三牲、果品)、诵祭文、叩拜众祖、焚祭文和金纸钱等程序,最后又以奏乐结束。

身着深色西服的连战先生与家人神情肃穆,恭恭敬敬地替台湾连氏祖辈和子孙,为马崎的祖先献上迟来三百多年的三叩大礼。

　　始建于明万历年间的"思成堂",奉祀着龙溪连氏鼻祖连南夫及其第十代孙、马崎开基祖连佛保与夫人李氏的牌位。连战与马崎宗亲代表在祠堂内叙亲情,聊家常。并当场题词:

明心见性,垂教后嗣;

积善福世,上继祖德。

　　马崎宗亲为连战送上了家乡水米、连氏族谱等六份富有深意的礼物。

　　首次回到故土,连战的心情格外激动。他用熟悉的乡音——闽南话对马崎宗亲说:"人亲不如土亲,第一次回到这里,我感到非常地振奋。小时候,看到爷爷写的手稿,我就知道我们的祖先来自万松关下的马崎社。所以,今天,我和太太、儿子

故土情深(连战把家乡土包在洁白手绢中)

　　来到马崎,来找自己的根,这个梦想能够实现,心情非常高兴。我在这里可以告慰连家的列祖列宗,爷爷呀,我回来了,我终于回来了!"

　　一湾窄窄的海峡,连家历经几代人才于今日走完回家的路。此情此景,令在场的连氏宗亲们颇为感伤!

　　连战的马崎同辈兄弟、72岁的连宗和激动地说:"今天是马崎的特别日子、喜庆日子,台湾连战家族一支能于三百年后回到马崎认祖祭拜,我们所有的宗亲都非常的高兴。我们盼望已久。希望连战先生今后能常回家来看看,增进两岸连氏情谊。"

　　连战一行还来到离村不远的凤山脚下马崎开基祖佛保公墓前,进香拜祭、培土锄草。临行前,连战还特地从坟地取了一掬黄土,带回台湾珍藏纪念。

　　19日下午,连战一行在中共中央台办主任陈云林、福建省委副书记、省政协主席梁绮萍等陪同下来到厦门大学,接受厦门大学授予他名誉法学博士学位,并为3000多名师生发表演说。他在演说中回忆起祖父连横

连战夫妇乘竹筏游览武夷山九曲溪

1905 年在厦门办《福建日日新报》,进行反清革命的往事。讲述闽南和台湾自古以来的血肉联系,闽南的经济、文化、语言、宗教对台湾的深远影响。他激动地针对"台独"分子利用教育文化手段"去中国化"的图谋说,中华文化博大精深,千锤百炼,源远流长,岂是少数人用种种手段所能摧毁的? 他引述台湾著名剧作家、早年毕业于厦大的姚一苇教授的话,为这场精彩的演讲作结:"重新开始是一个和解,重新开始是一个起点,重新开始是一个希望的可能。"精彩的演讲常常被热烈的掌声打断。

演讲之后,连战与厦门大学互赠礼物,应邀为厦大题词:

泱泱大学止至善,巍巍黉宫立东南。

随后,连战欣然为钢琴博物馆题词。

19 日晚 7 时许,顺利完成漳州祭祖还乡之行的连战先生在厦门接受记者采访时表示,"福建之行,圆满丰硕"。

从 4 月 20 日到 4 月 25 日,连战夫妇一行,又在各地领导的陪同下先后游览了武夷山、杭州西湖、苏州寒山寺、拙政园和上海的洋山深水港,领略了祖国大陆的绮丽风光。

4月25日下午1时,连战和夫人方瑀一行,圆满结束了为期13天的第三次大陆之行,自上海浦东机场起飞,经香港飞返台北。

连战的三次大陆之行,获得了圆满成功,具有重大的历史意义和现实意义,必将载入中华民族的史册,在中华连氏的发展史上加添了浓墨重彩的一笔,值得中华连氏族人为之骄傲自豪。

附录:

连战马崎村祭祖祭文摘录

维岁次丙戌年三月廿二日

岐山连氏迁台始祖兴位公派下裔孙连战及眷属,今敬备茗醴花果、香帛洁牲、庶馐之仪,致祭宗祖,敬望英灵感应,犀通驾临……

物本乎天,人本乎祖,饮水思于源,伐木会于根,为人知于祖,万代流传于后人。祖先开基以来,肇基耕田,凿井为活,辛勤劳作,开创基业,宗祖相承,子孙延续,功不可抹。今子孙念念不忘祖宗积德行善之报,贻翼垂创之艰。

知为善者必昌,为恶者必灭,而正心修身,深尊敬之忱,笃仁孝之情,善述善继,培根连枝,将延延绵绵。

列祖列宗庇荫子孙发达,根深蒂固,福祉无疆,继尔子孙受福于天,宜勤于读,宜勤于田,勤操商贾,精心团结,安贞叶吉,眉寿永年。今日祭典,恭维祖德,源远流长,贻谋燕翼,谦让礼贤,孝义忠信,造福社稷,宗风弘扬,螽斯蕃衍,左昭右穆,追源报本,礼不敢忘,沐祖赐福,遂尔心愿,两岸和平,中华昌盛,户户祯祥,英才辈出,富贵永昌,子子孙孙,勿弃违之。素品礼齐,以荐为序,是格是尝兮!

(原载《厦门晚报》)

台湾宁南连氏(连战家族)祖籍故里万松关下马崎村

马崎村(历史上称马崎社),原属漳州龙溪县,1960年龙溪县与海澄县合并为龙海县,现隶属于龙海市榜山镇长洲行政村。

马崎村处在"汉唐古道"万松关下、九龙江畔、江东桥旁,西连漳州市区,南接国道324线,福漳高速公路穿村而过,地理位置十分优越。从厦门驱车往马崎村,约一个小时即可到达,交通十分便利。该村南面不远处是九龙江干流北溪与西溪的交汇处，与厦门密切相关的北溪引水工程的取水口也在马崎村旁。

马崎村约有1900多位村民，七成以上为连姓族人。近年来，马崎村经济发展快速，家家户户都从事蘑菇种植，户均种植面积达800平方米，每年给村里带来300多万元的收入，使村民生活水平日益提高。因为厦门与龙海的地缘关系，到厦门打工谋生的马崎村人也不在少数。

由于处在两溪交汇处，马崎村附近的溪水水质清甜、水面宽阔、水源丰富，远近闻名的"江东鲈鱼"就在这里出产。同时这里还盛产桂圆，桂圆干大量出口新加坡等地。在当地政府部门的重视下，马崎村的建设被当成是一件重要的任务，正在抓紧进行各项工作。

（原载《厦门日报》）

连战、方瑀访大陆感怀

《印我青鞋第一痕》
连 战

今年，我终于第一次将脚印再踏上彼岸那片土地。

那不仅是个人生命旅程上的雪泥鸿爪而已，也意味着一个时代向前迈进的痕迹。出发前，有人给予喝彩，有人持不同意见，一时形成舆论焦点。虽然这步足印可有千万种解读，但我内心洞明，思虑单纯，只想着为和平、为两岸人民尽一份心力。我不是为个人写历史，我是为历史负责，我更相信历史将会为我所率领的中国国民党大陆和平之旅访问团，有一个正确的评价！

从南而北，由西而东，自我与内人结缡40年来，已不知踏遍多少国家，阅历无数的风光与人文景观，但是始终无机缘登上彼岸。在卸下党政职务前，终于能率家人亲临西安，到先祖母沈太夫人的墓前叩拜扫墓，一偿连家子孙迟来的宿愿，也是尽子孙应尽的一份心意。尤其五点共同促进声明，我相信对未来两岸关系的开展，将有深远而且无可替代的影响。

似曾相识的景物，新鲜震惊的感触

我的籍贯是台湾台南，却出生在西安。我的父亲是台湾人，我的母亲是东北人，父母却在对日抗战前夕认识于北平，结婚以后生下独子，我的名字是先祖父雅堂先生生前所预命。因此我说，我成长的

连战与夫人抵达南京禄口机场,开始首次大陆之行

历史,其实就是中国近代历史的一小部分缩影。

这次的大陆行,恰逢对日抗战胜利60年之际。我整整有60年未回到出生地,因此头一次登陆,出发前内心很复杂,也觉得有严肃的意义。但真正登上彼岸,很多很多的景物都感到新鲜、好奇,甚至震惊。60年从未回去,但我内人竟然在一个月之内两次到上海,这个机缘是很奇妙的。第一次探访大陆所见景物却似曾相识。尽管时空长远阻隔,但在书籍阅读与故旧言谈之中,这一切早已神游无数。回到出生和成长的地方祭祖,陌生的乡亲们热烈相迎,除了惊喜浩叹之外,还有一些疑真还假、如梦似幻的感觉,正是杜甫诗中的况味"邻人满墙头,感叹亦歔欷;夜阑更秉烛,相对如梦寐"。

最是可亲可爱人

近日以来,常见内人埋首书桌,孜孜于笔耕,其痴情憨态,望而亲切,仿佛年轻时与她相伴苦读的情景又再重现。当年结识于美国密歇根湖畔,我先后在威斯康星大学与康涅狄格大学任教,方瑀也攻读明尼苏达及康涅狄格大学的学位,为了写出好论文,内人是求学心切,一再地找资料,下笔前再三确认。这回从大陆回来,家里的书房就已经堆满各种资料,我很高兴她又重新拿笔杆,记当地旅游的感想。

回想 1968 年盛夏,我们预备回国服务,于是顺路先从美国到欧州旅游 40 天,足迹遍及英国、法国、比利时、荷兰、丹麦、德国、瑞士、意大利 8 国。事后,内人应皇冠出版社之邀,著有《欧游杂记》。当时我就发现方瑀喜欢写作,更看出她的观察细微,文笔细腻流畅。

很可惜过去五六年,我忙着两次的"竞选",她也下海为我辅选,把笔杆也丢了,这是我对不起她的地方,也辜负了她的付出。

老实说,我的个性比较严谨,而她却是一贯浪漫梦幻,能够携手 40 年无怨无悔,是要彼此的互相包容、相互扶持,才能跨越嫌隙,齐心对外。我 30 年的公职生涯,对家庭亏欠太多,所幸有贤妻相伴相助,把 4 个小孩都教育长大成人,并照顾年事已高的母亲,让我从政无后顾之忧。自我决定卸下党职之后,我希望方瑀能有更多时间重拾写作的乐趣。

这回看到她这么积极地整理我们的大陆之行,为历史留下记录见证,作为她最亲近的伴侣,我有幸先睹为快,成为第一个读者,深感荣幸。

此番情景经历过多年政坛起伏、世事升沉之后,更加体会到家人最是可亲可爱,"老妻画纸为棋局,稚子敲针作钓钩",家居生活的恬淡自适,亦可令人感到欣喜和满足。

两岸携手,赚世界的钱

这一次的和平之旅,是一次难忘的旅行。行前为了北京大学的讲演与几十场的讲话,我花了不少的心思准备,至于内人为了家人的行囊所下的苦心,我是看了她的描述才能充分体会她的用心。尤其值得一提的是,在台湾出发前,压根未想到在各种不同的场合竟然都要题字。因此为了题字的内容,不管在飞机上、车上,乃至于旅馆里,还好有她的热心协助,才让我解了围。

在西安我的母校后宰门小学,看到小小学弟、学妹拿毛笔写书法的情景,我们夫妻俩都很感动。书法、诗词都是中国文化的瑰宝,当年彼岸"文化大革命"如火如荼"除四旧"时,台湾则积极推动中华文化复兴运动;而今,大陆的新生代正在学习保留中华文化时,台湾却要"去中国化",流行的是八卦文化。这样的对比,岂是感伤二字足以形容?

初次登陆虽有相见恨晚的感觉,但也验证"百闻不如一见"的正确性。亲身走一趟,感受自是不同。一个国家的进步,要的是和平稳定的环境,以及推动建设的雄心与魅力。台湾过去曾有的台湾经济奇迹以及近年大陆国力崛起,都是归功于有安定的内部环境与强烈企图心,且有能正确领导的经营团队。

此行也让我更加确认,"坚持和平,互惠双赢"才是两岸惟一要走的道路。"两岸携手合作,一起赚世界的钱"是我在北京大会公开的呼吁,并已获得两岸人民广大的回响。我也发愿,在我的有生之年,我将以我的学识经验,为两岸的和平大计、中华民族的振兴图强,奉献一己之力。和平之路也许要经历坎坷,两岸还有很多困难的地方等待突破,有机会我也愿意再到大陆其他城市,多走走,多看看,真正做到植根台湾、放眼大陆、胸怀世界。

(台湾中华连氏宗亲会供自《联合报》)

感子故意长

连方瑀

真快,8 天 7 夜的"和平之旅",已经结束了。

抗战胜利后,双亲抱着襁褓中的我顺着"两岸猿声啼不住"的长江,乘船经过万重山峦,到南京、上海,停留一段时日后,再搭船至基隆,从基隆踏上台湾的土地。自此一住近 60 年。

虽然大陆的青山依旧在,我却从未再与它共赏几度夕阳红。

阔别近六十载兴奋紧张

所以,在这次"和平之旅"出发前,我内心有着几许兴奋,几许紧张,几许向往。因为这么多年,我从未和大陆上的朋友们打过交道。从书本上、新闻上,知道大陆的"文化大革命"、"四人帮";也听过邓小平、江泽民、胡锦涛。可是他们好像离我很远。严格地说,我根本不能想像他们是什么样的人。而且,国民党不再执政后,我的生活轻松许多,日子过得悠闲。所以当我看到密密麻麻的行程,不免担心自己能不能适应?可是,在这 8 天走过后,才发现这是多馀的担忧。人的体能，在必要时，是可以达到极致的。

在我的成长过程里，大陆民众和他们的领导阶层都像蒙着一层神秘的面纱。两个世界长时期的隔阂，使得两岸的人无法彼此了解。但是，余秋雨出现了……而这边也不断有人去大陆探亲、旅游，和大陆有愈来愈密切的关系。我渐渐知道大陆上山一样青，水一样绿，人一样有血有肉有感情。

从台北到南京，如果不停香港只要两小时航程。但是，为了停香港，耗了大半天。到南京已近黄昏了。不亲身体验不知道，知道后才巴望能直航有多好。希望有一天，我们的"执政者"，为了百姓福祉，能够打开胸襟。

南京餐餐有鸭处处有诗

到达当晚，江苏李书记设宴款待我们。我的母亲是南京人，我虽未住过南京，

连战与家人在故宫留影

但从小吃母亲做的南京菜，讲南京话。鸭子是南京人的最爱，因此在南京，餐餐有鸭。官式宴会一开始先对话，主人、客人分坐两边。致词完吃饭，吃饭前再致词。有时致词会达3次之多。第一晚，李书记致词时，一开头就用了白居易的［忆江南］里的两句："日出江花红胜火，春来江水绿如蓝。"我想，这位先生国学真好，信手拈来便是诗。以后餐餐如此，而且要处处题字。在挥汗如雨的中山陵要题字，参观总统府、妈祖庙也要题字，而且都是用毛笔。一天下来，我开始感到有压力。犹记得大女儿惠心说过，大陆人都很爱吟诗、作词，你答不上来就很丢脸，觉得没水准。所以好强的她一直缠着我替她找老师学古文。当时我对她的话无法想像。我总以为，必定是从小受西洋教育的她，中文程度不够好的缘故吧！在台湾，我们不是偶然也会用一两句古文古诗吗？想到这里，不觉暗自焦急，早知如此，出来前应好好做做功课，起码再翻翻唐诗宋词。现在，唯一的办法，只有每到一处参观地前，我们两人先在车里拟好诗句。还好，一路都能福至心灵，不致贻笑大方。

西安热情迎宾感动落泪

我对大陆人的国学修养非常好奇，行程很紧，想了解却没有时间。一直到西安，西安是战哥的出生地，他在那里读过两所小学。一所是作秀小学，现在已经不在了。一所是北新街小学，也就是现在的后宰门小学。我们近午到西安，吃了饭便去寻找战哥的儿时岁月。

战哥离开西安时，只有8岁。再度回来，已是60年以后。"乡音已改，鬓毛已衰"。我们车还未到，已经看见人山人海。穿过人潮，小朋友们早列队在操场等候了。一进校门，小朋友们就开始朗诵："连爷爷，您回来了，欢迎，欢迎，您终于回来了！"那情景，非常像二三十年前，台湾的小朋友每当有重要人士来时，用朗诵诗歌来表达欢迎的情景一样。这时，访问团的人，有的开始会心一笑，但当孩子们重复着"您终于回来了"的时侯，我开始鼻酸，眼泪忍不住滑下来。不禁想起："故国三千里，深宫二十年。一声何满子，双泪落君前。"

北京指派了一个年轻的"侍卫"姓魏，全程陪着我们，除了睡觉，随时随刻陪伴在我们身旁，刚开始，他挺严肃的，走了两站后,他对我说:"我看您挺和气的,我可以叫您一声儿阿姨吗?"这一路上,我还真收了好几个"外甥儿"呢!真是意外的收获。

六十年,是多么悠长的岁月,有多少沧桑和变迁。来西安,主要是扫墓,想必战哥也是触景生情,听他对着这些"小学长"娓娓说着:"我的祖母,是一位典型的台湾老太太。除了台语,什么话也不会说。她逝世后,因为西安不能火化,而且又在战争期间。因此,就埋葬在清凉寺。六十年来,连家没有一个人能来祭拜过她。"现在,我们终于来了!奶奶,魂兮有知,希望您在地下,也会感到安慰!

想到"去中国化"着实痛心

小朋友表演了许多精彩的节目,更重要的是,我从白校长口中知道了孩子们受教育的情形。

他们非常注重中国的传统教育,3岁开始背三字经、百家姓,上课前每个学生要先背一首诗,才能坐下。小孩子记忆好,小时背的一生不忘,受用不尽。小朋友还表演书法,小小的手,用如椽之笔,书写各家不同体的毛笔字。

记得有一位瑞典的文字学家说:"只

要学会二三千中国字,那么五千年前的中华文化都可以掌握。"再想到我们的社会,这几年尽量"去中国化",文言文几乎看不到了。我不反对孩子们在家用"妈妈的话"学习台湾语典,但是,绝不能放弃博大精深的中国文化。大陆流行一句顺口溜:"不到北京,不知道官小;不到上海,不知道钱少;不到台湾,不知道"文革"还在搞。"想到五千年中华文化在台湾逐渐萎缩,不觉心中黯然。

合作赚世界钱有何不好

说实在的,大陆民众对我们非常的热情。我们的行程全是公开的,所以,只要我们去的地方,总是人潮如织,大家喊着:"欢迎战哥"!"欢迎战哥!"他们的热情在我们心中激起永不消失的涟漪。接待我们的大陆领导,也非常和蔼可亲,彼此都很谈得来,8天7夜,战哥致词30余次,而我最欣赏的,是他在北大演讲中的一句话——"两岸合作,赚世界的钱,有什么不对?"真的,为什么要在互相对抗上花那么多钱?把它用在国计民生上好不好?

大陆对台办的李副主任,全程陪伴我们,他和我都是江浙人。而每顿饭,他几乎都和我比邻而坐。我们两人吃东西的习惯也很相似。每次出现羊肉，我们的筷子就不动。但是像小笼包、八宝饭、糯米藕上来，我们就吃得精光。不过，他实在太忙，什么事都要找他。他能好整以暇坐下来吃顿饭的时间并不多。他本来不胖，到最后在上海饯别晚宴上，孩子们说："妈你看，他真的瘦了一圈。"

在北大亲吻他情不自禁

29日上午9点，我们抵达北大。北大的师生早已挤满了大礼堂。战哥在40分钟演讲里，总结了中国近百年来的政治思想大趋势。条理分明、言辞清晰、风趣幽默。演讲完毕掌声如雷，但我毫不惊奇，因为这才是他，真正的他，和我相知、相守、相随40年的伴侣。别人不了解，因为他从未有这样表现的机会。他是个严守分际的人，在"副总统"任内，不会僭越"总统"，而近年来都是对基层的选举语言。今日台湾处处要民粹，以目前激情的选举文化，这样的演讲内容，可能没有很多展现的机会。我不自禁上前亲吻他，表达我的骄傲。我的婆婆70多年前在燕京大学念书，后来燕京和北大合并。我非常佩服北大对学生资料保存的完整，居然找出婆婆赵兰坤女士当年的学生照。婆婆现已96（岁）高

龄，看看她的相片，遥想当年，她必定也有诗一般的少女情怀。多年来她健康欠佳，鲜少说话，不知在她心底，可曾还记得那些青春年华？

后来，校方又带我们去参观婆婆曾经上课的教室和住过的宿舍。宿舍前紫藤围绕，教室边新绿的杨柳垂在一弯清澈的未名湖畔。湖中水草摇曳，更添生趣。北大的同学们不断地在湖的对岸及路旁高喊："连哥！连哥！"鼓掌声此起彼落，清脆可闻。时间有限，我们在依依不舍中离去。

历史性会见笑泯恩仇

下午，全体团员启程前往人民大会堂，这是我们第二次进去。因为前一晚政协主席贾庆林已在这里宴请过我们，里面有许多厅，吃饭的北京厅金碧辉煌，而此刻要去和胡总书记见面的东大厅是非常庄严肃穆，屋顶非常高，地上则铺着红地毯。除了给大家合照坐的椅子外，没有任何家具，我们在3点前抵达。总书记已经站在那里，衬着空旷的大厅，衬着红色的地毯，虽然他人并不特别高大，却显得十分沉稳亲切。团员们先在椅子上分别坐好、站好，先生和我以及3位副主席各站在一列。3点零3分，总书记伸出手，先生

走上前去，两人紧紧相握，创下历史性的一刻。他们握了很久，除了镁光灯闪烁，人人屏住气息，没有任何声音。我不禁眼眶湿润"度尽劫波兄弟在，相逢一笑泯恩仇"，等到这一刻，等了六十年，多么不易啊！

接下来，胡总书记再和我、三位副主席，每位团员握手。握到胜文，他转身问我："这是老大？"先生代答："他是老二，老大是女儿，他是男孩中的老大。"总书记又问胜文："你有一米八？"文作答："一米九四"，他再一面和惠心、弘元、胜武握手，一面又说："女儿、女婿、小儿子。"再转向我："听说小女儿在写论文，没法来是吗？"我真佩服他记得这么清楚。

快离开前，有人在我背后拍了一下："认得我吗？我是吴仪。"想起战哥曾告诉我："吴仪是个非常能干的人，有'铁娘子'之称！"我连忙回答："久仰大名，如雷贯耳！"吴副总理看着惠心："女儿真像妈妈。"

"铁娘子"很高雅聊得投缘

晚餐，我们来到一个雕梁画栋依旧在的庭院——瀛台。胡总书记、吴副总理、陈主任已在等候。宾主寒暄几句，吴仪便拉着我的手："走！咱俩院子里走走！"副总理下午穿的是一件红色针织洋装，现在换上黑色针织晚装，上面还有晶亮的扣子，我不知道她的年龄，从言谈间，可以猜测她比总书记稍微年长。银色短发、白晰的肌肤、智慧的双眼，这位"铁娘子"竟是十分高雅动人。

4月的北京，晚上还带着凉意，尤其是户外，微风不断地吹拂着参天古树，柳絮不断轻吻着湖水。我有些过敏，不禁打了个喷嚏，副总理说："你肯定是感冒了。""没关系！我只是过敏。"我们慢慢地走，慢慢地聊，竟然十分投缘。风更凉了，她带我走近一幢阁楼。话锋一转，她说："你得叫连主席回去想想法子。台湾水果好，可是水果就贵在一个'鲜'字"。如果一关一关过太慢，水果到大陆都变味儿了，谁还要买？"这些年，大陆上百姓的生活也慢慢好起来。生活好了，就想到处走走。假使台湾能观光，你想这里有多少人会去？和观光相关的行业可以多发达！"我赶紧问："如果观光客能来，他们会想到哪里去玩呢？""只要一个日月潭，就够他们玩得很快活了。"想想，此行来前，彼此的共识——搁置争议，给子孙多留一点时间，给彼此多留一些空间；再亲耳听见他们对台湾老百

姓的关心，脑中又浮起战哥那句话——"两岸合作，赚世界的钱，有什么不对？"

祝福对岸朋友寄语白云

用餐时，大家都喝了不少茅台，胡总书记温文儒雅，诚恳务实，和战哥非常谈得来，席间在座的人都非常同意战哥所引用丘吉尔的名言："如果我们一直为现在与过去纠缠不清，很可能就会失去未来。"为了两岸的利益，大家应开诚布公，想到这个时隔一甲子才迟来的会面，耳边不禁响起这样的句子：

人生不相见，动如参与商。

今夕复何夕，共此灯烛光。

主称会面难，一举累十觞。

明日隔山岳，再见是何方。

回台北好几天了，想到对岸的朋友们，再一次寄语白云，送上我最诚挚的祝福！

（台湾中华连氏宗亲会供自《中国时报》）

相聚黄帝故里 共拜人文始

连有根 连谊江

春风拂面牡丹开，黄帝故里拜祖来。丁亥年农历三月三日（公历4月19日），黄帝故里拜祖大典在河南新郑举行。来自全球的两万炎黄子孙满怀虔诚，齐聚圣地，共拜人文始祖。拜祖大典场内外充满庄重、神圣、热情的气氛。体现了炎黄子孙祈求世界和谐、振兴华夏、共创美好未来的决心和信心。

上午7时，我们古上党连氏文化研究会一行三人应黄帝故里河南省政协和河南新郑、禹州、郑州等地连氏宗亲邀请，我们以内宾身份步入会场，并在会场的黄色条幅上以第一个签名，郑重的写下："中华连姓祖地上党连氏宗亲迎连战"。我们代表古上党连氏文化研究会还接受了多家媒体采访。

上午9时21分，在四名武警礼兵的引领下，连战宗亲和夫人连方瑀一行以贵宾步入黄帝故里景区，使大典气氛烘托的更加热烈。连战宗亲从汉阙经过"轩辕故里"牌坊，缓步进入拜祖大典现场，在黄帝故里祠前的红色台布书桌前，连战宗亲止步，欣然为黄帝故里题词："扫蒙昧，定中原，世胄文明于焉开"。连夫人也在祈福树下许下心愿："愿两岸永远和平幸福。"据现场负责人介绍，连战宗亲的题词将刻碑，永久保存。之后连战夫妇在热烈的掌声中步入主会场贵宾区。随着礼炮21

连有根在祭祖会场上题字签名

响,在大典主司仪、中共河南省委常委、郑州市委书记王文超主持下,拉开了拜祖大典仪式,大典仪式共有九项议程。我们目睹了连战三拜始祖、敬献花篮、净手上香……自始至终我们都在连战宗亲身边,直至送君上车离去。组织单位出于对连战宗亲的安全着想,保安特严,我们所处位置离连战宗亲相距不远,近在咫尺,没能贴身叙情,深感遗憾。

连战宗亲离开现场后,我们的内心久久不能平静,回顾去年的此时我们正组团赴福建漳州马崎参加连战回乡祭祖活动已是一周年了,也是上党祖地连氏宗亲提出:"迎连战宗亲回上党祖地看看" 的 365 天,此时此刻,我们在黄帝故里相见又错过。一年来,古上党连氏文化研究会的积极努力工作和海内外 50 万连氏宗亲的嘱托期盼,我们真的有许多的话需和连战宗亲叙说,有多少事需向连战宗亲相报。您的"和平之旅"、"寻根之旅"、"共拜黄帝故里"三次大陆之行的影响力,使我们这个小姓从春秋时齐大夫连称在上党开宗,历经三千年的生息、繁衍、传承、迁徙,不断延续发展的血缘链条遍及大江南北海峡两岸,使我们连氏再度辉煌。是连战宗亲的庄严承诺——同心同德、一心一意为两岸人民谋福祉,祈求两岸和平、稳定和发展,迈出了两岸和谐相处的关键性的一步,成为我连氏族人的骄傲和自豪。

肆

文献篇

中华连氏

　　家庭是社会的细胞,宗族系血缘传承的群体。古往今来,无论是帝王将相,庶民百姓,无不植根于家庭文化的血缘体系,无一超然于宗族交融的社会网络。从某种意义上讲,五千年的华夏文明,就是不同血缘的姓氏种族,在各个历史时期繁衍生息、播迁交融、兴衰更替的综汇。姓氏家族文化必然涉及人类学、社会学、历史学、经济学、考古学等多个学科,也必然会载录、留存于各学科的典籍文献之中。反之,凡载录记述有关姓氏渊源、繁衍播迁及其盛衰荣辱、社会功业及代表人物的经、史、子、集和金石碑碣、文物古迹,也均属于研究姓氏家族文化的文献典籍。依据其文化内涵和载录体系,大致可分为:考辨源流、明析世系的姓氏专著;载录史实、记叙人物的经传史志、族谱家乘;可资借鉴的金石碑碣、考古发现等。

一　经传史志　史海钩沉

我国是一个重视历史文化的文明古国，也是具有悠久史学传统的大国。流传至今的文献典籍和各类史书，更是汗牛充栋。而各种史书中一向都很重视人物传记的整理、编纂。及至太史公的纪传体通史《史记》问世后，则开创了以人物传记为主的史学新局面。其后，从班固的《汉书》到赵尔巽的《清史稿》，都继承了这一优良的传统，为历史名人留下了丰富的人物传记，是我们研究历史人物，当然也是研究连氏族人的历史渊源、发展迁徙、繁衍兴衰的重要文献。

（一）《春秋左传》

《春秋左传》相传为鲁国史官左丘明所作，是载录春秋时期列国史实的第一部编年体史书。其中鲁庄公八年（前686年）的条目中，记载了中国历史上第一个连氏名人，即被奉为中华连姓始祖连称的事迹。

冬十有一月癸未，齐无知弑其君诸儿。

齐侯使连称、管至父戍葵邱。瓜时而往，及瓜而代。期戍，公问不至。请代，弗许。故谋作乱。僖公之母弟曰夷仲年，生公孙无知，有宠于僖公，衣服礼秩如适，襄公绌之。人因之以作乱。连称有从妹在公宫，无宠，使间公。曰：捷，吾以女为夫人。冬十一月，齐侯游于姑棼，遂田于贝邱，见大豕。从者曰：公子彭生也。公怒曰：彭生敢见，射之。豕人立而啼。公惧，坠于车，伤足，丧屦。反，诛屦于徒人费。弗得，鞭之，见血。走出，遇贼于门，劫而束之。费曰：我奚御哉，袒而示之背，信之。费请先入，伏公而出斗，死于门中。石之纷如死于阶下。遂入，杀孟阳于床。曰：非君也，不类。见公之足于户下，遂弑之。而立无知。初襄公立，无常。鲍叔牙曰：君使民慢，乱将作矣。奉公子小白出奔莒。乱作，管夷吾、召忽奉公子纠来奔。初，公孙无知虐于雍廪。葵邱，齐地。临淄县西有地名葵邱。《后汉志》西安县有蘧邱亭，亦名渠邱，即古葵邱也。姑棼，齐地，即薄姑也。贝邱，齐地。乐安博昌县南有地名贝邱。

《春秋左传》中所记这条史实，是关于中华连氏最早的记载，即"连称戍守葵邱，连氏著迹春秋"的由来，成为后世研究连氏文化，修撰连氏族谱、家乘的基点。《史记》等正史中也加以收录引用。

（二）《史记·齐太公世家》

《史记》司马迁撰。原名《太史公书》，是我国第一部纪传体通史，其书共一百三十卷，分十二本纪、八书、十表、三十世家、七十列传。记事起于传说时代的黄帝，迄于西汉武帝获麟之年，共约三千年，其中记载战国、秦、汉的史料较为详细。历代有多家注释、正义、索隐，被推为二十四史（即统称正史）的开山之作。

《史记》中的"齐太公世家"，根据《春秋左传》的记述，收录了"连称戍守葵邱"的史实。是研究连氏的权威记载。

"十二年,初,襄公使连称、管至父戍葵丘,瓜时而往,及瓜而代。往戍一岁,卒瓜时而公弗为发代。或为请代,公弗许。故此二人怒,因公孙无知谋作乱。连称有从妹在公宫,无宠,使之间襄公。"曰:"事成以女为无知夫人。"冬十二月,襄公游姑棼,遂猎沛丘。见彘,从者曰"彭生"。公怒,射之,彘人立而啼。公惧,坠车伤足,失屦。反而鞭主屦者茀三百。茀出宫。而无知、连称、管至父等闻公伤,乃遂率其众袭宫。逢主屦茀,茀曰:"且无入惊宫,惊宫未易入也。"无知弗信,茀示之创,乃信之。待宫外,令茀先入。茀先入,即匿襄公户间。良久,无知等恐,遂入宫。茀反与宫中及公之幸臣攻无知等,不胜,皆死。无知入宫,求公不得。或见人足於户间,发视,乃襄公,遂弑之,而无知自立为齐君。

文中的"十二年"是指齐襄公十二年,即《春秋左传》中之鲁庄公八年(前686年),可见太史公编撰《史记》时,参阅引证了《春秋左传》。

(三)《宋史》

《宋史》为元代丞相脱脱所撰。在《宋史》列传第217的"隐逸传"中,记述了宋

代廉吏连庶、连庠兄弟的事迹。

连庶字居锡,安州应山人。举进士,调商水尉、寿春令。兴学,尊礼秀民,以劝其俗,开濒淮田千顷,县大治。淮南王旧垒在山间,会大水,州守议取其甓为城,庶曰:"弓矢舞衣传百世,藏於王府,非为必可用,盖以古之物传於今,尚有典刑也。"垒因是得存。以母老乞监陈州税。尝送客出北门,见日西风尘,而冠盖憧憧不已,慨然有感,即日求分司归。久之,翰林学士欧阳修、龙图阁直学士祖无泽言庶文学行义,宜在台阁。以知昆山县,辞不行。累迁职方员外郎,卒。

庶始与弟庠在乡里,时宋郊兄弟、欧阳修皆依之。及二宋贵达,不可其志,退居二十年。守道好修,非其人不交,非其义秋毫不可污也。庶既死,宋郊之孙义年为应山令,缘邑人之意,作堂於法兴僧舍,绘二宋及庶、庠之像祠事之。庠亦登科,敏於政事,号良吏,终都官郎中。

(四)《明史》

《明史》,为清张廷玉等撰。书中提到了明代御史连楹。连楹为上党襄垣人,是位刚正廉明的一代良吏。但因其在永乐帝

的"靖难之变"中,忠于建文帝,欲刺杀燕王(即永乐帝)故而《明史》中未能单独立传,只在"景清传"中提了一句。

"景清,本耿姓,讹景,真宁人……建文初为北平参议。燕王与语,言论明晰,大称赏,再迁御史大夫。"

"燕师入,诸臣死者甚众。(景)清素预密谋,且约孝孺等同殉国,至是独诣阙自归。成祖命仍其官,委蛇班行者久之。一日早朝,清衣绯怀刃入。先是,日者奏异星赤色犯帝座,甚急。成祖故疑清。及朝,清独著绯。命搜之,得所藏刃。诘责,清奋起曰:'欲为故主报仇耳。'成祖怒,磔死,族之。籍其乡,转相攀染,谓之瓜蔓抄,村里为墟。"

初,金川门之启,御史连楹叩马欲刺成祖,被杀,尸植立不仆。楹,襄垣人。

除正史之外,在地方史志、野史笔记中也都收录了历代连氏名人的生平事迹。其中以清初编撰的《古今图书集成·明伦汇编·氏族典》收罗最为丰富。对研究中华连氏有较高的参考价值。

(五)《古今图书集成·明伦汇编·氏族典》

《古今图书集成》系康熙年间诚亲王胤祉命进士陈梦雷编撰,历十馀年书成。凡一万卷,目录四十卷。未及刻印,雍正初,胤祉获罪,命蒋廷锡继续主持其事。三年告成。

因该书集经史诸子百家之大成,故名《古今图书集成》。其《明伦汇编·氏族典》,是撷取历代姓氏书的精要,以及正史、方志、诸子百家中各个姓氏的名人汇编而成。

每一姓氏分《汇考》、《列传》两大部分,上起周代,下迄明末。收录范围除正史之外又博采方志、类书、诸子百家,是融姓氏学与人物传为一体,集正史、方志、诸子于一炉的历代名人汇编。

该书共收录历代连氏人物 58 人,起自春秋,迄于明代,文后附有一篇明代族谱谱序。

(六)《连姓部汇考》

郑樵《通志》

以名为氏,齐人名。

连氏,左传,齐大夫连称之后,是连氏改为连,望出上党。

廖用贤《贤尚友录》

连姓

连上党,徵音。

(七)《连姓部列传》

周

连称

按:《左传》,庄公八年,齐侯使连称、管至父戍葵丘。瓜时而往,曰及瓜而代。期戍,公问不至,请代弗许,故谋作乱。

唐

连总

按:《福州府志》,总字会川,闽县人。咸通九年及第。善作赋,诗人温庭筠称之。

连肩吾

按:《尚友录》,肩吾著《金英玉髓经》二十卷。

后唐

连重遇

按:《十国春秋》,闽连重遇,光山人。初惠宗以太祖元从为拱宸、控鹤二都,命朱文进为拱宸都将,重遇为控鹤都将,号亲兵。及康宗立,更募勇士为宸卫都以自卫。其赐予视二都为独厚。文进、重遇遂纵火焚南宫,康宗斩关出,宿于野次。重遇迎景宗为君,而康宗遂不免。重遇既负罪,日夜惧国人见讨,益与文进亲密。居无何,景宗以语诮重遇,遂被弑。重遇乃掖文进升殿称闽主,重遇总六军礼部尚书、判三司。晋开运元年,林仁翰杀重遇,传首建州。

宋

连舜宾

按:《应山志》,舜宾,字辅之,其先闽人。自其祖光裕反葬应山,因家焉。少举毛诗,不中。遂归养其父正,不复仕。家多资,悉散以赒乡里。而教其二子庶、庠以学,曰:此吾资也。岁饥出谷万斛减价以粜,近县民皆赖之。盗亦感化,不敢犯。及卒,无远近往哭之。

连庶

按:《宋史·连庶传》,庶,字居锡,安州应山人。举进士,调商水尉、寿春令。兴学,尊礼秀民,以劝其俗。开濒淮田千顷,县大治。淮南王旧垒在山间,会大水,州守议取其甓为城。庶曰:"弓矢舞衣传百世,藏于王府,非为必可用,盖以古之物传于今,尚有典刑也。"垒因是得存。以母老乞监陈州税。尝送客出北门,见日西风尘,而冠盖幢幢不已,慨然有感,即日求分司归。久之,翰林学士欧阳修、龙图阁直学士祖无泽言庶文学行义,宜在台阁。以知昆山县。辞不行。累迁职方员外郎,卒。庶始与弟庠在乡里,时宋郊兄弟、欧阳修皆依之。及二宋贵达,不可其志,退居二十年。守道好修,非其人不交,非其义秋毫不可污也。庶既死,宋郊之孙义年为应山令,缘邑人之意,作堂于法兴僧舍,绘二宋及庶、庠之像祠祀之。

连庠

按:《宋史·连庶传》,弟庠,亦登科,敏于政事,号良吏。终都官郎中。

连正臣

按:《大田县志》,正臣三十六都人,元祐三年戊辰,特奏名出身。

连南夫

按:《应山县志》,南夫建炎初守濠州。古有东西二城,濠由其间入淮。南夫始决濠水,由城西径达于淮,筑二城合为一。累官广东转运使。

连万夫

按:《宋史·连万夫传》,万夫,德安人,或曰南夫弟也。补将仕郎。建炎四年,群贼犯应山,万夫率邑人数千保山砦。贼不能犯。寇浪子者,以兵至,围之三日,卒破之。贼知万夫勇敢有谋,欲留为用。万夫怒,厉声骂贼,为所害。赠右承务郎,官其家一

人。

连希觉

按:《万姓统谱》,希觉,字民先,绍兴中知英州。先为筑陂引水灌田,民感其惠,号曰"连陂"。

连潜

按:《延平府志》,潜,绍兴八年进士。

连茹

按:《延平府志》,茹,乾道二年进士。

连致道

按:《延平府志》,致道,乾道壬午举人。

连城

按:《延平府志》,城,淳熙戊子举人。

连掀

按:《延平府志》,掀,淳熙甲午举人。

连璧

按:《顺昌县志》,璧,於潜训导。

连世瑜

按:《尚友录》,世瑜,乐清人,居左洞,同妻方氏事母至孝。母死,刻像奉之益恭。郡守张九成尝移文,体访里人。王十朋亲到其家,询诸比邻,咸称世瑜事亡如存,晨昏馈食,经今十年,孝诚不替。九成馈酒礼之。淳熙中,世瑜死,方氏年逾七十卒。其子士表、士则供奉益至。郡守继上其事,诏

旌表其门。

连三益

按:《泉州府志》,三益,字叔友,安溪人,登庆元二年进士,知沙县,庭无留讼。及去,民遮留千数。倅广州,尽却馈例,人服其清。再倅绍兴,未上,卒。

连逢辰

按:《万姓统谱》,逢辰,嘉定进士。

连德嘉

按:《万姓统谱》,德嘉,嘉定进士。

连如璧

按:《万姓统谱》,如璧,於潜人,咸淳进士。

连久道

按:《尚友录》,久道,字可久,江湖得道之士。年十二能诗。父携之见熊曲肱,赋《渔父词》云:"芦花轻逐微澜,蓬窗独自清闲。一觉游仙好梦,任他竹冷松寒。"曲肱亦赠以诗,且曰:"此子富贵中留不住。"后果为羽衣得道,往来西山。

元

连肇

按:《山西通志》,肇,襄垣人。博学有文章,至元进士。历潞城、陵川、汾州教官,阿都温太尉府参军。又为山东考试贡举官。归乡,奖迪后进,士皆乐附。卒赠集贤学士。

连九鼎

按:《万姓统谱》,九鼎,锺离县尹。六事具备,以廉勤称。

明

连楹

按:《名山藏·臣林外记》,楹,襄垣人。洪武中以太学生授翰林院左春坊、太子赞善,启沃其多。高祖美其刚正,改为御史,久任之十馀年。"靖难"兵起,与御史姚镛相誓死。廷臣有二者,辄露章弹奏。立金川门下,自马首数成祖,词色不屈。命收之,引颈受刃。有白气冲天,尸僵立不仆。

连均

按:《建安县志》,均,字士平,登永乐乙未进士,除云南道监察御史,巡浙江海道,以功擢江西右参议。督武定州,军饷规措有方,升四川左参政,甚著威惠。再升江西右布政。历官四十馀年,人称其介。

连智

按:《建安县志》,智,字景修,永乐乙未进士,历官翰林修撰,与修《永乐大典》及五经四书。

连酥产

按:《沙县志》,酥产,茶冈人。宣德二年岁贡,官州判。

连俊

按:《万姓统谱》,俊,邠州人,刚毅果断,锄强扶善,田圮于海,而民多偿租,乃奏免之。宣德癸丑蝗,请以菽麦,待秋赋。军不乏给,而民仁之。明年复大侵,申借常熟官粮万石以济之,所活者甚众。

连恭

按:《万姓统谱》,恭,字伯庄,任宝庆府通判,家世业儒,在官亦以儒卫饰吏事。秩满归,百姓思之。中式时有司为立折桂坊。

连镛

按:《建安县志》,镛,字文韶,智之子。正统末,沙尤贼邓茂七为乱。镛奉檄亲往巢穴招抚之。贼终怀二,镛乃行反间,诱诸贼自相攻击,遂设伏歼其首恶,群盗一时就擒。事闻,诏褒义勇。

连碧

按:《德化县志》,碧,天顺间贡士,任博罗主簿。

连祥

按:《禹州志》祥,字天锡,天顺己卯举人。成化初,任山阳县尹,平易近民,卓有政声。丁内艰,哀依墓所不履城市者三年。时有赤白兔出没墓傍,学士李西涯为作《孝感记》以志之。服阕,补齐河三年,慈惠小民,一钱不取。县东运河冲决为患,筑堤栽柳,卒免淹没。至今犹有"连公堤"之称。

连盛

按:《万姓统谱》,盛,永年人,成化进士。任御史,性刚介方正,贵贱敛手。正德初,逆瑾擅权,中外争以贿赂之,盛独抗直不附,瑾怒,窜海南。子鑛,正德进士,历官都御史。

连用诚

按:《福州府志》,用诚,闽县人,字性甫,正德己卯举人。官顺德知县。

连鑛

按:《广平府志》,鑛,字白石,永乐进士,庶吉士,御史,抗直敢任。疏言畿南地瘠,请免俵马,桑梓攸赖。时巡方李新芳有狂疾,过广平惊炮声。遂上言知府李腾霄谋刺使臣,令兵备杨彝捕缉二千人,阖郡汹惧。鑛上疏以百口保,得旨会勘,获免大狱。历官总河都御史。

连钟

按:《崇安县志》,钟,籍溪里人,嘉靖十八年选贡,饶平县教谕。

连汶

按:《崇安县志》,汶,籍溪里人。嘉靖十九年贡,钦州学正。

连三

按:《松溪县志》,嘉靖壬戌,倭寇犯境,三奋力御敌,被铳伤而死。

连榜

按:《龙岩县志》,榜,隆庆丁卯顺天中式。沔县知县。

连一贯

按:《龙岩县志》,一贯,字平渊,邑增广生,倜傥负奇,好行阴德,闾里多颂之。隆庆二年知县申详院司道府建尚义坊旌之。表曰:"文正遗风。"以子继芳,封德清知县。

连继芳

按:《龙岩县志》,继芳,字以善,万历进士,授德清知县,冰操爱民,加意造士。迁别驾,历河间同知,丁艰,补常州同知,历户曹员外郎中,转安庆知府,升广西按察副使,疏请终养。

连格

按:《山西通志》,格,禹州人,万历间任大同县。悃愊无华,绰有古风,遇事剖决如流,悉得其情,士民德之,升御史。

连标

按:《禹州志》,标,字孟准,格之弟,进士,授行人,选御史。上书立太子,救曹学程,几犯不测。巡按宣大兼学政,刊布书籍作养士类。计擒矿盗张守清。按畿南,郭幕枉杀驿卒,感异梦,为抵其罪,人称神明。按山东,修孔子庙,立万古长春坊。术士张元阳妖言惑众,不徇请托,立置于法。历升副都御史,巡抚宣府。修边墙千馀里、墩台若干座。捐俸置义田、义学,以赡族。在任二年馀,以劳瘁成疾卒,追赠右都御史,著有《历游草》若干卷。

连汝球

按:《龙岩县志》,汝球,万历二十八年贡,任仙游训导。

连瓒

按:《龙岩县志》,瓒,万历三十一年恩贡,兴宁训导。

连镕

按:《龙岩县志》,镕,万历四十年贡,任怀庆府同知,置义田以赡族人。

连日新

按:《安溪县志》,日新,新溪里人,万历间贡,任教谕。

连金

按:《龙岩县志》,金,字士砺,继芳长子。孝友气节,好学礼贤。以恩贡历官至思恩府同知,有政声。

连捷

按:《陕西通志》,捷,字金门,平凉安

东卫人。工举子业,试辄冠侪辈,久著名诸生间。天启辛酉,始举乡试第三。为人宽和,尤敦友让,与弟芳同居,终身无间言。素恬静不与人竞。未尝见有睚眦之怨,乡曲皆称之。

连登岸

按:《延平府志》,登岸,大田人,天启丁卯举人。古貌古心,不屑边幅。好学不倦,精星纬。教谕福安,卒。所著有《天文志》。

连城璧

按《广东通志》,璧,江西金谿人,崇祯间任灵山。鲠介端方,堂无暮夜。时贵县巨贼韦儿、黄应秀,越境流劫,缮城池,募乡勇,增设讯兵,分险防御,民赖以安。建社学,勤月课,士风丕变。擢监察御史。

连守度

按:《山东通志》,守度,字慎所,乐安人,以恩贡知淳化,擒大猾王尧官。解孙建悟十年冤狱。升镇南知州,以亲老坚辞不赴,林居奉养二十馀年。

连士雅

按:《山东通志》,士雅,乐安诸生。孝友行善,教子弟。

连总

按:《延平府志》,总,岁贡,大田人,任德清教谕。

《连氏族谱序》
明·贾还素

古者国有世爵,士有世官,民有世业。故上之统绪昭然,云来相次。而下至委巷,亦得叙其亲疏,收其涣散于出入守望之间。迨五等废,而贵者不本其宗祧;阡陌开,而贱者不依其族当,欲以九州系邦国之民难矣。惟眉阳苏明允氏,考礼家宗图为苏氏族谱,可谓彬彬乎质有其文,世之修谱者多宗之。又尝读先贤罗虞臣氏小宗辨,谓明允沿班氏四宗之臆说,不应舍曾祖之嫡,而自其祖立宗,非所以昭嫡庶之分也。呜呼!先王制法之严,儒者考礼之密如此。今日者,宗谱之学弃而不讲,子孙不复念其祖祢,父兄不能率其子弟,以至箕帚锄耰见于辞色,入里门不下车,在期功不废丝竹,流极之势,将来不知所终矣。余同学友连君克昌慼焉伤之,乃仿《苏氏族谱》而复斟酌于李氏献吉、康氏对山两先生之间,为《连氏族谱》十篇。书既成而问序于余,余惟,由百世之下而知百世之前,慼统系之异同,辨传承之久近,序戚疏而敦亲逊,实于谱是赖。然亦有难言者,有征而不书，是谓弃其祖，无征而书，是谓诬其祖。而或者远引无稽之系，以侈其门阀；虚构无情之词，以诳其子孙，其为修谱可胜言哉！今取是编而读之，尊其所知，阙其所不知，详其所信，不强述其所疑。自载始祖以来，荜路蓝缕，及一再传，而后诗弓礼治，抑何兢兢无溢词欤。诚以古之君子垂世作则，不在族之繁微，而视其德意之厚薄；不在遗之肥瘠，而卜其规模之恢隘。为之考所自始，以治其昭穆；明所由分，以联其族属。本之正直忠厚，以振其风靡；原之

诗书文章，以饰其固陋。斯寝昌寝隆，渐流渐长之道也。孟夫子云：人人亲其亲，长其长，而天下平，盖克昌意深远矣。复古之道，补宗法之所不及，于是乎在。故余乐为克昌道之。克昌纯孝本之至性，经术甚深，以名进士起家，其所树立将一道同风，为

海内仪表，宁止一宗睦叙而已哉。

连姓部纪事，应山县志，连庠字元礼，与兄庶齐名。伯氏朝明洁，人谓之"连底清"。仲氏加以严肃，人谓之"连底冻"。

肆

二 姓氏专著 考辨源流

中国姓氏,历史悠久,内涵丰富,门类庞杂,异彩纷呈。历代研究姓氏学的著述达 400 种左右,流传至今的尚有 70 多种,其中宋、明、清三代著述最为丰富。这些姓氏书大多涉及到连姓,其内容包括了姓氏起源、历史演变、郡望支派、历代世家大族的兴衰及其代表人物的生平事迹等等。

但由于这些历代著述十分专业,整理点校有一定难度,且市场需求量不大,因而很少有新版问世,只是在当今出版的一些姓氏辞书中加以引用或诠释,现选择其中数种,以飨读者。

(一)《中国姓氏辞典》

《中国姓氏辞典》由陈明远、汪宗虎主编,1995 年 11 月北京出版社出版。该书收录了汉代《风俗通》、《潜夫论》、《姓氏急就篇》中的全部姓氏及魏晋隋唐以来的姓氏研究成果,比《百家姓》所收多出三倍,共计收录中国古今姓氏 1466 条。对每个姓氏详细考释它们的历史来源,地理分布,以及郡望堂号和历史名人,有一定的参考价值。

连［今音］lian

［古音］力延切,lian

文献记载

《左传》载,春秋时齐国大夫连称,齐襄公时任将军。宋代有连文凤,三山人,诗人。明代有连均,建安人,为江西布政使。《中国人名大辞典》收录连氏 28 例。宋《百家姓》列为第 330 姓。

历史来源

(1)出自姜姓。为春秋时齐国大夫连称之后。(2)出自芈(mi)姓。春秋时楚国公族有连敖,连尹之官,其后遂为连氏。(3)出自鲜卑族。《汉书》载:鲜卑有连氏。又据《魏书·官氏志》所载,南北朝时,北魏有代北复姓是连氏、大连氏,随魏孝文帝南迁洛阳,定居中原,于太和年间皆改为连氏。

地望分布

《郡望百家姓》及《姓氏考略》皆云:连氏望出上党郡。秦代置。在今山西沁水以东地区。

(二)《中华姓氏大典》

《中华姓氏大典》由巫声惠编着,2000 年 6 月由河北人民出版社出版。该书以唐宋以来的主要姓氏书为主要资料来源,直接引用,以序排列,因而使我们能看到原书的内容,是本书的最大特色。编排以姓氏笔画为序,附有汉语拼音音序索引,使用较为方便。

连 lian 力延切,平,仙韵。单姓。

《广韵·仙》:"连,姓。《左传》齐有连称。又复姓六氏:西秦丞相出连乞都。《后魏·官氏志》:南方宥连氏改连氏,是连氏改连氏,费连氏改为费氏,綦连氏改为綦氏。又有赫连氏。"

《元和姓纂·二仙》:"连:齐大夫连称后。"(《姓解·二六》同)

《通志·二八·以名为氏》:"连:齐大夫连称之后。又,是连氏改为连氏,望出上党。"

《古今姓氏书辨证·二仙》"今泉州有连氏。望出冯翊。又,河南连氏:《五代史》福建阁门使连重遇"。(《万姓统谱》作远仲遇)

《姓氏急就篇·上》:"《庄子》有连叔。齐大夫连称。闽:连重遇。宋:连庶、连庠。复姓:太连,高车姓。是连氏改连氏。"

《希姓录·一先》:"连称,齐大夫。明朝有进士连盛。"

《姓觿·十六先》:"《氏族大全》:《左传》齐大夫连称之后。《姓考》:'楚大夫采邑。《史记》连尹襄老是也。因氏。'《千家姓》:'冯翊族。'又赫连改连氏。"

《氏族典·一八一》:"《左传·庄·八年》:'齐侯使连称、管至父戍葵邱。'唐连总:咸通九年及第。见《福州府志》。连肩吾:见《尚友录》。《十国春秋》连重遇,光山人,闽将,自为礼部尚书,判三司。晋开运元年,林仁翰杀之。宋连庶,字居锡,安州应山人,进士,县令。见《宋史》本传。连舜宾,庶父,见《应山志》。连楹,襄垣人,以太学生授太子赞善。任御史。靖难兵起,立

金川门下,自马首数成祖,引颈受刃。"见《名山藏·臣林外纪》。(亦见《明史·一四一》)

(《旧五代史·党项传》有连香,为党项大首领)

(三)《中华古今姓氏大辞典》

该辞书为窦学田编撰,1997年由警官教育出版社出版,以汉语拼音字母次序排列,共收录中华古今姓氏辞12000馀条,是收录姓氏最多的姓氏辞典。该书的特色是介绍了各个姓氏的当今分布地域,有一定的参考价值。

连(连)lian 现行常见姓氏。今北京,河北之魏县、尚义,山东之平邑、龙口,湖北之监利,江西之金溪,云南之陇川等地均有分布。汉族、苗族、壮族、傈僳族、土家族等皆有此姓。郑樵《通志·氏族略》亦收载。其源不一:(1)郑樵注云:"《左传》齐大夫连称之后。"此以名为氏。(2)《姓氏考略》注云:"出陆终(第)三子惠连之后。"(3)其又注云:"楚连尹、连敖皆官。连姓必有以官为氏者。"(4)又据《汉书》云:"鲜卑有连氏。"(5)郑樵又注:"是连氏改为连氏。"《姓氏考略》据《魏书·官氏志》亦注:

"是连氏、太连氏皆改连氏。"望出上党。

宋代有连文凤,三山人;明代有连均,永乐进士,江西布政使。

(四)《台湾区姓氏堂号考·连》

《台湾区姓氏堂号考·连》杨绪贤编撰,中华民国六十八年(1979年)六月台湾省文献委员会印行。

该书收录台湾地区一百大姓考略,连氏位列第七十四位。

连氏,目前为台湾区第七十四大姓。清康熙中叶,连兴位由福建龙溪渡台,卜居今台南市。今台湾区连氏人口总计为:二八、三一八人,分布较多之县市依序为:台北县、台北市、台南县、基隆市、苗栗县,分布较多之乡镇市区依序为:台南柳营、台北双溪、台北三重、苗栗竹南、台北板桥。

连氏堂号为:上党(郡号)。

连氏姓源有二:(一)出自芈姓:姓氏考略载:出自陆终三子惠连之后。时人认为陆终六子季连之后者。(二)外族改姓:(1)汉书载:鲜卑族有连氏。(2)魏书官氏志载:是连氏改为连氏。

齐大夫连称,徙居上党,子孙传衍成为当地望族,遂以'上党'为连氏郡号,后裔经鄱阳、南阳播迁至婺州。唐代,连谋自婺州迁闽,其孙连总之后裔连作岩,福建泉、漳、建宁诸府属之连氏,皆出自连作岩之后。其后,连胤迁大田魁城,为该地连氏始祖。胤玄孙连小五、小六兄弟相偕迁入龙岩和睦里白泉乡(后为漳平所辖),为该地始祖。小六曾孙连四八,于明宣德年间(或谓年代有误)徙居同县感化里。四八长子连垒奉母避难长泰县,奉四八为该地始祖,垒长子连佛保分往龙溪。四八次子连其季迁永春。连胤九子连仁业先连小五、小六兄弟于宋代迁龙岩。

唐文宗时,世居福建连江之连刊徙居龙溪。宋孝宗时,其裔孙连谦复迁龙岩。历宋、元、明各代,子孙或居龙岩,或徙他处。

清代,连氏族人渡海来台者,以闽籍居多。兹依籍别,列述如下:

来自福建漳州府者:(一)龙溪县:康熙中叶,连兴位徙居今台南市。(二)长泰县:乾隆初年,连湘入垦今台湾北部,其子元枰、元桥移垦今台北双溪。(三)漳浦县:嘉庆年间,连朴信入垦今双溪。

来自福建泉州府者:(一)惠安县:嘉庆年间,连交入垦今台北县。(二)同安县:咸丰年间,连腾徙居今台北市。

不详原籍者：康熙中、末年，连良入垦今台北淡水。乾隆五十年以前，连捷入垦今屏东里港。五十八年，连乔入垦今双溪。

（五）《台湾百家姓与大陆渊源》

《台湾百家姓与大陆渊源》，陈秀龙、朱英秋著，山西教育出版社1992年出版。主要论述台湾一百个大姓与大陆的传承渊源。

大名鼎鼎的"连堂"，在台湾岛上无人不知。说也难怪，因为，连氏家族目前是台湾的第五十四个大姓（应为七十四位），连姓人遍及全台湾省的每一个县市。怎能不为人知晓呢？

其实，连氏不但在台湾如此兴盛，而且自古以来就是大陆各地的名门望姓。就连《春秋》三传，也不乏有对这个古老氏族的记载。名载《左传》的连称，可以说是最有说服力的例子。

连称，是当时齐国的大夫。《左传》对他有这样的记载："襄公使连称与管至父戍葵邱，瓜时而往，曰：及瓜而代。期戍，公问不至，请代弗许，遂作乱，杀襄公。"

这位连称，正是连姓中国人的始祖，是他开创的连姓。唐代的《名贤氏族言行类稿》有云：《左传》，齐大夫连称之后。"根据这一考证，连氏家族从得姓之始，到现在已有两千多年历史。源于连称的这支连姓，发祥地在现在的山东境内。

《姓氏考略》的记载，与之有别，它把连氏的源流推溯得更远，上至上古时期。

《姓氏考略》云，连氏"出自陆终三子惠连之后。"惠连，在陆终六个儿子中名列第三。陆终，则是祝融氏吴回之子；吴回，又是颛顼帝高阳氏的曾孙；而高阳氏又是黄帝的嫡孙。由此可见，世世上推，连氏的源远流长是显而易见的。

《姓氏考略》还有这样的记载："又楚连尹、连敖，皆尹名，连姓必有以官为氏者，望出上党。又，鲜卑有连氏，见《后汉书》。"

《魏书·官氏志》也曰："是连氏，大连氏，皆改连氏。"

可见，连氏除了连称和惠连两支外，还有望出上党，以官为氏的连尹氏，鲜卑连氏，以及改为连氏的大连氏。他们共同组成了中国连姓的渊源。

庞大的连氏家族出现之后，在历史上表现十分出色，其中，以宋、明两代尤为突出。这两代期间，曾产生了不少受人敬仰的连氏名人。

在宋代,宋仁宗庆历年间,有连庶、连庠兄弟,深受欧阳修的器重;宋高宗建炎年间的连南夫,曾在广东闹饥荒时活人无数;绍兴年间的连希觉,曾在英州为地方筑堤引水灌田;宁宗庆元年间的连三益,历知沙县、广州、绍兴,任满离去,老百姓皆遮道以留。

至于在明代,为政的连姓之人也有不少,如明成祖时的名御史连楹;英宗万历年间的广西按察副使连镛;宪宗成化年间的御史连盛;神宗万历年间的广西按察副使连继芳;思宗崇祯年间出知灵州的连宗度,等等,都为志在强国,造福百姓,做过一些好事。

在上述连氏良吏名臣之中,宋代的连庶、连庠兄弟是湖北应山人。连南夫是湖北安州人。连三益是福建安溪人。明代的连钧、连镛都是江苏建安人。连盛是河北永年人。连继芳是福建龙岩人……这些充分说明,长久以来,连氏族人遍布大江南北。

自宋代以后,连氏就已称盛于福建的泉州地区。根据现有资料判断,至少在“五胡乱华”时期,连氏就已南迁入闽。因为,早在唐朝咸通年间,在福建闽县就出现了一位大名鼎鼎的要人连总。唐以后的五代时期,有一位叫连重遇的人,在福建政坛上还曾叱咤风云于一时。

从连氏在福建长时期的盛况,不难想象连氏的子孙东渡过海,繁衍台湾的情形。事实上,台湾的连氏,也确是如此,不但本支繁盛,而且成就优异,享有盛名。“连雅堂”,就是其中的一个典型的例子。连雅堂先生,即连横,他是台南人,擅诗文,通史学,还富有民族思想。他所著的《台湾通史》、《台湾诗乘》迄今仍被台湾省列为重要的历史文献。

目前,台湾的连氏族人,数台北一地最多,次是台南,再就是苗栗。据考证,福建安溪人连良,是大陆连氏迁台的开基始祖。他于清康熙年间,最先移台,入居今台北县淡水镇水确里,开基立业。从此之后,自福建迁台的连姓人士络绎不绝,一直延续和发展成今日之盛况。

(六)《炎黄源流史》

该书由湖南省社会科学院历史研究所研究员、享受国务院特殊津贴的专家何光岳先生所著。何光岳先生积数十年的心力,编撰了中华民族源流史、姓氏源流史一套丛书,共16册,是当今海内外所公认

的中华民族源流史和姓氏史的权威著作。《炎黄源流史》是该丛书第一分册,70馀万字。主要论述由炎黄二帝衍生的各个民族、姓氏的历史渊源及其发展流派。在本书第七章引用了多种古籍文献对炎帝烈山即连山氏作了专门论述。现摘要如下:

《帝王世纪》说:神农以火承木,位在南方,故谓之炎帝。都于陈,又徙鲁,又曰魁隗氏,又曰连山氏,又曰烈山氏。

《路史·后纪三》谓:安登生神农于烈山之石室,生而九井出焉。于是修火之利,

官长其事,悉以火纪,故称炎帝。肇迹列山,故又以列山、厉山为氏。以八卦为连山易,故曰连山氏。

《通志·三皇纪》:炎帝神农氏起于烈山,亦曰烈山氏,亦曰连山氏。……其作连山者,连与列、厉皆一声之转,连山亦犹列山、厉山。《世纪》谓八卦,夏人因炎帝曰《连山》。《礼》言夏谓之《连山》,夏人用之也。神农卦卜之术,本无专名,后人以其出于列山氏,因呼为《列山》,又转为《连山》。

肆

三　诸家论述　各有千秋

自 20 世纪 80 年代以来,随着全球寻根热的兴起,特别是大陆、台湾两岸关系的解冻,部分专家学者和连氏族人纷纷开展连氏文化研究,收集、整理了大量连氏文献资料,发表、出版了一批连氏文化论著,虽说起步不久,但成果斐然。诸家论述,各有千秋。

中国连姓始祖究竟是谁

连云山

我们知道，如果以严格筛选的史料和确凿史实，查清中国连姓氏族源流，第一件大事便是要查清中国大陆连氏始祖究竟是谁？中国连姓有几个支派族系？经过数千年演变，现在怎样？

首先我们要确立一个共同承认的共识，即是不管是那个姓，父亲只能有一个，始祖只能有一个，不能乱认父亲和始祖。换言之，不能说一个人有几个嫡亲父亲，那不合科学，也不会是事实。所以连姓也只能有一个始祖，几个始祖的说法不科学，也不可能符合历史真实。

但是，数千年的时间和人世变化，使得在连姓始祖问题上蒙上了几层迷雾，虚实相混杂，牵强附会，传说与历史真实搅和一起。因此，我们必须用科学分析的方法，将虚实加以分解，将牵强附会的传说同历史真实分离出来，擦去千年尘土，拨开传说迷雾，还事实以本来面目。

传说中的五位始祖和八个支派

许久以来，人们从个别姓氏书，或一些农村的连姓族谱上，可以看到关于连姓始祖的五种说法，即：

一、黄帝轩辕氏与颛顼高阳氏之后也。

二、上古陆终氏第三子惠连之后也。

三、夏朝有恭父氏，有功于夏，被封为连城王，妻吴氏，生连称，故连姓。

四、周时齐国连称，实为姜姓，仕周有功，姬庄王赐姓连，始名连称，封官为大将军，封地上党或食邑上党。寿64岁而终，子某孙某曾孙某，皆为大官，中国上党连姓即这位连称之后也。

五、连称，周公之后，葵邱著迹，上党开宗。连姓，春秋时齐国大夫连称之后也。葵邱著迹，上党开宗。

中国大陆连姓有几个支派？史书表明，在西晋（317年东晋建武元年）之前，中国只有上党连氏一家。没有第二、三家。西晋末年，天下大乱。晋元帝渡江，定都于建康（南京）始称东晋。此时，北方五胡十六国先后进入中原，北方和西北各草原九个少数民族在中原建立起时间不等的政权称霸。当时史书上出现的少数民族姓氏中，带有连字的姓约有七八个，并全是复姓。计有：

费连氏（或称为浑陆氏，费刘氏）

大连氏（或称陆连氏）

出连氏（或称杜连氏）

郁连氏（或称云林氏）

是连氏（或称史连氏）

提连氏（或称铁连氏）

赫连氏（或称郝连氏）

这些复姓的带连字的姓氏，散见于当时的北朝史书中，到了宋朝，郑樵编著《通志·氏族略》，将它们全部搜集起来编在一起，列入连字名下，并注明说上述各少数民族复姓连氏，以后均改为单姓连姓了。还有楚国设有一个叫"连尹"的官职，战国之后，逐渐盛行以物为姓，或以官为姓，于是都改为连姓了。

这样看来，中国连氏就有五位始祖，七八个支派。

历史的真实是怎样的

现在我们用科学的方法来考察一下，以上连姓有多个始祖和多个支派的历史真实情况，后来演变为什么情况？

第一说，黄帝轩辕氏及其子颛顼高阳氏，是连姓始祖。这一说当然不错。因为黄帝为中华"人文初祖"，举世公认。但黄帝是中华民族的共同先祖。也就是说，黄帝是中国两千多个姓氏的共同先祖。是具有

象征意义的始祖，不是具体的连姓始祖。

第二说，上古陆终氏第三子惠连之后也。这一说初见于宋郑樵的《通志·氏族略》。后为较多姓氏著作所引用。但只有这样一条记载，再无其他说明，也没有别的史料印证。科学性不充分。而且陆终氏和惠连是什么时代人？什么地点的人？有何事迹？均无史料说明。所以只能视为上古时代传说。作为具体的连姓始祖根据不足，站不住脚。

第三说，夏朝有恭父氏，有功于夏，被封为连城王。恭父妻吴氏，生连称。故恭父氏是连姓始祖。这一说很牵强附会。中国在殷商晚期才有甲骨文记事，西周时主要为钟鼎文记事，战国和秦始皇时用竹简记事。那么远在殷商甲骨文之前一千多年的夏代，中国就有了恭父氏，连城王和妻吴氏，是用什么甲骨文类介质记载传下来的？而且春秋和上古时，有名无姓。后来鉴于"同族通婚，其生不繁"的教训。为避免同族通婚，到春秋后期和战国时代，才开始逐渐采取以国为姓，如宋、陈、赵、蔡；以物为姓，如马、牛、杨、柳；以职为姓，如上官，司马等。或取名字中一字为姓。以各种形式固定姓氏才普及开来。后代长期固定下来使用。但中国连姓在春秋前两千年就

有了恭父氏即连城王和妻吴氏等姓。这太伟大了，简直是奇迹。而且夏代的连城王的儿子，是一千多年后春秋时的连称。也就是说连称活了一千多年。这能认为是历史的真实吗？当然不是真实的。

第四说，始祖连称公实属姜姓，仕周有功，姬庄王赐姓连，封官为大将军。封地为上党或食邑上党，寿64岁而终。子某孙某曾孙某均为大官等。这一说更是出自编造附会，中国西周春秋时的官制名号，只有王、公、大夫。过了七百多年到战国和秦汉时代才有了将军、丞相等官职名号。连称是春秋时人，怎么能担任七百年后才有的将军？这也不合史实。

如此种种不再列举。

关于中国连姓有几个支派？东晋五胡十六国时期，进入中原的北方和西北草原游牧民族中，确有六、七个复姓部落带有连字，确数不好统计。因为这些民族只有语言，没有文字。原本也没有姓，只是部落名称。由汉人用文字记录下来的，例如费连氏，因各人发音不同，可记为浑陆氏、费刘氏等等。东晋十六国的民族大融合的两百多年间，少数民族都改为汉姓。改姓也不一致，并不断有变化，或改为第一音，或改为第二音。这些带连字的复姓也有曾改

为连的，但我查了《魏书·官氏志》等史书，最后改姓都是按第一音定下来的。《魏书·官氏志》等一一说明了改姓的最后情况是：

费连氏改姓费氏。

去连氏改姓去氏。

是连氏改姓史氏。

出连氏改姓杜氏。

大连氏改姓为陆氏。

提连氏改姓为铁氏

也有改为刘姓、王姓、张姓等，情形不一。他们既然改姓，当然要改为大姓、望姓、大官或富豪贵族的姓为好。恰巧的是，连姓没有人当过帝王，也没有达官富豪，人家改姓也就不愿意改为这样的小姓连姓。这就是当时的现实情况。

东晋十六国时代，是中国历史上民族大融合的时代。经过两百多年时间，到北魏、北周时，原先进入中原的各少数民族都已经完全汉化，史书上关于少数民族的记载已无影无踪了。在这次民族大融合中，如果有少数族最后改为连姓，加入进来，我们当然欢迎。但是没有。因为连姓人口太少了，又一直没有出现高官豪富。弱门小姓诸多困难，需要壮大，但是没有壮大起来。所以在这次中国历史潮流上最大

的民族大融合中，竟然没有新支派进来。只好仍然是一个单纯的小姓延续下来。

所以上党连氏仍然保持了原上党一派的原状。

连称是中国连姓的唯一始祖

现在剩下最后的惟一一个问题，中国连姓始祖究竟是谁？

历史事实的答复是：春秋时齐国大夫连称。这是中国连姓的唯一始祖。

我反复查阅史书，关于连称和他的事迹，在中国历史的官方和权威史书中都记载了连称事迹是："葵邱著迹，上党开宗"。"周公之后，葵邱著迹，上党开宗"。《左传》、《春秋》、《史记》诸书，以及明清时代的姓氏专著，也都是这样的记载。其人及其事迹是公认的。连称与齐桓公、管仲是同代人，他带兵守卫葵邱，后又带兵支持管至父和公孙无知杀死荒淫无道的襄公，迎在外的公子小白（即后来的桓公）和管仲回到齐国，为齐国发展成为当时中国最富有的强大的诸侯国家扫清了道路，成为春秋首霸，在推动当时的历史车轮前进中，连称起了重要的作用。当时连称还带兵随同齐桓公"九合诸侯，一匡天下"，又随齐桓公在当时只有羊肠小道的条件下

登上太行山的上党，将他的部分连姓族人留在中国军事要地的上党襄垣，后来向外发展，被史家称为连姓"上党开宗。"

（载《中华连姓》2006 年第 2 期）

中华连氏之根在上党

赵志忠

"中华连氏之根在上党"这个结论，不是天上掉下来的，也不是哪一个人头脑里固有的。而是全国连氏宗亲多年的调查、考证得出来的，也可以说是集体智慧的结晶。

为什么这样说呢？理由有三。

首先，史书载文："连姓，周公之后，上党开宗，葵邱著迹"这段文字在《春秋三传》与《史记》中有较详尽的记述。会长连有根在《上党开宗，葵邱著迹》中有论述，不再赘述了。还有襄垣县出土的三块碑文《大周故飞骑尉连府君墓志铭并序》、《大周故人大夫连君墓志铭并序》及《大唐故处士连君墓志铭并序》可作充分佐证。第一块碑文中记载："连族，周文王之宝裔，鲁元子之胤绪"；第三块碑文中记载："君讳哲，上党襄垣人也……自周之后，苗裔遂分。鲁宣馀宗，其居食邑。则源派流长，

根深叶厚……"关于"上党连"的论述，原古上党连氏文化研究会秘书长连磨纯宗亲在他的《浅谈上党、上党郡、上党连》一文中已作了详尽的分析说明。

其次，专家考证。1986年，著名学者：原人民日报高级记者连云山与连维忠二位宗亲从北京专程回长治调查上党连氏的源流。1987年，连云山老先生写出了《中国大陆连姓氏族源流考·山西上党连姓氏族源流考》。他写道：现在我们可以对连姓在中国的根，逐层进行科学推证和论断：

第一层，海外连姓华人大多是由福建、广东迁去，他们在福建、广东原非当地人，是北方迁去的。

第二层，由北方迁往南方的客家先民，原居地北至上党、东至淮阳、西至灵宝，即中原地区。

第三层，已知迁往中原和南方的连姓氏族至少有一部分或全部是来自山西，而山西南迁的则是上党地区人。

第四层，现在范围既已缩小到山西上党，那么就可以查考上党地区有无连姓氏族自古以来的聚居地。

事实的回答是：有而且山西只有这一个地方有连姓，其他地方没有。

这就是古上党襄垣县城郊的阳泽河、南峰沟、常隆、黄楼壁、西岭等几个村落。这是自古以来连姓氏族聚居的村落。

而后，连云山先生又写了《三千年亲情一脉传》一文，对连氏源流作了进一步的考察论证，不再引述了。

第三，《谱牒》同根。连有根会长一行四人于4月16日启程赴福建省漳州龙海马崎村参加连战宗亲祭祖活动，来去八天时间带回了全国各地连氏族谱的信息。可以说，在南方的连氏祠堂都与"上党"二字有关。"马崎祠堂"的楹联：上开下继千秋子孙精英出；党吾相承万代绵延世泽长。联首嵌"上党"二字。泉港坝头有连氏宗亲三万人，是全国连氏聚居之冠，他们祠堂的对联是：上党家声大，凤阿世泽长。坝头连氏家庙的负责人连进钦说："坝头连氏和连战先生的祖籍地漳州马崎村的连氏族群都是上党连氏的后人"。这里的族谱《高阳上党衍派凤阿连氏坝头族谱》记载着："连姓入闽始祖为上党连恺公。"连恺公的第十一世孙连钊公是坝头连氏的始祖。八百多年来，人丁兴旺，子孙繁衍至32代。又据南方"上党连氏"的族人《家谱》记载，上党连氏的51世至53世孙连度入闽后，派生出大田魁城连氏、长泰江都连氏、龙海连氏（旧称龙溪）等。公元1682年，上党连氏后裔连兴位从龙海马崎村渡海到台湾,定居台湾马兵营(时称马崎上党连氏)。此次返乡祭祖的连战宗亲,是连兴位的第九世孙。

综上所述,不管史书、碑文记载,还是专家考证,以及全国连氏"族谱"一致认根:中华连氏之根在上党,这是无可置疑的!

最后,希望我们上党连氏族人与全国各地连氏宗亲团结一致,互通信息,多方探讨,将这件既有历史意义又有现实意义的好事办好。还是那句话,对内工作要做得再细一点,对外要加强宣传力度,做好欢迎连战回上党祖地看看的准备工作。我是会大力支持你们、同时也是我们的工作!

(载《中华连氏之根》,作者为长治市委统战部部长)

连战与连氏宗族
连德先 连一云

连战祖籍在襄垣这个结论,或叫成果是全国各地连氏宗族研究会通过长期的调查、取证、查阅史料而取得的。这是我们连氏的荣幸,也为世界各地侨居的连氏宗亲提供了一条寻根问祖的可信的线索。

一、"连姓,望出上党"

一个偶然的机会,我见到了我们连氏的一本族谱——《连族谱牒》。这里汇集了襄垣县十几个连姓聚居村落历代的分散谱记,于1937年在长治石印出来的本子。族谱从元朝至元年间的连肇开始,止于1936年,已连续700多年。出于好奇,我一直在研读中,想从中理出连氏宗族的大系表。

1986年夏,我在老家襄垣县黄楼北过暑假,又偶然认识了从北京来上党专门调查研究连氏宗族关系的连云山与连维忠等宗亲。他们由长治市志办马书岐同志陪同,来黄楼北找连氏的资料。我荣幸地参加了这个调查的行列。连云山先生向我介绍说,1985年秋,新加坡一位连姓实业界人士来访北京,辗转托人向他探询中国北方连姓氏族源流。询问中国北方有无连姓族谱可寻。这是他受命的一个调查任务,他说他"自应提供全力协助"。行动路线从北京、山西、河南、福建一直到广东,只要有连氏的族人都要去了解一下。他已是一位离休的老宗亲,有如此的精神,我也当大力协助。他给我布置了一个任务:从古籍或石碑一类的记载中，只要能证明河南的连姓是从上党迁去的一句话或几个字，这个问题就解决了。又说，我们的目的不是续家谱，而是探源流。他的话，对我启发很大，我也不在家度假了，随同他们在襄垣跑了几个连姓的村落，最后回到了长治市，又到连家圪道(市内)调查了一番。

为了他的嘱托，我每天在翻阅古籍书，并与连姓的人士交谈这件事情。有收获也有心得，最后下决心写了一篇《"客家"与连姓氏族》的文章。又一次偶然的机会，我遇到了山西省志办公室原副主任、山西省家谱协会主任曹振武老先生。我将写的文章给他看，这老先生很健谈，也很乐于助人，他说，我给你推荐到《福建史志》编辑部，那里正需要这方面的资料。他立即动手写了推荐信，并替我投寄。

此事我并没抱多大希望。但不久，收到了《福建史志》副主编陈叔侗先生的复信，他在 5 页长的稿子中向我解答了四个问题，鼓励我再充实内容。并写道："待从福建客家连氏宗谱方面得取些线索资料，再向你们提出意见。"

一篇文章，收到了意想不到的收获。来自全国各地的连氏宗亲的信件像雪片一样飞来。有的是向我祝贺，有的是向我索要资料；有的是国家干部，有的是退休教师等。特别是福建省长泰县小商品市场的连世德宗亲的来信，称我是连老师，看他的笔迹，知他的文化程度并不算高。但他供给我的资料是极其珍贵的。信的开首语"你是本宗研究会成员，我向你提供一点研究资料。"他这种精神，深深地激励我奋进。

1994 年 11 月 3 日，我参加了在襄垣县召开的"古上党连氏联谊"大会，会议通过了"古上党连氏文化研究会"组成人员名单：由名誉会长 3 名，会长连云山，副会长 3 名(我是副会长之一)，常务副会长 3 人，秘书长等组成。我在会上作了"'客家'与连氏宗族"的专题讲座。同时介绍了全国各地关于连氏宗亲为研究连氏的源流的成果。会后，还参观了襄垣连氏发祥地阳泽河与南峰沟两地，极大地鼓舞了大家研究的积极性。

综合全国各地连氏研究会与专家研究成果，形成了一共识："连称是后世连姓始祖"；"连姓，望出上党"。广东连敏宗亲 1994 年出版的《上党连氏族谱集锦》中收集的全国各地的连氏族谱，谱前皆冠以"上党"二字作为堂名，以纪念连姓的根源之地。尤其是福建省惠安县坝头祠堂管理委员会会长连重顺的来信，将他们的研究成果《中华上党连氏源流及台湾连战先生家族世牒溯源寻根图表》寄给我们。

他们的研究成果与台湾官方公布的连战简历很吻合。连战，1936年生于西安，祖籍福建省漳州府龙溪县，其六世祖于清康熙年间移居台南府的宁南坊马兵营，世代经商。福建省连氏族谱中记载："福建连氏，来自古之上党，隋唐时期，上党连氏南迁，定居福建、广东等地。"由此可见连战属于上党地区南迁连姓的一个分支。

二、连姓，源于襄垣

据史书记载，专家考证，连氏宗亲亲历调查结果，上党——今长治市所辖的襄垣、潞城、屯留、武乡、黎城、沁源等县均有连氏兄弟。特别是广东省连敏编写的《上党连氏族谱集锦》中写道："福建连氏，来自古之上党郡，即今山西省长治市之辖地襄垣县城郊之阳泽河村"；专家连云山在《中国大陆连姓氏族源流考·山西上党连姓氏族源流考》中指出：现在范围已缩小到山西上党，那么就可以查考上党地区有无连姓氏族自古以来的聚居地。事实的回答是：有。而且山西只有这一个地方有连姓，其他地方没有。这就是古上党襄垣县城郊的阳泽河、南峰沟、常隆、黄楼北、西

岭等几个村落。这是自古以来连姓氏族聚居的村落。

专家主证的依据之一，就是我在前面已谈到的《连族谱牒》。这本二十五卷的谱牒记载了上至唐《飞骑尉简公事略》、元《集贤学士肇公传》、明《监察御史楗公传》、清《阳泽河旧谱序》等。

还有襄垣博物馆现存的一块名为《大周飞骑尉连府君墓志铭》作为佐证。碑文说，连简襄垣人，唐初以六郡良家子应募征辽东，以战功补飞骑尉，秩从六品。连简祖父连愿，曾任并州太原县令。连愿应生活在西晋末，距今已1400多年，也就是1400多年前，这里已是连族聚居地。

《连族谱牒·元集贤学士肇公传》记载连肇为阳泽河村人，至元间举进士，历任潞州和汾州教官，赠元集贤院学士。《潞安府志》和《襄垣县志》均有传。

连肇次孙连楗是明初的著名御史。明洪武五年考中举人，洪武十年被朱元璋任为承敕郎。洪武十二年晋升为承事郎、监察御史。专任福建巡城、巡海、巡江、巡仓御史二十三年。建文四年被燕王朱棣杀于南京金川门下，史称"靖难之役"。终年49岁。连楗五子："锡、钊、镛、钜、铢。金川门之祸，连姓子孙惧赤族灭门之灾。族谱记：

随连楹在任的长子、三子不知跑到哪里去了，有说仍留在福建藏匿，有说远遁他乡或海外台湾。五子奔邯郸，二子、四子未逃，仍留在阳泽河老家。因此，现在福建、台湾的连姓，除晋末后移去者外，还应有连楹于明朝初年留在福建的后裔，是无疑的。"

《连族谱牒》从一世连肇始，止于1936年，共二十五世，可谓连氏后裔绵长。

近年来，据人口普查，和我们外出所接触来看，上党地区几乎各个县都散居着连氏族人。如西北有沁源、沁县，中有长治、黎城，南有高平、晋城。追其根祖，都言由襄垣县迁出，或由襄垣县辗转迁徙某地。不管怎样，源头还是追溯到襄垣县的阳泽河村了。

最后，我们说正确的结论应该是来自科学的检验与逻辑的推理。我们采用形式逻辑三段论作一推理：

连姓，望出上党。

上党连姓，源于襄垣。

那么，连战之根，上党襄垣也。

（本文选自《长治方志》2005年第2期，作者连德先系晋城市委党校教授，连一云系《长治日报》记者）

上党开宗　葵邱著迹

连有根

应南方连氏宗亲之邀，我古上党连氏文化研究会一行四人参加了连战宗亲回福建漳马崎村的祭祖活动。来去八天时间，先后与来自全国各地的连氏宗亲磋商连氏文化研究成果。不少宗亲向我提问"上党开宗，葵邱著迹"的意思。因时间匆匆，无法详述，只好就字面简单回答说，上党是连氏的发祥地，而留下踪迹的连氏族人却在现在的山东省。就如一个人祖籍在吉林，工作在四川，或者，祖籍在中国，工作在加拿大一个道理。

祭祖归来，细想这个问题，作为古上党连氏文化研究会有责任、有义务、也很有必要向全国连氏宗亲作一个比较详尽的回答。借此机会将我的研究所得和众宗亲作一商榷。

"连姓，周公之后，上党开宗，葵邱著迹"这句话出自明代《姓氏博考》。现就后八个字谈谈我的理解。"上党"，大家已有共识，不作解释。"开"，有"开始"、"开创"的意思。"宗"指祖庙、祖先的意思。"上党开宗"就是（连姓的）祖先在上党开始繁衍生息。"葵邱",地名。即春秋齐地。在今山东淄博市临淄西。《左传》有注:葵邱,齐地,临淄县西有地名葵邱。"著迹",留下踪迹的意思。

那么,谁在这里留下踪迹呢?这是一个典故。故事出自《四书五经·春秋三传》卷三。其间《春秋》有这样的记载:

冬十有一月,癸未,齐无知弑其君诸儿。

这句话的意思是(某年)冬十一月,某日,齐人无知(人名)杀死国君诸儿(齐襄上党门

公)。而《左传》记述这件事就比较详尽了。它是这样释义这段历史的:

齐侯使连称、管至父戍葵邱。瓜时而往,曰:"及瓜而代"。期戍,公问不至。请代,弗许。故谋作乱……

这段文字290馀字,不全引了。在这里记了四件事。第一,春秋时,齐襄公十二年(前689年),他派公族大夫连称和管至父二人带队伍去齐国边境葵邱守卫(防止

周王来讨伐）。当时襄公许诺卫戍期一年（即今年瓜熟时去，明年瓜熟时回）。但一年期满后，襄公却不派人去替换。连称请求也不答应。军士有怨气。连称与管至父对国君这种不讲信用的行为，也很生气。第二，齐襄公荒淫无道，与其妹文姜乱伦，冷落连妃（连称的妹妹），周王闻知此事，把王妃下嫁于襄公，襄公旧习不改，王妃也因此非常生气，不及一年去世。文姜的丈夫就是鲁桓公，听到自己的妻子与他的哥哥通奸，满腹怨气，襄公反将妹夫鲁桓公杀死。第三，襄公去打猎，有一头野猪像人一样直立起来向他扑来，随从的人对他说，这是公子彭生。襄公一听非常恼怒，命人射杀。野猪站立痛哭不止。襄公惧怕，从车上跌翻在地，扭伤了足，他不怨自己胆小，反怪穿鞋的仆人没给他穿好鞋，反而痛打这位仆人，引起人们的反对。第四，襄公欺辱大臣。他的两个亲弟弟公子纠和小白，都惧怕他，分别逃至鲁国和莒国。襄公这些荒淫无道的做法，公孙无知、连称、管至父都认为应该除掉他。于是公孙无知率众攻进齐宫，亲手杀死齐襄公，自立为齐君。接着公子小白从莒归来做了国君，这就是齐桓公。后来齐桓公成了春秋五霸之首。这与连称同情戍守葵邱军兵，带兵进

攻齐宫，除掉昏君齐襄公，为齐桓公联合诸侯成就霸业，使齐国强大起来不无关系，这可谓"著迹葵邱"的意思了。我们还可引用宋代大文学家苏东坡的一首诗来说明"开宗"与"著迹"二者的关系。诗文："人生到处知何似，恰似飞鸿踏雪泥。雪上偶然留指爪，鸿飞哪复计东西"。连姓开宗于上党，连称像飞鸿一样在齐地留下了"指爪"，这不很形象地说清楚了吗？

关于"邱"与"丘"这两个字，我多说几句。有人引用文中用"丘"，《辞海》也用"丘"而且有"葵丘"词条。但《汉语大字典》对"邱"字有三解：（1）地名用字。（2）丑，不好。（3）同"丘"。孔子名丘，因避讳，清雍正三年上谕除四书五经外，凡遇"丘"字，并加"邑"旁为"邱"，地名用字亦用"邱"。由此看来，我们在引用这句话时用"邱"比"丘"更为准确。何况《左传》原文就是用"邱"。

还有的宗亲问道，连称先祖为谁？这个问题就目前史料与专家论证有几种说法。一是"上古陆终氏第三子惠连之后"（《辞海》）；二是"周公之后"（明《姓氏博考》）；三是专家连云山"合理的解释是著者认为是祝融氏的后裔"（《中国大陆连姓氏族源流考·山西上党连姓氏族源流

考》)。这个难题就交给我们连氏宗亲共同去探讨吧。或者对此有兴趣的异姓先生学者也可能为我们提供答案。我认为研究历史,应着眼于服务当代、惠及未来,使海内外连氏宗亲寻根问祖的拳拳之心有所着落。正如广东连敏宗亲在他的《上党连氏族谱集锦》中告慰我们:饮水思源,不忘考妣。上党堂内,一家兄弟。精诚团结,世代牢记。本是同根,莫分此彼。

我们古上党连氏文化研究会于 1994 年组建以来,十多年来,各位宗亲为研究连氏文化奔走南北数千里。查阅书籍上万卷,求教于专家学者,切磋于道途旅舍,呕心沥血,废寝忘食。老天不负有心人,终于求索出一些成果。选编此篇,以飨全国宗亲,为争共识,为弘扬我连氏文化作出应有的贡献。

(原载《中华连氏之根》)

中国大陆连姓氏族源流考
—— 兼复新加坡一位连姓寻根人士

连云山

六十年代以来,世界上有些国家的人民兴起了一股寻根认祖的社会风尚,如美国的黑人去非洲寻根,白人去欧洲寻根等,久盛不衰。海外华人自八十年代以来,也纷纷访问中国大陆,其内容之一,也是来大陆寻根认祖,寻访先人原居地,以寄托缅怀先人之情。

1985 年秋,新加坡一位连姓实业界人士,来访北京,辗转托人向我探询中国北方连姓氏族源流。据称,新加坡和台湾连姓都是原籍福建、广东,在当地原为客家人,先祖来自中国北方,不详具体为何地。询问中国北方有无连姓族谱可寻。这是来中国寻根的表示。自应提供全力协助。

据 1986 年统计,现在散居在全世界各地的海外华人,总数达三千多万人。大多居住在东南亚各国和地区,其中大部原籍闽粤等省,在当地又多为客家人,即是原非本地人,是历史上由北方迁移来的客籍人,后再迁居海外。这三千多万的海外华人中,大陆各个姓氏的人都有。连姓人氏也有,但是很少。可是这个为数很少的连姓人氏,在东南亚各地以至台湾和香港都有一点。需弄清这个连姓氏族南迁的历史,首先就需要对中国北方人民向南迁移的历史有一个全面的了解,就容易找出连姓在北方的根和南迁源流了。

一

对中国客家人南迁的总情况,本世纪30年代就引起了中外一些社会学家的关注和研究。近40年来,台湾和英美一些学者一直没有中断这项研究,因此已有一些论著发表,如罗香林的《客家源流导论》、《中国族谱研究》,陈运栋的《客家寻根》,郭寿华的《客家源流新证》等。虽然他们的研究面还比较窄,材料也因客观原因不够充分,论证高度也有较大局限性,但初步弄清了一些问题,取得了一定成果,成绩是主要的。

大陆学术界本来拥有资料丰富和可以就地调查等优越条件,应当对拥有十亿人口的自己国家的这一民族历史社会现象,作出社会学、历史学和民族学的科学研究,作出更多的科研贡献。但自50年代社会学被打入冷宫后,这项重要的研究就无人问津了。至今是一片空白,非常可惜。现在要补上这个空白,还有待于观念上的改变,有待于采取非常措施和努力,需要时间。

中国历史事实表明,中国北方人民的大规模南迁,始于西晋末年五胡乱华的战乱,止于隋文帝杨坚统一中国。也就是公元317年至590年的二百八十年间。那时由于西晋政权腐化,普遍追求享乐,政治上倒退,分封诸王,首先就很快发生了晋室八王争夺中央政权的大战乱。接着是少数民族起兵反晋,加入了混战,随之而来的是塞外各游牧民族纷纷进入中原地区争夺征战,造成了十六国和六朝更替的不断大战乱。黄河流域南北两岸本是汉族民族文化发祥和经济发达的地带,但是这种长期不断的大战乱,使这个中原地区的经济和文化发展都遭到不断的大破坏。不断出现如《晋书·食货志》所记述的"白骨蔽野,田园荒废,民多饥乏,奔迸流移,不可胜数"的惨象。造成了中原人民不断向南大规模流亡迁移。范文澜在《中国通史》里总述这一情况说:"中原汉族人民的大流亡,从西晋末年正式开始,到隋文帝灭周才告结束,这中间近三百年时间是不断的战乱。由于大战乱的推动,人民从黄河两岸不断向边远的南方地区流亡。"

在这段期间,不但中原的中小士族不断向南方避乱逃亡,一般人民也不断向南方流亡求生,当时称为流人。向南流亡迁移的地区北起于山西上党,西连弘农,东至淮阳,南至今寿县和固始等地人民。不断流亡迁移到长江南北两岸。约在今芜湖至南京一线。以后又逐步南迁。这是历史上北方人第一次大规模南迁。

第二次南迁发生在唐末五代十国期间,第三次是元末明初;第四次是清初,第五次是本世纪初年。北方人民逐步南迁到闽粤南部以至台湾、海南岛和南洋地区。历史上个别的迁移也有,但主要是这五次,而第一次最重要。

历史表明,第一次南迁流亡的规模大,人数多,时间长。当时随晋元帝渡江的陆续有百家士族,因此,江东有百家谱。晋孝武帝时,贾弼之广集百家谱记,撰写十八州百家谱,共一百帙七百卷。这一时期在长江南岸的芜湖至南京设立了大量的侨州、侨郡、侨县。侨州多达十六个,郡县繁多,以安置不断从北方向南流亡的人民。如《晋书·扬州条》说,"及胡冠南侵,淮南百姓皆渡江。成帝初,苏峻,祖业为乱江淮,胡冠又大至,百姓渡江者又多。乃于江南侨立淮南郡及诸县。是时上郡百姓南渡,侨立上党郡,共为四县,寄居芜湖一带,后又南迁"。

再如广东兴宁温氏族谱说,"我温族发源于山西,子孙繁衍。逮东晋五胡乱华,怀、愍帝为刘渊所掳,我峤公时为刘琨记室,晋元帝渡江,峤公奉琨命出镇洪都,子孙遂家焉。"后迁兴宁。

关于客家人南迁的路线,罗香林教授在他著的《客家源流导论》中有一综合叙述,摘引如下:

客家先民东晋以前的居住地,定北起并州上党,西属弘农,东至淮南,换言之,即汝水以东,颍水以西,北至上党,皆为客家先民居地。上党在今山西长治,弘农在今河南灵宝,淮阳在今寿县和新蔡等地。客家虽未必尽出于这些地方,然此定为他们的基本住地。欲考证客家上世源流,不能不注意及此。客家先民第一次南迁途径,远者自山西长治启程,渡黄河,依颍水顺流南下,经汝颍平原,达于长江南北岸。

此后有留在原地,有很大部分再移浙赣,再迁闽粤,以至台湾和海南。然后再移居南洋。各期的南迁情况和路线,大致都是这样。

明了这一历史全局,就容易找出连姓客家人南迁源流了。

二

中华民族是一个注重历史的民族，所以也很注重族谱的修撰。名门望族都有历代族谱，记载其历代先世事迹和迁移源流，概无例外。这些族谱虽难免以帝王为其祖，名人作其宗的问题，可以不予重视。但这些族谱记载历世先人居地和迁移源流的演变史，是具有民族学、社会学和历史学的科学价值的，不能一概否定。一般姓氏可能因战乱等原因族谱记载断续不全，甚至没有族谱，但其先人原居何地，何时迁移何地，都要代代口头相传下来的，这种口头代代相传的族谱世系，同样具有一定科学价值，不能一概否定。

连姓在中国人数很少，是中国一个小姓，姓以人显，人以名显，名以官显。连姓自春秋时有一位齐国大夫连称之后，再无全国著名的达官显宦，因此史无名人。各地连姓可能有自己的族谱，但无全国性族谱可言。我今年63岁，13岁时抗战爆发，离家外出，后投军旅，走遍黄河两岸、大江南北，1949年后又任《人民日报》记者，走遍全中国。50年来，除在山东、山西和河北省见到过连姓村落，人数也很少，还在河南、浙江、福建、广东也见到过连姓村落，

人数也很少了。在南方所见，问其先祖来自何方。答复都是先世来自北方，不详具体为何地。但有三位人士具体告诉我先祖来自山西。第一位是1948年战争时期，我在河南新野县见到第一个连姓村落，一位老者言，先辈遗言：祖先自山西来。第二位是1961年在福建见到一个连姓小村，问一位长者，他说老辈遗言，先祖来自山西。第三位是全国侨联副主席连贯先生，他曾久居海外，原籍广东大埔县，连贯先生告诉我，上辈遗言，大埔连姓先祖来自山西上党。后迁河南，再迁江西、福建，迁广东大埔。年代已很久远，详情不知。

以上调查是在"文革"之前甚至是在战争时期作的。那时虽没有调查氏族的任务，但我身为山西连姓子孙，在外省特别是在南方见到这个人数很少的连姓同宗人，自然要调查访问一番。然因那时公务繁忙，无暇作深入查考，更无暇索要族谱查看。所以是一个初步的轮廓调查。现在要再细致调查。也一时难以实现。而海外华人回国寻根亦非易事，其心甚切，其情感人。好在已有这样的初步轮廓调查。再加上连姓不是中国的大姓，至今数千年仍是一个小姓，这也有一个好处，即是氏族世系比较单纯，查考起来相对的容易一

些。因此也完全可以根据有关的历史事件和记载，结合已有的调查材料，作出科学的推证和论断。虽然只能是概略。

现在我们就可以对连姓在中国的根，逐层进行科学推证和论断：

第一层，海外连姓华人大多是由福建、广东迁去，他们在福建、广东原非当地人，是北方迁去的。

第二层，由北方迁往南方的客家先民，原居地北至上党，东至淮阳，西至灵宝。即中原地区。

第三层，已知迁往中原和南方的连姓氏族有至少一部分或全部是来自山西，而山西南迁的则是上党地区人。

第四层，现在范围既已缩小到山西上党，那么就可以查考上党地区有无连姓氏族自古以来的聚居地。

事实的回答是：有。而且山西只有这一个地方有连姓，其他地方没有。

这就是古上党襄垣县城郊的阳泽河、南峰沟、常隆、黄楼壁、西岭等几个村落。这是自古以来连姓氏族聚居的村落。

现在我们就可以对这里集中进行历史和现状的回顾考察：

上党襄垣县，是春秋时赵襄子所建的城垣。距古上党(今长治市)45公里，同处于太行山高原盆地中。1986年2月，我专门来这里作了现场调查考察。感谢长治史学工作者王怀中、马书岐两先生的支持，得到了丰富的收获：(1)发现了一块记载着可以追溯到晋末和北魏时期，连姓氏族人士在这里聚居和活动的初唐石碑，距今已有一千二百多年。(2)发现了一部从元朝开始连续记载到1936年的连族族谱，已连续记载了七百多年。(3)查阅了《潞安府志》《襄垣县志》，发现了一些正史所不记载的连姓氏族人物情况。

现存于襄垣博物馆的一块初唐连氏石碑，名为《大周飞骑尉连府君墓志铭》，是清朝嘉庆年间在阳泽河村连氏墓地出土的。碑以篆、楷、行三种书体刻成，有很高的书法价值。清时当地官员曾以其拓本赠亲友。尤其少见的是碑文中夹有不少武则天造字，人皆不识，以为奇书。但清末后此碑即被弃于院中，任风吹日晒至今。但碑文仍很清晰。

碑上说，连简襄垣人，唐初以六郡良家子应募征辽东，以战功补为飞骑尉，永昌元年卒，寿66岁。万岁通天二年，与原籍南阳的张氏夫人合葬于连族墓地。

按永昌为唐高宗李治与武则天的儿子、中宗李显的年号。永昌为公元689年。

次年武则天登基称帝，改国号为大周，改元天授，八年后改为万岁通天年号。从连简永昌元年卒和寿 66 岁上推，他是唐高祖李渊武德六年生，即 626 年生。征辽东是唐太宗李世民贞观十九年，是年连简 22 岁，应募从征。以战功补为飞骑尉。按《唐书·职官志》载，飞骑尉为朝廷武散官，贞观十二年设置。秩从六品。朝会则周卫升阶，听敕宣入。巡幸夹驰道，衣五色袍，乘六闲马。故此可知。连简为唐帝李世民骑兵近卫军的军官。

碑文记载，连简父亲名连公，隋朝初年任汴州博士，迁洛州参军。都是在河南做文职幕僚官。祖父连愿，齐曾任并州太原县令。按其父任职在隋初，当为隋文帝杨坚初年，即 581 年~590 年间。其父既在隋初任官，其祖父连愿任职当在隋前，即是西晋末的北周或西魏期间。如按隋文帝杨坚开皇元年（581 年）算起，距今已有一千四百多年。就在那时，这里已是连族聚居地。如按其祖连愿算起，时间更早，正好处于上党人民南迁时期，那时这里也已是连族的居住地，和南迁事件正好衔接起来。

抗战前，当地连族祠堂还有几块古碑，抗战时祠毁碑失，不知去向。这次打听到两块的下落，一块失落到他村作了他姓某人的院基石，另一块失落到某村为别姓某作了墙基埋入地下。因此不知碑文内容。我已建议当地连族将其购置回来，作为一件文物档案加以保存。待将来交涉购回才能得知碑文内容，或有新材料发现，也未可知。

关于晋末到隋初二百多年间，在上党人民大规模向南流亡迁移时，其中有无连姓族人南迁，碑文和族谱均无记载，《潞安府志》和县志对当时人民南迁一事也无任何记载。当然，在当时不断大战乱期间，兵荒马乱，民不聊生，因此当地史志对此失载，完全可以理解。但《晋书》地理志、食货志等均有明确记载，因此完全可以推定，如果江浙闽粤的客家连姓氏族是由北方山西迁去，则是由上党迁去，因山西除此地外别无连姓。如是由上党迁去，则是由襄垣迁去。因上党各县除襄垣外，别无连姓。

到此，我们就可以完全作出这样的科学推证和确定：迁往南方的连姓氏族的根，就在这里。就在襄垣县，就在襄垣阳泽河一带连姓祖居地。这里就是南方客家连姓氏族的先人原居地。

三

襄垣连姓从北魏到隋唐,可以说有族谱记录。到元朝又有了族谱,连续记载到1936年。中间隔了一个宋代,族谱缺失无记。其原因显然有二,一是在这段期间,这里连姓无任何一位达官显宦出现,史无名人,造成族谱缺失。二是即使有过族谱,也因不断战乱毁灭无存了。因为上党和襄垣都处于太行山的中心,是一个高原盆地。史称上党得名,就因地势很高,与天为党之意。战略地位重要,为兵家必争之地。曹操北征乌桓时曾路过此地,写下了著名的《苦寒行》诗篇说:"北上太行山,艰哉何巍巍! 羊肠坂诘屈,车轮为之摧。树木何萧瑟,北风声正悲。熊罴对我蹲,虎豹夹路啼"(当然现在已和那时不同,铁路公路已四通八达)。正因古时这里地势险要,为兵家征战必经和必争之地,因此唐安史之乱,晚唐藩镇之乱,五代十国之乱时,襄垣和上党一带都是战场。即使有族谱,也很易毁于不断的战乱中。我这次发现的已连续了七百多年的连族族谱,就不是在连族最早祖居地阳泽河村发现的,阳泽河族谱已不知毁于何时,而是在附近的南峰沟村发现。上党连族族谱在这里保存下来,是

想不到的。保存者是要有点见识和胆识的。

现存的这部上党连族族谱,是汇集了襄垣县十几个连姓聚居村落历代的分散谱记,于1937年在长治石印出来的本子。族谱从元朝至元年间的连肇开始,止于1936年,已连续七百多年。

连肇为阳泽河村人,《元史》无传,但《上党府志》和县志均有传。连肇至元间举进士,历任潞州和汾州教官,转任阿都温太尉府参军,后任山东道考试贡举官,元赠集贤院学士。

连肇之后又一位重要人物,是明朝初年的著名御史连楹。此人明史有传,《山西通志》、《上党府志》和《襄垣县志》均有传。《中国历史名人大辞典》也有专条。但都是记载建文四年连楹被杀的悲壮事迹的。此人因和现在的台湾和福建、广东连姓可能很有点关系,需略作介绍。

连楹,襄垣阳泽河村人。为连肇次孙,元至正十三年生。明洪武五年考中举人,乡荐为国学生,是年19岁。洪武十年被明帝朱元璋任为承敕郎,翰林院左春坊太子赞读,对太子启沃良多。明帝美其人刚直,洪武十二年任命为承事郎、监察御史,是年26岁。专任福建道巡城、巡海、巡江、巡

仓御史 23 年。建文四年被燕王朱棣杀于南京金川门下。终年 49 岁。时为公元 1420 年。

族谱收录了明帝朱元璋任他为监察御史的任命书,全文如下:

皇帝敕命:

皇帝曰:御史为耳目之官,所以纠察百司,按治各道,惟中心刚直,足以激浊扬清者,乃称兹选。太子赞读连楹,今特授承事郎监察御史。尔其明视听,达民情,恪尽乃职,副朕委令之意。尔惟懋哉!

洪武十二年八月四日

明太祖朱元璋在位时,为维护王朝长久统治,将他的二十四个儿子都封王于全国,以"屏藩宗社"。第四子燕王朱棣因长期同蒙古残余势力作战,拥有精兵十万,驻守北平(今北京)势力最大。洪武三十一年,朱元璋去世。因长子朱标早死,遗命立长孙朱允炆为皇帝,是为建文帝。建文登位后,朝廷大臣们鉴于历史上分封诸王后,必形成割据和争夺中央大权,造成国家大战乱。因此提出了"削藩策"。主张尽早削夺诸王势力,以求国家长期安定统

一。于是先削了两个小王,接着布置削夺燕王。燕王公然反抗。于是爆发了战争。建文帝发兵四十万攻击燕王,燕王也提出了"清君侧"的口号誓师起兵开战。经过四年战争,燕王攻克南京,皇宫大火,建文帝不知下落。当燕王朱棣兵临南京金川门时,连楹站在维护"削藩策"的立场上,直叩燕王马首,斥责燕王。当场被杀。尸植不仆。南京攻陷后,不愿归附燕王的方孝孺、暴昭等被杀的大臣有数十人,并诛九族。从此燕王即皇帝位,改元永乐,迁都北京,是为明成祖永乐大帝。

燕王朱棣杀了主张削藩的大臣自己当了皇帝后,继续执行了"削藩策",取得了很大成功,造成了国家长期统一安定和明代初中期经济大繁荣的上升发展。所以主张削藩的建文诸臣虽然死了,但削藩策没有死,明成祖继续执行了。它对国家安定统一的积极意义必须肯定。

在当时,连楹在南京金川门被杀后,上党襄垣连姓子孙惧赤族灭门之祸,不少人四散奔逃。族谱记载,连楹有五子,长子和三子渺而难稽,不知跑那里去了。一般认为仍留福建或从南京跑到福建了。五子奔邯郸,再无音信。其他一些族人跑到山东、河南、河北的都有,也都再无音信。还

有的逃往本省沁源和本县他乡,只有二子和四子未逃,仍留在阳泽河原地。

以后经过洪熙、宣德、正统、景泰、天顺、成化、弘治、正德、嘉靖、隆庆万历诸帝,到万历十二年,才给建文诸臣平反昭雪。史称"赦建文诸臣外亲谪戍者后裔,得还乡者三千馀人"。这时,上党太守李腾鹏根据朝廷都察院的勘令(朝廷谕旨),为连楹平反昭雪。族谱记载了当时李太守为连楹平反的经过和太守的祭文。当时还在襄垣为连楹起坟,植树,封土,建祠,以永远纪念。连楹当时为之而死的目的是为求得国家长期安定统一,避免国家动乱,黎民涂炭。他为此视死如归的精神,为后世景仰。(连楹祠早已不存)

对现在仍有意义的是,连楹在福建任御史长达二十三年之久。其长子和三子应留在福建始终未回山西原籍。他带往福建去的连姓亲族、乡里和袍泽,在其被杀后也都留在福建了。因此,现在福建、台湾的连姓,除晋末后移去者外,还应有连楹于明朝初期留在福建的后裔,是无疑的。

四

上党襄垣连姓最早是从哪里来的,已难于确考。明清的《姓氏考源》、《姓氏略考》都说,"连姓,春秋齐大夫连称之后也"。据此看来,上党连姓是由齐国迁来。

但明代《姓氏博考》、《万姓统谱》等又说"连姓,周公之后。上党开宗,葵邱著迹。"由此说来,齐国连族是上党迁去的。而唐初的连简墓碑对齐大夫连称之后一字未提,而说是"周文王之宝裔,鲁元子之胤绪,详诸史册,可略而言矣"。这样说来,又是鲁国迁来的。

诸说不一,不知孰是。

关于连姓最早的由来,来源于上古。宋朝的郑樵在他的社会科学巨著《通志》一百卷的氏族略中,以及宋《氏族大全》、现代《辞海》中都注明说:"连姓,上古陆终氏第三子惠连之后也"。陆终氏又为何人?这些著作都同时说明"古皇祝融氏之子也"。上古三皇,史有多说:伏羲,祝融,神农(白虎通);伏羲,女娲,神农(春秋);伏羲,神农,黄帝(尚书)。明清有关姓氏的著作,多数都把连姓放在同炎帝、黄帝、尧、禹等同一类中,合理的解释是著者认为是祝融氏的后裔。这都太久远了,很难说清也没有必要了。

因此,弄清这个事并不重要,也无必要。我们只要明了连姓虽然是中国一个小姓,却是一个古老姓氏就行了。正如黄帝是姬姓,夏禹是姒姓,都是今天中国的小姓,也是很古老的姓氏是同样的。弄明白这个基本事实就行了。

我们今日所进行研究和欲探明者,是查清海外连姓华人的根在中国何地,查明晋末及以后南迁的连姓客家先民的原居地在何处,使海外之人缅怀先人的拳拳之心得有寄托之地,得遂寻根之愿心,这就行了。这个研究和认识如获赞同,予愿足矣。

(本文选自《长治市志通讯》1987 年第 1、2 合刊,作者系《人民日报》前国际评论员)

浅谈上党、上党郡、上党连
连磨纯

上党之名,殷商已有,它在我国历史长河中,曾以"邦国"名(党国)、行政区划名(上党郡、上党县)载入史册。明朝至今,只单纯以地域概念在民间交往中称道,或以文字在著书立说时面世。由于"上党"不是一城一镇一村地理位置的专用名,加之历史变迁,今人对其认定不一。笔者就案头现有资料,归纳而就,以供同仁探讨。

一、上党

上党从明嘉靖八年(1529 年)至今,虽没有以政区面世,但由于它的战略地位非常重要,一直以地域概念称颂民间,问津史册。毛泽东在《关于重庆谈判》一文中说:"太行山、太岳山、中条山的中间,有一个脚盆,就是上党区"。不少文件在述及"上党"时,都引用过这段话。殊不知毛泽东所谈之"上党",是近代概念,专指上党盆地而言,它同战国时的"上党"内涵是不同的。

战国时的上党,是一个幅员相当大的地区。《辞海》讲上党辖境"当今山西和顺、榆社以南,沁水流域以东"。这和《汉书·地理志》记载很相似。汉代上党郡辖:长子、屯留、余吾(今屯留西北)、铜鞮、沾(今昔阳)、涅县、襄垣、壶关(今长治、壶关)、泫氏(今高平)、高都(今晋城)、潞(今潞城)、猗氏(今安泽)、阳阿(今阳城)、谷远(今沁源)十四县。战国时属于上党郡的端氏、濩泽均不见述,因濩泽系今阳城地,但把端氏(今沁水西北)排除在外。《元和郡县志》卷十六说:"秦兼天下(相州),为上党、邯郸二郡之地。"唐朝张守节《史记正义》说:"秦上党郡,今泽、潞、仪、沁四州之地,兼相州之半。"可见汉代上党郡较秦上党郡之辖地已大大缩小了,但秦之上党郡是否包容了战国时上党郡的全部,值得进一步考证。

概言之,战国上党的辖域,最大时期至少应包括当今山西长治和晋城二市全部,以及临汾市的安泽县、晋中市的和顺县和榆社二县、河北省的涉县及河南省的林县等。

上党,雄视中原,背控大河,地势高险,关山伟固。境内以太行、太岳两山为依托,是军事上进可攻、退可守的天险要地。荀子称之为"上地"。顾祖禹在《读史方舆纪要》中说上党"为天下之脊,岂为一方之险要而已"。故为历代政治家所瞩目、军事家所必争之地。近两千年来,上党之地烽火迭起,干戈不息:秦昭王"威天下"、汉高祖"得天下"、汉光武"复天下"、魏武挥鞭"争天下"、李世民"兼天下"、赵匡胤"夺天下"、金元"抢天下"、抗日战争"打天下"、解放战争"保天下",无不重视上党地区的战略地位,并以此为依托取得成功。历代政治家、军事家高度概括上党在战略上的重要性是:"得上党者得天下,失上党者失天下。"

二、上党郡

上党郡,商朝时为邦畿之内党国。

春秋时是各诸侯国互相兼并、大国称霸时代。晋国在争霸过程中,由受封时不到百里的小国,到晋献公时(前676~前650年)先后灭掉了在今山西省境内的二十多个小国,还兼并了一部分戎狄部落。为了统治被征服的广阔地区,实行在边地设郡,内地设县,由国君直接统治的建置,把党国地改称上党郡。据《左传·哀公二年》(前493年)载:赵简了誓口"克敌者上大夫受县,下大夫受郡"。《艺文类聚·韩非子》中这样记载:赵简子问于解狐曰:"孰可上党守"? 对曰:"邢伯柳可。"尽管这条论述尚有纰漏,但说明赵简子时上党郡已设,其地应处赵国边陲。据《中国姓氏寻根》一书载:"党姓,春秋时晋国有公族大夫(姬姓)封邑在上党(今山西襄垣一带),后来称党氏。"《元和郡县志》卷十五载:襄垣县城,赵襄子所筑,故名襄垣,亦称瓢垣。可见到襄子时,赵国在上党势力得以进一步巩固,襄垣已成为赵国在太原、邯郸之间战略要地。

继赵而起的是韩国,韩初都平阳(今临汾西),后徙阳翟(今河南禹州),又迁于郑(今河南新郑)。公元前376年,韩、赵、魏三分晋地,由于韩对平阳与阳翟之间的联系日益迫切,便全力与赵争夺上党。公元前358年,韩从赵国手中夺得了长子、沾、屯留等地,从而使上党十七城均成韩之领地,并定襄垣为韩之别都,故襄垣有古韩之称。《荀子·议兵篇》说:"韩之上地,方数百里,完全富足。"《史记·赵世家》则载韩上党郡"有城市邑十七"。可见韩之上党郡较赵辖时地域更大,经济更富庶。

秦统一(前221年)后,废封国,推行郡县制,划全国为36郡(后增至48郡),郡成为高于县一级的行政单位,上党郡移至长子西(今屯留之余吾),辖长子、铜鞮、壶关3县。

西汉时,郡、国并行,上党郡辖襄垣、长子、屯留等14县。新莽始建国元年(9年),改襄垣为上党亭。魏、晋、南北朝近四百年间,是我国历史上分裂割据、战乱频繁时期,也是汉民族与少数民族斗争与融合时期,上党郡地屡屡易主,辖域大小时有变更。自西晋永嘉二年(308年)间刘琨迁都尉张绮领上党据襄垣。到升平二年(358年)上党郡治移安民城(今襄垣县城东北六公里之堡底村),历二百二十多年,到北周宣政元年(578年)析上党郡,置潞州。潞州治在今襄垣城南之西王桥村,上党郡治移壶关(今长治市)。

唐初,析壶关地为壶关县(今壶关)、上党县(今长治县),上党降为县级区划。宋、金、元沿之。明嘉靖八年(1529年)潞州升为府,称潞安府,改上党县为长治县,至此上党之名退出行政区划之列。

三、上党连

上党是春秋时周王朝封公族鲁元子裔孙中连姓之食邑,所以,连姓子孙取食邑地上党为堂号,称上党连。

据2005年在襄垣县城西桃树塔附近出土、篆刻于唐开元廿六年(738年)的《大唐故处士连君墓志铭并序》载:君讳哲,上党襄垣县人也……自周公之后,苗裔遂分,鲁宣馀宗。其居食邑,则源派流长,根深叶厚……"又襄垣县南峰沟村"上党连祠,始建于明万历廿二年(1594年),嵌于该祠西壁石碑载:"连族乃知氏源周鲁,系出伯禽矣。"《大周故飞骑尉连简墓志铭》载:"连族,周文王之宝裔,鲁元子之胤绪"(此碑系清嘉庆年间出土)。

综上三块碑记佐证,中华连姓认定祖地在襄垣已无可非议。既然如此,连氏堂号为什么不称襄垣连,而以上党连标之?

问题很清楚:其一,周室给连姓封地,时在公元前 608 年鲁宣公前后,襄垣取名在公元前 457 年—前 437 年间,比封地晚一百五六十年,受封时曰上党,故取上党连为堂号。其二,隋唐之前,我国行政区划多为郡县二级制,凡跨郡外出者与如同当今省、市、县、乡四级制,跨省外出者,以省称道,而不以出生地村名或县名向谋面者陈述一样,故隋唐乃至其前我连姓迁徙福建、广东称上党连也不足为奇了。

以上之说仅供同仁、同宗、有识之士研讨,我们襄垣县古上党连氏文化研究会,有义务、有责任继续完善连氏源流考证工作,大力弘扬氏族文化、民族精神,团结海内外宗亲,一道为国家兴旺,民族统一,尽心尽责。

(本文选自《中华连姓》创刊一周年特刊,作者系古上党连氏文化研究会原秘书长)

亦谈连姓姓源
连全意

连姓属多源之姓,最早出现于上古,后经春秋时期至北魏太和年间形成氏族,时近二千余年。其主要起源有四种请况:

一、出自古帝颛顼高阳氏。据《姓氏考略》记载:连姓出自颛顼曾孙陆终第三子惠连(参胡)之后。颛顼是黄帝、昌意之子,号高阳氏,居帝丘。其地在今河南省濮阳市东南。这一带是高阳氏的主要活动地域,故连姓始祖最早也在河南。

二、出自春秋时齐国大夫连称之后,以祖上名字为姓(见《元和姓纂》)。《左传·庄公八年》记载:春秋时齐国有大夫名连称,齐侯派连称和管至父戍守葵邱(今淄博市境),约定以瓜熟时节上任,第二年瓜熟时再派人去接替。故后人多以"瓜代"谓调职时间。由于齐襄公违背了对连称与管至父的诺言,两位大夫助齐襄公的堂兄公孙无知袭杀襄公,后公孙无知与连称都被大夫雍杀死。连称的子孙为避免株连逃往国外,并以连为姓称连氏。连称是见于史载最早的连姓名人,故连姓后代多奉其为祖。

三、出自官名。据《姓氏考略》、《姓氏寻源》等书记载:春秋时楚国有连尹、连敖等官名。"连姓必有以官为氏者",但后世无闻。春秋时楚国都城在湖北江陵西纪南城。连尹是主射官,连敖是管理接待少数民族之官。在连尹或连敖者其后代以官为氏,也称连氏。

四、出自鲜卑族。据《后汉书》载:"元

初四年（117年），辽西鲜卑连休等遂烧寨门，寇百姓，乌桓大人族秩居等与连休有宿怨，共郡兵奔击，大破之。"可见东汉时鲜卑中已有连姓。

据有关资料表明，居住在东汉的辽西（今辽宁义县西）的鲜卑族中的连姓，北魏孝文帝时迁河南洛阳。

一支为北魏时是连氏、太连氏入中原后改为连姓（见《魏书·官氏志》）。是连氏为代北姓《魏书》："是连氏随魏南徙，太和中改为连氏。"太连氏为高车十二姓之一。高车是中国西北古部族，原名铁勒，亦作赤勒、敕勒等，汉时称"丁零"，隋唐时混称"突厥"。因其所用车轮高大，亦称高车。《隋书》记载铁勒各部游牧于东至独洛河（今土拉河）以北，西至西海（今里海）的广大地区。北魏太武帝时，曾徙东部铁勒数十万部至漠南。至孝文帝迁都洛阳，该部随之入洛者甚多，其中有太连氏定居中原，改为连姓。这一支连氏由于人数不多，来到中原后逐渐被当地更早更多的汉人连姓所同化。

又一支，据《百家姓》伍姓、包姓篇记载：春秋时楚国有个大臣叫伍奢，其祖伍参以一言从嬖人升为大夫（伍参在楚晋争战中分析双方优劣条件，说服楚庄王大胜晋国升为大夫。伍参便以名为姓称伍氏），伍奢之子伍子胥因伍奢被害，出逃吴国为大夫，助吴伐楚大胜，后遭人陷害被赐死，因伍奢的封地在连邑，人称连公。为纪念伍奢父子无辜惨死，伍子胥的子孙中有一支以封地为姓成为连氏，奉伍奢为连姓始祖。

（选自《中华连氏》总第2期）

上党连氏入闽初居地及其盛衰考

连德森　连天雄

早在唐代，福建就有远祖来自山西上党的连氏繁衍生息，其初居地和发祥地，普遍的看法是在连江县。其依据是福建一些地方连氏族谱记载：始祖连谋由婺州（今浙江金华市）入闽，卜居"三山之连江"；又载："有世居连江之连刊者，徙居尤溪"；并有"以氏名命江名，以江名命地名"之说。因而连江县就成为连氏入闽初居首选目标。

然而，经查阅《连江县志》，询访当地连氏族人，连江县尚未发现有古代连氏先民活动的遗迹及史料记载。现今居住在连江县的连氏，有的是从清朝以后由外地迁入的，有的是当代从水上渔民移居沿岸

273

的,并无从唐代世居至今的。连江县历史上曾名温麻县,于唐武德元年(618年)就已更名为连江县,且境内并无称为"连江"的河流,不符"以江名命地名"之说。

经多方考察寻访,反复探讨,福建连氏的初居地和发祥地,当为今福州市仓山区城门镇连坂村、连浦村,村内闽江小支流——濂江,应是连氏族谱记载的"连江"。依据如下。

其一,有保存基本完好的"连坂桥"古迹。现为区级文物保护单位的连坂桥,位于仓山区城门镇连坂村的甘泉山兜,全长15米,面宽1.41米,两岸用条石叠砌为单面阶梯桥台,桥台间架两条大石梁为桥面,石梁上阴刻一行楷书:"当境连满与妻林十六娘为所生父母造桥一所,愿家国平安同沾利禄,上元辛亥岁八月三日造。"经查,唐代有两个"上元"年号:一是唐高宗李治时期,即674年～676年;二是唐肃宗李亨时期,即760年～761年,距今至少已有1200多年。这座福州市现存最古老的石桥,是连氏在唐代中期定居在福州连坂村一带繁衍生息的佐证。

其二,有地方史志和当地谱谍记载。据宋代编纂的《三山志》记载,唐咸通九年(868年),闽县人连抱(总),进士及第。宋代有连作砖、连逢辰等11位闽县人,另有4位为侯官、怀安县人,皆荣登进士榜。据《福州连坂甘泉寺志》载:"唐乾符戊戌年(878年),黄巢兵陷福州,甘泉寺兵燹。里人连总募资修复甘泉寺。"连坂村《黄氏族谱》载,其始祖妣是宋末本境人连(履孙)太守之女。据文史工作者、世居该村的黄宝端先生介绍:在宋代,连坂、连浦村居住的大多是连姓人,建有豪华住宅,现代村民建房时发现宅地基下有大块石条,估计是古代连家豪宅遗址;当年连太守夫人出资兴建的"蜈蚣"石板条路,到1958年"大跃进"时期才被毁坏。

其三,当地地名都有"连"字或连的谐音字。古闽县开化里位于福州南台岛东北部,依山傍水,河网交错,隔闽江与鼓山相望。这一带现有"连坂村"、"福连村"、"濂江村"、"林埔村(该村原名连埔,明代中叶后,因连氏衰微,林氏渐大,渐改名为濂埔、林埔,当地人口头语至今仍为'连浦')";村内小河,名为"濂江";村内现存宋代书院,名为"濂江书院",等等。"濂"与"连"谐音。这些地名与连氏族谱"以氏名命地名"的记载相吻合。

从以上文物和史料中可以推断:福建之有连氏,当在唐代中期,初居地为闽县开化里。宋代,开化里形成连氏的聚居地,因而这里的村落、山川、文物多用"连"字或其谐音"濂"字命名,犹如邻近的邵姓有"邵岐"、潘姓有"潘墩"、董姓有"上董"等地名,都带有明显的姓氏印记。连坂、连浦一带河网交错,连氏族人过着渔、耕、读的生活。唐咸通年间,连抱(总)中进士。宋代,朱熹曾在"濂江书院"讲学,读书育人的风气更浓,先后考中15名进士和7名文举特奏名,其中有祖孙、叔侄、兄弟皆为进士的士子世家,连氏成为当地显赫的名门望族。随着这些仕子到各地任职为官,连氏先贤陆续从连坂、连浦迁往省内外定居,从而使连氏后代繁衍分布至南方数省,以后逐渐再远迁至台湾、港澳和东南亚等地。比如,世居台湾的中国国民党荣誉主席连战,其先祖于清康熙年间迁自漳州府龙溪县万松关马崎社(今漳州龙海市榜山乡长洲村马崎社),其上源自长泰县,再上溯则为漳平县、大田县,而大田县魁城连氏的始祖连胤正是闽县连抱(总)的五世孙(据郑喜夫《连雅堂先生年谱》)。这支连氏先后分支至龙岩、漳州、沙县、顺昌、建宁一带。又如宋朝初年,连总的另一位裔孙连光裕,曾为湖北应山县令,致仕后就在应山定居(据清《闽县乡土志》、《应山县志》)。连光裕子孙中有连庶、连庠、连南夫等名人,其后裔除湖北外,还分布在浙江、江西、福建、广东等地。唐末由河南固始入闽,卜居闽县的连恺,其九世孙连治于宋淳熙年间(1174年~1189年)任右丞相兼护国大将军,致仕后隐居仙游县,该地名也叫"连坂"(今仙游县盖尾镇连坂村),其后裔分布在仙游、惠安、德化等地(据仙游连氏族谱)。

文物史料证实,连坂、连浦是福建连氏发祥地。那为什么现在只有福连村30多户连姓人家,还是船民上岸定居的,这一带没有一户连姓人家是从唐宋世居至今?为了揭开这个谜底,笔者反复寻访查证,认为连氏数百年前从连坂、连浦全族消失,可能与以下两个事实有关:

一是与改朝换代惨遭杀戮有关。南宋恭宗丙子年(1276年)三月,偏安一隅的赵宋皇族,被元军赶出临安,朝贵大臣们簇拥着皇室少年赵昰等,经永嘉(今温州)从海路逃至闽江口,在连浦登岸,设置行宫。五月初一,端宗赵昰在福州称帝。五月末,文天祥也赶到连浦,皇帝授予右丞相兼知枢密院事,都督各路兵马。文天祥在连浦招兵买马,日夜操练水陆各军。一时间,连浦成了全国的抗元中心。七月,文天祥挥师南剑州（今南平市），与元军决战，失利后转战闽赣粤等地。十月，元军分水陆两路围困福州，皇帝从连浦浮海南逃。南宋祥兴二年（1279年），经崖山海战，南宋全军覆没，皇帝蹈海自尽，南宋亡。

在这期间，连浦、连坂的连氏青壮年，有不少人参加文天祥的抗元水陆军队，这些人为南宋王朝捐躯沙场、葬身海底。元军占领福州后，"连坂、连浦等境是元兵重诛之地"（据《福州连坂甘泉寺志》），连氏族人便成了元兵斩草除根的对象。为了躲避元兵杀戮，连氏族人有的从山路远遁他乡，有的乘船栖身孤岛。连坂村传说连姓人乘船逃到闽江口的琅岐岛，因此琅岐岛至今还保留一个叫"连般"的地名，寓"从连坂搬来之意"。由于失去了连坂、连浦这安居乐业的故土，又不愿受异族的统治，足踏"元土"，这部分族人从此泛舟江河，往来港埠，成了连家船民。因此，福州沿江和闽东沿海一带，原有众多的连姓船民，可能都是他们的后代子孙。

二是与"风水被破要另择吉地"的传说有关。传说南宋端平二年（1235年）中进士、曾任太守的连履孙的夫人，找了一位地理风水先生，要求找到好风水，定给重酬，并供养天年。这位地理先生从此吃住在连家，天天为太守夫人寻找"凤穴"。有一次，奴仆把掉进粪池的鸡拾起煮给地理先生吃，因而得罪了地理先生。这位先生就建议太守夫人建一条石板条路，以行善事，积阴德。太守夫人依言，出资在连坂境内建了条"高架路"：在路面上纵向铺三排石板条，宽约六尺，离地面高半尺许，蜿蜒数里长。这条石板路形似蜈蚣，被称为"蜈蚣路"。蜈蚣路迎接的不是连太守衣锦还乡，而是一副身首分离的灵柩。原因是元兵南下，攻破城池，连太守不屈被执斩首。当时连氏人心惶惶，紧接着元兵又杀到境内，不少人被残杀，人们只得四处逃命。在国破家亡的血腥日子，连氏族人归罪于"蜈蚣路"破了"凤穴"，只好远走他乡。另谋生路。

至此，我们不难看出，赵宋王朝的皇恩曾给连坂、连浦的连氏一时的辉煌，感恩的连氏迎接逃难的末代皇帝驻跸自己的家园，使原本宁静的连浦、连坂小村竟成了皇家行都和全国抗元中心。连坂、连浦的连氏随着赵宋王朝的灭亡而遭受空前浩劫，被元兵追赶杀戮，不得不舍弃世代相传五百多年的家园，举族逃难四方。现在连坂、连浦已找不到世居的连氏后人。但"野火烧不尽，春风吹又生"，连氏仍顽强地繁衍生息,在五洲四海都能见到连坂、连浦的连氏后裔。值得欣慰的是,当年被连太守招赘为女婿的黄武,由于继承连家部分田园财产,很快发展成旺族。黄家人不忘与连家的姻亲关系,至今连坂、连埔还流传着当年连氏盛衰的许多故事。

(选自《中华连氏》2006 年第 2 期)

闽台连氏源流续考

连心豪

笔者曾经利用族谱资料对闽台连氏源流作过初步考证,本文试图根据地方志及私人笔记文集等有关著述作进一步稽考,以弥补谱牒缺失谬误之不足。

台湾爱国史学家、《台湾通史》作者连横(1878 年~1936 年),原名雅堂,号剑花,乃当今台湾政要连战的祖父。连横之子连震东所作《连雅堂先生家传》开篇写明:"我始祖兴位公。生于永历三十有五年……少遭悯凶,长怀隐遁,遂去龙溪,远移鲲海,处于郑氏故垒之台南,迨先生已七世矣。"连横手稿《台南连氏家乘》自书祖籍福建漳州府龙溪县万松关马崎社二十七都。今存台南兵马营连氏入台二世祖连吉墓碑亦镌刻祖籍"龙溪"。连横祖籍龙

溪马崎原属定论,本不成其为问题。

1993 年 5 月,台湾影视界名人凌峰率台视《八千里路云和月》专栏节目摄制组来闽拍摄节目,道听途说,贸然将泉州市惠安县山腰镇坝头村当作连战的祖籍地,声称"连战祖上五代前由泉州东北的连氏聚居地迁台","可基本推断为连战祖籍地的惠安坝头连姓聚居地"。消息传出,海内外传媒竞相转载,以讹传讹,一时间舆论沸沸扬扬,使原来不成问题的确定论变得扑朔迷离。1994 年 12 月,厦门地方志专家洪卜仁先生在南京中国第二历史档案馆发现民国三年连雅堂恢复中国国籍、更名连横的原始档案文书。甲午战后,日本割占台湾,富于民族精神的连雅堂不愿俯首充当日本殖民统治的顺民,他在呈请内务部民治司恢复其中华民国国籍的愿书中亲笔书写"原籍福建龙溪县马崎社"。这才重新恢复历史的本来面目,连横、连战祖籍龙溪马崎,终于确认无疑。

郑喜夫《民国连雅堂先生横年谱》据《上党氏纂连氏族谱》及连横手稿《台南连氏家乘》,称龙溪马崎连氏分自长泰江都,其上源为漳平感化里和龙岩和睦里白泉乡。1994 年 4 月召开的"连横学术思想暨学术成就研讨会"特地组织与会学者到连

横祖籍地马崎社考察，笔者从中发觉，对马崎连氏上源存在歧异看法，尚有继续考证的必要。马崎连氏宗祠"思成堂"与附近的"诒燕堂"、"庆善堂"、"昭训堂"等连氏各小宗祠堂，均奉明正统年间开基马崎的连佛保为始祖，同时又奉宋代名臣连南夫为鼻祖。《上党氏纂连氏族谱》称，马崎连氏始祖佛保系分自长泰江都，乃奉母避难迁居长泰江都的连垒之长子。马崎连氏则承认佛保为开基始祖，但否认自长泰江都分支开来，并提出宋人连南夫为鼻祖。鼻祖与始祖同义，即最早的祖先。佛保为明人，南夫为宋人，孰先孰后，一目了然。既奉佛保为始祖，复奉南夫为鼻祖，岂不自相矛盾？这就提出马崎连氏上源的新问题：究竟谁是马崎连氏真正的始祖？马崎连氏是否分自长泰江都，抑或源于何处？为何既奉佛保为始祖，复奉南夫为鼻祖？

《长泰江都连氏族谱》残本历代世系图中可见三世祖时冲（佛保字）及其四子字号，均与《上党氏纂连氏族谱》所载相吻合，不同之处在于时冲不是分往马崎，而是前往台湾小脚腿。光绪《漳州府志》载，马崎连氏修有"家谱"。据该族人云，原藏有《万松关马崎连氏族谱》手抄本，正楷誊录，分正、副两本，由族中长辈二人保管，

均已亡佚。可惜无从与《上党氏纂连氏族谱》、《长泰江都连氏族谱》及龙岩、大田、德化、沙县、仙游等地连氏谱牒稽核对接，马崎连氏与长泰江都连氏是否存在分支衍派关系，尚有待于将来新的发现。

光绪《漳州府志》卷50《纪遗》载有：

连南夫，应山人。累官经略安抚使，知广州。时金人归河南地，南夫表贺有："虞舜十二州，昔皆吾有；商于六百里，当念尔欺。"为秦桧所恶，谪泉州。寻隐于龙溪尚书峰之麓，后因名其葬地曰"连山"。南夫五世孙秀璇，字康居。据家谱所载，与文信国天祥，招募勤王，拒元兵于五坡岭，一族战死三十八人，而史不传，忠义英灵，几于磨灭，可胜浩叹。按，尚书峰之麓有连南夫墓碑，镌宝谟阁学士，谟字恐误，《文献通考》载："《奏议》二本，宝文学士连南夫著。"考宝文阁自治平间已置，而宝谟阁至嘉泰间始有此号，南夫之卒在绍兴年间，似当以宝文为正也。

乾隆《龙溪县志》光绪五年补刊本卷17《人物传》、《流寓传》亦有南夫因表贺开罪秦桧、谪知泉州、隐居终老并安葬于龙溪尚书峰麓的记载，文字几与前引《漳州府志》雷同。同治《福建通志》卷193《人物传》、《宋侨寓传》连南夫条则显系抄录《龙

溪县志》。乾隆《广东通志》卷39《职官志》仅记南夫知广州、兼领广南东路经略安抚使时事而已。前引邑志所记南夫故宅墓葬早已无存。马崎连氏宗祠"思成堂"收藏石碑一方,高约1.5米,宽约0.8米,正面镌刻"宋宝谟阁学士任广东经略安抚使谥忠肃连公墓道",与府志所记相符,碑阴铭文为:

> 霞漳连氏鼻祖讳南夫,宋学士,赠太子少傅,谥忠肃,应山人。绍兴间忤权相,官寓于漳口郡东,尚书峰麓,丘墓在焉,详龙溪邑志。经六百馀年,乾隆丙申孟春,土乐、天柱、余英、土巽等鸠族修封。余英之子胪□为余弟庶吉士云从(婿),走书京邸,嘱书,余重其请,为揭碑阴,以垂不朽云。清赐进士出身、荣禄大夫、礼部尚书、郡人蔡新撰。

连南夫,《宋史》无传,嘉靖《应山县志》有传;引自《中都志》,惜所记过于疏漏简略。宋人韩元吉,字无咎,开封雍邱人,门下侍郎韩维之子,龙图阁学士,官至吏部尚书,晋封颍川郡公。元吉本文献世家,乃程子再传弟子,与朱子最善。其他诗词酬酢者,如叶梦得、张浚、曾丰、陈岩肖、龚颐正、章甫、陈亮、陆游、赵蕃诸人,皆当代名流。故其学问渊源颇为醇正,文章矩矱

亦具有师承。其文集《南涧甲乙稿》卷19收录《连公墓碑》,乃于淳熙十一年应南夫长子之请而作。碑文对南夫生平事迹考订叙述甚详,为了解南夫身世提供了宝贵资料与重要线索。其中不仅详记其宦旅业绩、终年月日、享年及安葬日期,尚可见南夫上至曾祖父、下至子孙较为完整的世系。惟其所记南夫终老处所及归葬地与《福建通志》、《漳州府志》、《龙溪县志》所云大相径庭:"公字鹏举,年二十四进士……官至中大夫,赠左正奉大夫。娶王氏,邻臣之女……男三人……莹……女二人……孙男二,孙女九。""绍兴十三年正月二十六日终于福州寓舍,春秋五十有八。""绍兴十五年十一月十五日,葬于怀安县稷下里崇福山之原"。"公盖应处士之曾孙也。处士德安人,讳舜宾,欧阳文忠公表其墓,所谓孝友温文以教其乡者,赠至金紫光禄大夫。其第三子讳庸,公之祖也。考则讳仲涉,赠至通议大夫。妣杨氏、高氏、赠淑人。……兄喆夫……"。唐宋八大家之一、著名史学家欧阳修《居士集》中有《连处士墓表》,文曰:"连处士,讳舜宾,字辅之。其先闽人,自其祖光裕尝为应山令,后为磁、郓二州推官,卒而反葬应山,遂家焉。处士少举毛诗,一不中,而其父以疾废于家,处士供养左右

十馀年，因不复仕进。……处士生四子，曰：庶、庠、庸、膺。其二子教以学者，后皆举进士及第。"庶以尚书职方员外郎致仕，庠官至尚书都官郎中。欧阳修自幼失怙，"生四岁而孤"，时在大中祥符三年庚戌。修叔父晔时任随州推官，修母携修往依之，遂家于随，年少家贫。按，汉置随县，西魏改随州，南朝梁分随县地设永阳县，隋改应山县。德安府本汉江夏郡地，唐曰安州，宋宣和元年置德安府，治所在安陆县，应山隶之。是故间或称诸连为安州应山人、德安人也。欧阳修"幼居随州，尝游连处士家，与二连相友善"。"庶始与弟在乡里，时宋郊兄弟、欧阳修皆依之"。"宋元宪公暨其弟景文公皆游于处士门，而欧阳公交际尤密"。欧阳修与连家有通家世交之好，既作《连处士墓表》，又欲表庠墓，"然文未成而薨矣"。《欧阳修全集》中尚可见答连氏兄弟书简七首。

欧阳修、韩元吉先后作《连处士墓表》、《连公墓碑》，前呼后应，互相补充。证诸宋人李心传《建炎以来系年要录》及嘉靖《应山县志》、光绪《德安府志》，皆确凿有据，翔实可信。由欧阳修《连处士墓表》可知，舜宾生四男：庶、庠、庸、膺。韩元吉《连公墓碑》云，南夫系舜宾三子庸次孙，

南夫考讳仲涉，兄喆夫。王莘《连都官墓志》称，庠生二男：仲熊、仲熙。从张末《四贤堂记》又可见庶之孙端夫。均符昭穆排行，无一有误。相形之下，《龙溪县志》、《漳州府志》、《福建通志》有关连南夫的记载以及蔡新所作墓道碑则纰漏屡现，经不起推敲稽考，颇有捕风捉影、牵强附会之嫌。兹列举数端：

其一，关于南夫的官衔、封赠、谥号。

绍兴六年五月，南夫自提举太平观知广州，旋领广南东路经略安抚使，进宝文阁学士。"思成堂"所藏墓道碑镌"宋宝谟阁学士任广东经略安抚使谥忠肃……"、"赠太子少傅"，又将宝文阁误作宝谟阁。相传马崎连氏宗祠及各小宗祠堂均用"兵部尚书"灯号，遍查史书，从未见南夫任兵部尚书。蔡新所撰碑铭亦未提及任兵部尚书事。当时高宗、秦桧一意求和，绍兴十一年十二月，抗金名将岳飞被害；十二年七月，南夫以遽释杜充之子杜嵩而落宝文阁学士；南夫终于绍兴十三年正月二十六日，《建炎以来系年要录》不见记载，对这位反对议和、力主抗金的名臣，贬官治罪犹恐不及，当然不可能有"太子少傅"之赠、"忠肃"之谥。

其二，关于南夫谪知泉州、隐居龙溪。

　　龙溪等志云,南夫之隐居龙溪尚书峰麓,乃因表贺反对议和、为秦桧所恶,而谪知泉州。绍兴七年八月,南夫因平定惠州曾衮之乱,"诏书奖谕,迁官一等"。"其帅岭南,惧涉瘴疠,自誓不受俸给,以祈全家生还。及被赏进官,力辞不肯受"。于是力请奉祠,乃于八年十一月提举江州太平观。此系自请,并非落职。南夫一贯反对议和,绍兴九年正、二月间,曾上封事、贺表,力主抗金,由是秦桧恶之,终因释放杜嵩而落宝文阁学士,事情均在自请奉祠之后。南夫确曾知泉州,事在绍兴三年至六年间。南夫自绍兴十一年己亥罢广南东路经略安抚使知广州。提举江州太平观,迄绍兴十三年正月二十六日终于福州寓舍,未再复知泉州。其间知泉州者先后为赵思诚、赵鼎、林季仲、陈彦才、富直柔、汪藻。确无南夫谪知泉州之事。至于隐居龙溪尚书峰麓,那就十分令人怀疑了。

　　另外,蔡新所作墓道碑文对南夫生平事迹撰述过于简略,疏漏纰谬如此,甚至未记南夫卒年,于通例不合。子孙后代居然连自家"鼻祖"生辰忌日都不清楚,亦于常理不通。欧阳修、韩元吉均为名家大儒,或与诸连关系亲密,或为同时代人,所述言必有据,翔实可信。韩元吉尝宦闽中,必

不至南夫隐居终老葬于龙溪而未闻,更不至贸然将其终老处所误作福州寓舍。《龙溪县志》、《漳州府志》、《福建通志》及蔡新所作墓道碑文均修撰于清代,距南夫所处年代十分久远,故其撰述的可靠性很成问题。因此,当以韩元吉所作《连公墓碑》为是。当然,其中有些问题还有继续考证的必要,如南夫为何归葬怀安。

　　谱牒资料中蕴涵着正史和其他官方文献不可能具有的丰富内容,对于研究社会经济史、家族、宗族组织和制度、人口变迁、区域开发、民间意识形态和宗教信仰诸方面,特别是对明清以降的移民历史、社会,都有重大的价值。这是人所共知的,也是毋庸置疑的事实。但因修谱的重要目的之一,是提高本宗、本族的社会地位。"氏族之谱……大抵子孙粗读书者为之,掇拾讹传,不知考究,抵牾正史,徒贻嗤笑。"致使谱牒资料本身存在严重的错误与缺陷。著名史学家谭其骧故云:"天下最不可信之文籍,厥为谱牒。"并特别指出,"谱牒之不可靠者,官阶也,爵秩也,皇帝作之祖,名人作之宗也。"标榜出身显赫高贵、血统纯正,就连帝王显宦亦不例外。如唐高祖李渊系出陇西胡族,却自认老子李耳为祖宗;近人孔祥熙乃山西太谷人,则

自诩山东曲阜孔子后裔。谱牒在补充正史记载不足方面既有其不容忽视的价值与不可替代的作用,但同时又存在某种程度不一的失实缺陷与局限。因此,谱牒不可不信,又不可全信。谱牒资料可以用,而且必须用。但切不可盲从,而必须认真考证,有鉴别地谨慎使用。谭先生在研究湖南人的由来时,为我们树立了科学利用谱牒的榜样,他对谱牒资料的真伪及其可靠性作出了合理的诠释:

　　而内地移民史所需求于谱牒者,则并不在乎此(按指上述谱牒中所记官阶爵秩及攀附帝王名人作祖宗等记载),在乎其族姓之何时自何地转徙而来。时与地既不能损其族之令望,亦不能增其家之荣誉,故谱牒不可靠,然惟此种材料则为可靠也。

　　就是说,谱牒中所述缥缈无稽的远祖和郡望是不可靠的,必须舍弃;而时代较近的家族迁徙过程,通常是谱牒所在之某地始迁祖迁徙的起迄地、途经地,是比较可靠的,可以取这段材料来研究移民史。

　　各种谱牒中标榜的郡望和年代久远、难以稽考的祖先名人,不少是虚伪的,不足为据。因此须将私家修纂的家乘、族谱与官修正史、方志文献、私人笔记文集等

著述中的有关记载,以及墓葬碑铭、祠堂楹联牌匾等文物遗迹,乃至于口碑史料,互相参照,印证考核,去伪存真,去芜存菁,方可避免其中的谬误。攀附名人望族的现象在闽粤赣连氏谱牒中也有所表现,试举数例:

　　福建仙游前连《凤阿连氏阿头族谱》载,六世次系钦公"字舜宾,奉双亲卜居浙江,转河南怀庆府济源县西乡南姚村,改地名连福文,占住一派。后生二子,其兄弟同榜进士。又考历史上,即系湖北应山县二连:兄庶,字君赐,举进士,任寿春令,一县大治,民称连底清;弟庠,字元礼,举进士,任宜城令,敦政严肃,民谓连底冻。可谓难兄难弟,其清风如此"。凤阿连氏宗祠还有"丝纶世胄,清冻名家";"清冻家声光历史,台铉世泽衍后人"等楹联。欧阳修《连处士墓表》云,"处士讳舜宾,字辅之"。"处士生四子,曰:庶、庠、庸、膺"。《阿头谱》误将舜宾附会为钦公表德。处士四子中以庶、庠名显于世,而庸、膺则为《阿头谱》所不知,故未收录记载。嘉靖《应山县志》载欧阳修《连处士墓表》云:"处士以天圣八年十二月十四日卒,享年五十有九。"据此推算,当生于宋太祖开宝五年(972年)。《阿头谱》则谓钦公之兄铭公生于宋

真宗天僖己未(1019年),此误显矣。连氏难得出现这么一位让欧阳修称颂的名人,更加二连兄弟并号良吏,皆有政声,名重一时,难怪会被《阿头谱》攀附,引以为荣。《阿头谱》始修于南宋建炎年间,后经元大德、清康熙、乾隆、同治数度重修。《阿头谱》附会舜宾之误,当系后人重修时所为。

无独有偶,江西石城珠坑连氏族谱亦尊立舜宾之祖父光裕公为始祖。广东龙门县龙江镇岭咀八岭旗村和广东龙川县黄布镇欧江连屋连氏族谱同奉光裕公为十世祖,并称元仁宗时(1312年~1320年),光裕公之子进步、道步、达步兄弟三人自闽地迁居粤东潮阳惠州府长乐县(今五华),然后分派广东各地。凡此种种不辨自明,皆谬甚矣。

南夫果流寓隐居龙溪马崎,有落籍传宗接代生子孙者,南夫亦不应与佛保平起平坐。在佛保称南夫为鼻祖尚可,而南夫岂能称300年后的佛保为始祖?马崎连氏出现鼻祖、始祖并列的紊乱现象,实在是个难解的谜。从蔡新所作墓道碑文可知,该墓系乾隆丙申(1776年)孟春鸠族修封,此时已称南夫为鼻祖。而马崎连氏始祖佛保之墓系重修于康熙壬申(1692年)。清人张尔岐《蒿庵闲话》卷2曰:"近俗喜联宗,凡同姓者,势可藉,利可资,无不兄弟叔侄矣。此风大盛于唐,其时重旧姓,故竞相依附。"窃以为,马崎连氏尊南夫为鼻祖抑或是清初联宗合族的结果,同样属于攀附名人之举。南夫"其先闽人",连氏不是大姓,宗支衍派相对没有那么复杂,南夫派系或与马崎连氏存在某种血脉渊源关系亦未可知。但在发现更有力的证据之前,仍宜以长泰江都为马崎连氏之上源。

(原载《中华之根——海峡两岸谱牒学研讨会文集》,中国文史出版社2005年9月第一版,作者系厦门大学历史系教授)

连横—连战家族源流及祖居地考察纪实

马 骐

缘起

笔者因为研究合肥乡贤、清代首任台湾巡抚刘铭传家族,故经常拜读台湾爱国史学家连横先生大著《台湾通史》等书,对先生学识人品十分钦敬。曾于1998年连横先生诞辰120周年及《台湾通史》成书80周年之际,写了几篇纪念性文章,在上海《新民晚报》(9月10日《夜光杯》栏《连横先生与上海》)、《安徽日报》(8月21日

七版《连横轶事》)、《江淮时报》(5月19日三版《青山青史各千秋》)等报刊发表。文中对连横先生家族源流亦有所叙述。当时主要是参考其哲嗣连震东先生《连雅堂先生家传》等文章。以后,我又陆续拜读了连横外孙女林文月女士的《青山青史——连雅堂传》、郑喜夫先生的《民国连雅堂先生横年谱》等书,及福建长泰县地方志办公室王海侨先生等的文章。对连横家族源流及祖居地有了进一步了解,但也产生不少疑问。

根据连横、连震东先生的自述,其家族渊源是这样的:

连震东先生《家传》曰:"我始祖兴位公,生于永历三十有五年,越二载而明朔亡。少遭悯凶,长怀隐遁,遂去龙溪,远移鲲海,生于郑氏故垒之台南,迨先生已七世矣。守璞抱贞,代有潜德,稽古读书,不应科试。盖犹有左衽之痛也。"

林文月《青山青史——连雅堂传》一书附有连横先生手迹插页《家乘》,对其迁台族祖源流记述甚详,文曰:

系出连山氏,望出上党,先世有居于福建省漳州府龙溪县万松关马崎社二十七都,至大清康熙间来台,居于台湾府城内宁南坊马兵营境。

1.来台始祖兴位公　始祖妣翁氏

2.太高祖吉公　太祖妣欧氏

3.高祖卿公　高祖妣叶氏

4.曾祖齐全公　曾祖妣程氏

5.祖父维桢公　祖妣郑氏

6.父亲永昌公　讳得政　生于道光甲午年正月二十一日未时

母亲刘氏妙娘　生于道光戊申年四月二十二日寅时

此件即有连震东先生手书曰:"此系先父雅堂先生二十岁前后时之笔迹。连震东　九年十月二十八日。"

2001年2月,大陆一家发行量很大的报纸《参考消息》转载香港《广角镜》1月号《台湾政要祖籍大揭秘》一文(作者刘丽英、华声)却有另外一种说法:

"长泰县方志办主任王海侨经过多年的潜心考证,认为台湾著名史学家、《台湾通史》作者连横,是长泰江都连氏的第十五世孙。据族谱记载,唐开成元年连谋入福建开基,成为连氏入闽始祖。明正统十四年连谋的十世孙连法进之子连垒为避沙尤之乱,从龙岩漳平县入长泰开基,后人尊连法进为长泰开基祖。

"连横家族的开台祖连兴位,在《江都连氏族谱》中称连绳巍,是江都连氏的第十世孙，于清康熙三十五年渡海到台湾，在台南宁南坊马兵营一带安居乐业，后代枝繁叶茂，名人辈出，其中最有成就的堪称连横家族。"

以上记述使我非常惊讶。因为它与连横、连震东的《家传》明显抵牾：

一是"祖籍龙溪县"怎么变成"长泰县"了？其祖居村（社）"马崎"也变为"江都"了？是否因县域变动或是地名变更所致？

二是迁台始祖"兴位"与"绳巍"在写法上差别很大，连横、连震东父子难道仅凭音似都把迁台始祖的名字写错？

三是连横本是"兴位"公七世孙，但按王说就变成"绳巍"的五世孙，岂不差了两辈？

四是王说江都连氏上溯至唐开成元年（836 年）连谋（入闽开基祖），而其十世孙连法进于明正统十四年（1149 年）入长泰开基，413 年传十世平均四十多年一代，似有疑问。

五是王先生在另一段谈话中还提到迁台连氏于清咸丰年间出了一位举人连日春，按时间算其人约和连横之父永昌公同时。这和连震东先生《家传》讲的连家以明代遗民守贞、"稽古读书，不应科试"的

传统不合。而且林文月在《青山青史——连雅堂传》中记述永昌公前后史事并未提到他家还有位"举人"！

台湾郑喜夫先生大著《民国连雅堂先生横年谱》所引《上党氏纂连氏族谱》及《福建连氏播迁分支图》对连横家族源流记述疑点更多。重要者有：

一是对连横家族"系出连山氏"毫无涉及，与"连山氏"无关的内容却记述甚详，且与连横家族关系混淆不清。

二是其引《分支图》中在"长泰江都连氏始祖"的三世"连佛保"名旁注"分龙溪马崎"等语，似乎"龙溪马崎"连氏是长泰江都连氏的一个分支，而这在连横等人的各种文字中却无只言片语提及！

以上问题关系到爱国人士、台湾文坛巨匠连横先生、原"资政"连震东先生以及现任中国国民党主席连战先生等名人的祖宗、祖籍、家族源流、祖居地的真伪，我认为这是一个很重要的问题，于是下决心去实地考察。

在厦门

2002 年 4 月 16 日，我从数千里之外的安徽合肥乘车来到厦门。首先到厦门市方志办访问方志专家葛向勇主任。承葛主

任热情接待,帮我查找连横先生在厦门的有关资料。他并告诉我:"龙溪"即今龙海市。次日我又去厦门大学台湾研究所,在陈在正教授帮助下查阅了连氏家族有关资料。晚上,我又去"厦门宾馆"拜访了正在参加"郑成功驱荷保台学术研讨会"的郑孔昭(厦门大学台湾研究所副所长,研究员)、杨彦杰(福建省社科院研究员)两位对连横素有研究的学者朋友。他们告诉我:"连横祖居地在龙海马崎村。漳州市于1994年召开过连横学术思想暨学术成就研讨会,出了论文集"(后承蒙漳州市志办林主任热情相助找到一本给我)。郑先生还热情地表示:他曾于几年前出版过一本专著《连横〈台湾通史〉辨误》,可以赠给我(我回来后不久即收到)。几位先生的宝贵赐教,使我到龙海之前就对连横祖居地以及当前福建学术界对连横研究的情况有了一个基本的认识。

"龙溪"建置沿革考

4月18日,我乘厦门一龙海载客快艇沿九龙江溯流而上,1小时左右便到龙海县城石码镇。承蒙方志办黄剑岚主任及诸位同仁热情接待,提供支持。我查阅了清光绪《龙溪县志》,很快搞清了"龙溪"县建

置沿革:

龙溪县,南朝梁武帝大同六年置,属南安郡。

隋唐时龙溪先后属泉州(注:今福州,以唐景云二年即711年为界)、闽州、建安郡、丰州、武荣州、泉州(此处为今泉州)等。

唐开元二十九年划泉州龙溪县属漳州(唐垂拱二年设州)。贞元二年(786年)漳州迁治龙溪县城。龙溪成为附廓首邑,直至1960年。

明嘉靖四十五年,析龙溪县一至九都和漳浦县二十三都等地设置海澄县(治月港镇),同属漳州府。

民国龙溪、海澄二县属漳汀道,六、五专区。

1950年后,二县属漳州专区(后改称龙溪专区)。

1960年龙溪、海澄二县合并为龙海县,属龙溪专区,县治从龙溪镇(漳州)迁石码镇。

1985年漳州改市。龙海属之,后亦改市(县级)。

显然,龙溪与海澄、漳浦县在建置上有分合关系,而与长泰县无涉。经考,长泰县为隋南安县地,五代南唐析南安县地置

长泰县，从古至今始终与龙溪邻界并列。这就清楚地表明：连横家族祖籍"龙溪"是不可能因建置变迁而变成"长泰"的。

拜访龙海连氏宗亲会

4月18日下午，我在黄剑岚主任的引荐下，去龙海市工农路66号拜访了龙海连氏宗亲会。会长连俊三先生（70岁，市物资局退休干部，书法家，高中文化）和委员连江海先生（74岁，高中文化）热情接待了我。他们首先十分肯定地告诉我：

"我们都是龙溪马崎连氏十八世孙。根据祖辈相传和我们的研究，长泰江都连氏和我们马崎连氏毫无关系。所谓'连佛保分龙溪马崎'及'连兴位即连绳巍'等说法是移花接木，张冠李戴。"

尽管我自认为对这一问题有初步的研究和认识，但我还对这个惊人的结论感到惊讶！我试问："都是连姓，怎么毫无关系？是不是不同分支？"两位老人认真地说："涉及祖宗，岂能妄言？我们根据族谱、宗祠及族人祖传资料，祖先墓碑，府县旧志及其他资料研究。江都连氏与马崎连氏姓氏来源不同，入闽始祖与迁台始祖都不同。确实毫无关系。"

俩老人毫无保留地将他们掌握的大量资料和两篇打印的研究文章给我看。两篇文章分别是《霞漳（龙海）连氏渊源——为连横家族根源辨正》（作者：连俊三）、《马崎、江都连氏渊源考察记》（作者：连江海，连俊三），我拜读了这两篇文章，又仔细看了他们引用的有关资料，认为他们的意见是可以肯定的，而且是目前尚不为外界所知的重要结论。应该根据自己的考察作进一步论证和介绍，并对此前流传的有关误说作些探究和辨析。

"连山氏"南夫公是龙溪连氏始祖

连横手书《家乘》开宗明义即说："系出连山氏。"这句话交待的是其家族的起源。但"连山氏"是谁？系哪个时代的人？却语焉不详。其实在龙海连氏族人中，这本来是很清楚的："连山氏"就是"连南夫"。明清《龙溪县志》、《漳州府志》、《福建通志》及《宋史翼》等古籍皆有"连南夫"传，《马崎连氏族谱》亦有明载（此谱可惜毁于"文革"时，但其家世源流尤其是始祖的记述，连氏族人多能记忆口传，连俊三先生等也有家谱摘抄资料）。更珍贵的是清代重镌的连南夫墓道碑今仍在其祠堂内保存完好，碑文清晰可见，族人珍藏有拓片及照片。根据这些文献资料及族人口碑研究，我们可以确定：连南夫即连横先生所记"连山氏"，正是龙溪连氏始祖。

连南夫字鹏举，宋代爱国大臣。应山（在今湖北省广水）人。政和二年进士，历任州县官，右文殿修撰（相当于翰林），显谟阁、宝文阁学士，广州经略安抚使，赠兵部尚书，谥忠肃。南夫公在南宋绍兴九年上奏折力主抗金，收复全部失地，权奸"秦桧大恶之"，借故将其罢官。因南夫公曾经于绍兴初年知泉州，罢官后遂隐居龙溪县秀山。后人因改称此山为"尚书峰"。绍兴十三年（1143年）南夫公去世，年五十八。葬于尚书峰旁龟山，后人因称此山为"连山"，"连山氏"由此而来。龙溪旧志记载：宋经略使连南夫墓在十一都。今考在龙海市榜山镇翠林村西。山麓有"连厝"及"南夫公墓"遗址，龙溪连氏族人每年来此进香祭拜，尊为本族龙溪开基之地。

从南夫公上溯，其渊源最早可追溯至黄帝后裔、春秋时齐国大夫连称。唐代连谋，自婺州迁闽县，其孙连总（字会川）为咸通进士，"金紫光禄大夫"。连总之孙连光裕于宋初太宗时知安州应山县，有功于民，后历任磁、郓二州推官，卒于任上，应山人追思惠政，迎葬应山。其子连正因此定居应山。正（名国扬，字朝佐）长子为舜宾（赠金紫光禄大夫），舜宾三（赠金紫光禄大夫），舜宾涉（字淑颖，赠通议大夫）次子即南夫公，子为庸，庸子仲涉，仲涉（字淑颖，赠通议大夫）次子即南夫公，配王氏。南夫公下传，生三个儿子，长子雍迁温州，次子珏迁福州，三子莹奉南夫公居龙溪连山。南夫公五世孙秀璇，字康居，南宋末年曾随文天祥抗元兵，激战广东五坡岭，一族战死三十八人。宋亡，为避元兵报复，"连山氏"全族迁遁海岛玉田山。"连厝"、"连山氏"墓地皆被元兵所毁。

连佛保确为"马崎始祖"，但此"佛保"非彼"佛保"

从元代至明百余年间，"连山氏"族人在海岛玉田从事农渔及航海业。传至南夫公十世孙连佛保，配李氏，生子文禄、文亮、文远。明宣德年间，因倭寇侵掠，实行海禁。时佛保公已去世，葬于海岛玉田山。文远公率子侄辈迁回龙溪县，到九龙江西、北两溪汇合处的马崎山下马崎社居住，从事内河航运业。并建祠修谱，尊"南夫"公为"连山始祖"、"佛保"公为"马崎始祖"或"岐山始祖"。马崎山又称岐山，在连山北约六里，今属龙海市榜山镇。

清初，为对抗台湾郑氏政权，强制"迁

界"，马崎连氏又一次被迫迁往他乡，至康熙二十一年，台湾统一后"复界"，马崎连氏重归故居，修复祖祠，并将"马崎"连氏始祖"佛保公"的骨殖从海岛玉田山迁葬马崎凤来山。乾隆年间重修祖祠时，族人公议："连山始祖"南夫公改称"霞漳连氏"。

"霞漳"意即"漳东"，其含义包括了"连山"、"岐山"两地，这就避免了一祠二祖皆以两个具体山名尊称，容易使人产生并列印象的情况。体现了聪慧的连氏族人对祖宗的源流次序丝毫不容混淆的态度。

可是他们没有想到，连氏"马崎始祖"佛保公，竟被人在台湾制作的《福建连氏播迁分支图》中与另一个"连佛保"混淆了。

连俊三、连江海等先生根据《长泰江都连氏族谱》和实地考察研究：江都连氏三世祖也叫"连佛保"（一说"连保"），字时冲，早在明成化间去台南诸罗县"小脚腿"（地名），其骨殖葬在"本里后堀野瓷斗"。他所生四子：长孙，字朝恩；次男，字朝遂；三炯，字朝璨；四陆，字朝高。其经历、配妻、子孙名字、墓葬地与"霞漳连氏十世祖、马崎始祖"连佛保皆不相同。"彼佛保非此佛保"，不能"合二而一"，随意混淆。

民国时在台流传的《福建连氏播迁分支图》在"长泰江都始祖三世连佛保"名旁加注"分龙溪马崎"五字是毫无根据的。连横先生当年曾对《上党氏纂连氏族谱》与《福建连氏播迁分支图》产生疑问："拟入闽祭祖，溯查族谱，以为最后之著述"，可惜因故未能如愿。

两个连氏源流各异

以上已将龙溪"连山氏"渊源讨论清楚。现在探讨一下长泰江都连氏渊源。连俊三、连江海先生根据《江都连氏族谱》研究，其渊源如下。

本系"是连"氏，通古斯族，东晋时随北魏入居上党，融入鲜卑族。后去"是"字，单姓"连"氏，望出上党。后散居中原各地，逐渐融入汉族。元末，有连姓"小五、小六"兄弟至福建漳平白泉乡定居开基。传三世有连"四八"谥"法进"者，于明正统十四年"沙尤之乱"中去世，其子"连垒"，扶母入长泰县江都村定居开基，尊法进公为"江都始祖"。繁衍子孙，成为望族，连垒之子佛保（一说连保）于明成化年间去"台南小脚腿"（诸罗县）定居，成为江都连氏迁台始祖。而连横家族迁台始祖兴位公是清康熙年间去台南府城宁南坊马兵营定居。迁

289

台时间、定居点皆不同。由此可见,漳州两支连氏源流各异,确是事实。

这里还有个问题须探讨:江都连氏与连谋(马崎连氏入闽始祖)是否有关?长泰方志办王海侨主任说:"明正统十四年,连谋的十世孙连法进之子连垒为避沙尤之乱,从龙岩漳平县入长泰开基。"郑喜夫先生《连雅堂年谱》所引《上党氏纂连氏族谱》、《福建连氏播迁分支图》也有类似记述:连谋一个分支连胤迁大田魁城。下传至连正臣,为北宋元祐二年"特进",仕登朝奉郎。而江都连氏始祖连法进上溯为漳平始祖"小五、小六"之孙,"小五、小六"再上溯为正臣公之子。这样与连谋就接上关系,与龙溪连氏也就有"联系"了。

其实不然。连俊三先生的文章有这样一句话:"按小五、小六兄弟系元末顺帝时人,连正臣是北宋元祐二年特进,相距约250余年,相差近十代人之距,如何以父子相称?"郑喜夫先生《连雅堂年谱》也在引用了《上党氏纂连氏族谱》有关内容后说:"盖正臣为宋元祐间人,四八(法进)为其玄孙,四传而已,竟为明宣德间人,其间相去约三百五十年,揆以三十年一世之例,出入过甚。"可见两位先生对此是持否定态度。并且,长泰《江都连氏族谱》序文中

对此也有怀疑:"及法进以上,惟漳平白泉一派。前先无从详考。"

可见,"江都连氏与连谋有关联"的说法是靠不住的。

须要说明的是:我们中华民族五千年文明史,是境内各民族共同创造的。仅就汉族来说,也是经由无数古代民族融合为一的过程。我们在追述某一家族源自上古时代某个少数民族时,或探讨某个家族与另一个家族渊源是否有关联时,丝毫没有也不应该有任何歧视或偏见的意思。只是国人素有尊崇祖先的传统,反对数典忘祖。搞清楚自己家族的祖先与源流,这种不忘"水源木本"的感情与传统也是应该尊重和肯定的。

关于其他几种误说

通过以上讨论,其他一些误说也就比较容易廓清了。

一、"长泰江都连绳巍即连横家族迁台始祖连兴位"之说显然不可能。除了本文开头提出的疑点之外,还有另外两点理由:首先,连横手书《家乘》从"来台始祖兴位公,始祖妣翁氏"开始。直至父兄辈共七世,姓名、生卒年及配妻皆写得清清楚楚,显有文字依据,不会单把"来台始祖"名字

写错。再说连家"稽古读书",不是文盲之家对祖先名仅凭口耳相传,容易出错成同音字;且"绳巍"与"兴位"写法上差别很大,亦不可能笔误。退一步说,如果"兴位"与"绳巍"真是一人,那么连横家族祖籍就是"长泰"而就无须写成"龙溪"、"马崎"云云。作为史家的连横,绝不会出此"低级错误"!

二、某些书刊文章中关于连横家族源于福建"安溪"、"惠安"、"仙游"、"福州"等地的说法,除了"福州"连氏与之同宋代祖连南夫外,其他只可能同唐代入闽始祖连谋,支脉较远。

访问马崎村

4月19日上午,笔者和龙海方志办黄剑岚主任、连氏宗亲会连俊三会长、连江海委员一起,前往榜山镇马崎村考察访问。汽车出县城石码镇沿公路北行约10公里,路左见一座挺拔的高山,连会长说这就是马崎山(岐山)。从此山向东约一公里,到马崎村中"连氏宗祠"前停车。村中间是一个宽阔的广场。村西有一座小山,林木葱郁,风景优美。此村向东即是九龙江,即古称龙溪;向南为西溪,此处又称"江东"(桥)。山川形势,确是人杰地灵。我不由得按动快门,拍了几张照片。这时住在村中的连氏宗亲会副会长连鸿举等10多位连氏宗亲闻讯赶来,热情欢迎我们。巧的是,我的名字"马骐"和"马崎"同音,他们说我们很有缘分。遂于祠前合影留念。

我们走到祠前,首先看到一块石碑立于大门右前方。正面为:"市级文物保护单位","连氏宗祠","龙海市人民政府立"。背面文曰:

康熙卅一年壬申重修,祠祀宋宝文阁学士,广东经略安抚使、霞漳连氏鼻祖连南夫公和其第十世孙岐山始祖连佛保公,列祖神位同祠配享,该祠为台湾著名史学家连横、资政连震东、当今国民党主席连战先生家族迁台前祖庙。

祠堂两进两厢结构,第一进为正门、侧门。正门上悬"连氏宗祠"匾额。祠内正殿,庄严肃穆。上悬"思成堂"匾额。正中香火案上方供奉着南夫公、佛保公牌位。两旁对联是马崎连氏昭穆(字派):

肇式昭宗德 鸿基振有功

徽声宣奕世 长发永兴昌

厅堂上悬几对灯笼,一对"百寿"、"百子"。(灯外贴百个"寿"字"子"字),一对是"兵部尚书"、"连府"。祠内还保存着另外两件重要文物。一是"翰林"古匾;另一是南夫公墓道碑,正面大字,文曰:

宋宝文阁学士任广东经略安抚使谥忠肃连公墓道

背面文曰:

霞漳连氏 鼻祖讳南夫宋学士赠太子少傅,谥忠肃,应山人也,绍兴间忤权相,宦寓于漳,隐郡东尚书峰麓,邱墓在焉。详龙溪邑志。经六百余年,乾隆丙申孟春贤裔士乐天柱宗英苍进等,鸠族修封。宗英君之子庐□为余弟庶吉士云从婿,走书京邸属记。予重其请,为揭碑阴,以垂不朽云。清赐进士出身荣禄大夫礼部尚书郡人蔡新撰。

此碑原在连山厝南夫公墓地,后移存祠内。族人说那里还有一座始祖土坟,他们年年去祭扫。他们正在筹画重建"连山氏"始祖南夫公墓这个重要的古迹。届时这块墓道碑将复立原址。

时已正午,我们在马崎山下公路旁一家连氏族人开的饭馆休息,与连氏宗亲会几位老人座谈。他们说:马崎连氏与江都连氏确非同宗,对所谓"历史上联宗,共修族谱"的说法,他们一再说,从来没有过。我们的祠堂形式、昭穆、灯号、供奉祖先都与江都不同。所谓"江都连佛保分龙溪马崎"的说法更是我们绝对不能接受的。

实地考察马崎村,印证了我们此前的分析,收获颇丰。使我的心里更加踏实。

午饭后,我们在去漳州的公路旁停车,瞻仰了万松关名胜。此关在马崎山西约2公里,两山之间有一关隘。据《龙溪县志》记载:万松关是古代十分重要的"京省"交通孔道,兵家必争之地。遥望关上有古堡墙残段约数十米。今日雄关虽然失去其旧日辉煌,但它仍在阳光下巍然屹立,与连山、马崎山(岐山)、马崎村一起,成为龙溪连氏聚居的天然标志和生生不息的象征。

连横家族源流概貌图

现在,我们可以根据有关资料和考察

辨证的成果,对连横家族源流概貌作出一个比较确切的描述了:

1、黄帝——齐大夫连称——唐·连谋(自婺州人闽,配吴氏,生四子)——(谋孙)连抱;连总(字会川,唐咸通九年进士,任广西及四川副使、仓部员外郎,金紫光禄大夫——光裕(总孙,宋太宗时知安州应山县,卒葬应山)——正(光裕子,名国扬,字朝佑,定居应山)——舜宾,舜睦(光裕子。舜宾字辅之,赠金紫光禄大夫,欧阳修为其撰墓表。生四子。舜睦居云梦)——庶、庠、庸、膺(舜宾子。庶公字君锡,庆历六年进士,商水尉、寿春令,累迁职方员外郎;庠公,字元礼,庆历二年进士,宣城令,都官郎中)——仲涉(庸子,字淑颖,赠通议大夫)——哲夫,南夫,万夫(仲涉子。万夫,将仕郎)。

南夫公连山氏龙溪(霞漳)始祖(仲涉公次子,字鹏举,号一阳,北宋大观二年进士,南宋兵部尚书衔建康路安抚使兼建康府、宣、徽、太平等州制置使,知泉州,宝文阁学士,广东经略安抚使,隐居漳州龙溪尚书峰,葬连山。配王氏,生三子)——雍、珏、莹(雍公字宇茹,朝奉郎,邵州知州;迁居温州。珏公字宇芹,承奉郎,迁居福州;莹公奉南夫公居龙溪)秀璇(南夫公五世

孙,字康居,随文天祥抗元战死,全族迁避海岛玉田山)。

佛保公迁马崎始祖(南夫公十世孙,配李氏,生三子)——文禄,文亮,文远(佛保公子。文远公字敦素,于明宣德年间率子侄自海岛玉田山迁居龙溪马崎社,尊佛保公为马崎始祖)——士乐、天柱、宗英、苍、士选(佛保公裔孙,清乾隆年间重修祠、谱、连山氏墓并立碑,尊南夫公为"霞漳始祖")。

兴位公迁台始祖(南夫公第十九世裔孙,佛保公第十世孙,康熙年间迁台南马兵营,配翁氏)——吉(兴位公次子,配欧氏)——卿,侯,伯(吉公子。卿公,配叶氏)——齐全(卿公子,一名正信,又名维崎,配程氏)——长瑞字维桢,长琪,长瑛(齐全公子。维桢公配郑氏,即连横祖父母)——得敏,得政,得敦。

得政公字永昌(配沈氏、刘妙娘,有四子二女)——重承(养子,名赞单,字继绪,配蔡氏,生子一),重裕(名城壁,字应榴,荆玉,配许氏),重国,重送(横),重廷。

连横(连山氏龙溪始祖南夫公第二十六世孙,迁马崎连氏始祖佛保公第十七世孙,迁台始祖兴位公七世孙,得政公第四子,谱名重送,学名允斌、横,字雅堂,号剑

花、武公,1878 年——1936 年,配沈氏,生子一,女三)——夏甸(长女,嫁林伯奏,生女林文月,林文英等),震东(雅堂公子,字定一,1904 年——1986 年,曾参加八年抗战,台"内政部长""资政",配赵兰坤女士),春台(女),秋汉(女)。

连战(龙溪始祖南夫公第二十八世孙,迁马崎连氏始祖佛保公第十九世孙,迁台始祖兴位公九世孙,震东公子,字永平,1936 年 8 月 27 日出生,留美博士、曾任台"行政院长",现任中国国民党主席。配方瑀,生二子二女)——惠心(长女,嫁陈弘元)、胜文(长子)、胜武(次子)、咏心(次女)。

(作者系安徽省社科院淮系集团研究中心研究员,福建省龙海市连氏宗亲会顾问。原载《中华之根——海峡两岸谱牒研讨会文集》)

连姓研究评介(节录)
连旭升

连姓在中华民族的大家庭中,是一个小支系,未列入百家姓前一百位,但却是一个古老姓氏。自春秋初辅佐齐桓公与管仲的齐国大夫连称"上党开宗"后,已三千多年。连姓,全国至今大约有 55 万人左右,虽万里隔绝,也相互关心,非常亲切。

中国很多姓氏都有族谱流藏民间,连姓自不例外。

在中国历史上,姓以人显,人以名显,名以官显。连姓在中国五千年历史中无人为帝为王,也无人为重要达官显宦或特大名人,所以几千年来都是默默无闻的小姓,人数不多,但却是一个古老的氏族,正像黄帝为姬姓、夏禹为姒姓,都是小姓,却是古老姓氏一样。

连姓渊源及支派

许久以来,在个别姓氏书籍或一些农村的连姓族谱上,可以看到关于连姓起源的五种说法,即:

一、黄帝轩辕氏与颛顼高阳氏之后。

二、上古陆终氏第三子惠连之后。

三、夏朝有恭父氏,有功于夏,被封为连城王,妻吴氏,生连称。故连姓为恭父氏即连城王之后也,或连城王之子连称之后(恭父即连城王为连姓始祖,或其子连称为连姓始祖)。

四、周时齐国连称,实为姜姓,仕周有功,姬庄王赐姓连,始名连称,官封为大将军,封地上党或食邑上党。寿六十四岁而终,子某孙某曾孙某,皆为大官,中国上党连姓即这位连称之后也。

五、连称，周公之后，葵邱著迹，上党开宗。连姓，春秋时齐国大夫连称之后也，葵邱著迹，上党开宗。

中国大陆连姓有几个支派？史书表明，在西晋（317年）之前，中国只有上党连氏一家。西晋末年，天下大乱，晋元帝渡江，定都于建康（南京），始称东晋。此后，北方五胡十六国先后进入中原，北方和西北各草原九个少数民族在中原建立起时间不等的政权，称王称霸。史书上出现的当时少数民族姓氏中，带有连字的姓约有七、八个，并且全部是复姓，计有：费连氏（或称为浑陆氏、费刘氏）、大连氏（或称陆连氏）、出连氏（或称杜连氏）、郁连氏（或称云林氏）、是连氏（或称史连氏）、提连氏（或称铁连氏）和赫连氏（或称郝连氏）。

这些复姓的带连字的姓氏，散见于当时的北朝史书中，到了宋朝，郑樵编著《通志·氏族略》将它们全部搜集起来编在一起，列入连姓名下，并注明上述各少数民族复姓连氏，以后均改为单姓连姓了。还有楚国设有一个叫"连尹"的官职，战国之后，逐渐盛行以物为姓，或以官为姓，于是也改为连姓了。

这样看来，中国连姓起源有五种说

法，中国连姓有七、八个支派。

历史的真实究竟是怎样的呢？

中国连姓始祖究竟是谁？

历史事实的答复是：春秋时齐国大夫连称。这是中国连姓的惟一始祖。

关于连称和他的事迹，在中国历史的官方和权威史书中都有记载："葵邱著迹，上党开宗"。"周公之后，葵丘著迹，上党开宗"。《左传》、《春秋》、《史记》诸书，以及明清时代的姓氏专著，也都有这样的记载，其人及其事迹是公认的。连称与齐桓公、管仲是同代人，他带兵守卫葵丘，后又带兵支持管至父和公孙无知杀死荒淫无道的齐襄公，迎接在外的公子小白（即后来的齐桓公）和管仲回到齐国。为齐国发展成为当时中国最富有和强大的国家扫清了道路。在推动当时的历史车轮前进中，连称起了重要的作用。当时连称还带兵随同齐桓公在上党"九合诸侯，一匡天下"，将他的部分连姓族人留在中国军事要地的上党襄垣，后来向外发展，被史家称为"上党开宗"。

这一历史事实，由清嘉庆时在襄垣县古连族墓地出土的《大周故飞骑尉连府君墓志铭》中得到佐证。碑文记载："连简，襄垣人也，周文王之宝裔，鲁元子之胤绪，详

诸史册，可略而言矣。"这说明上党连简族
系是周武王之弟周公旦族系，是受封于鲁
的周公旦长子鲁公伯禽后裔，也就是说齐
大夫连称是鲁周公伯禽族系的人。

连姓的播迁与分布

从连姓的起源看，连姓的播迁无疑是
从山西上党开始的。以后随着历史的发
展，连姓人的生活范围在北方迅速扩大。
在唐宋时大规模南迁，但他们迁移的路线
大多不是向南进入湖北，大多数是沿着东
晋时上党连族南迁的传统路线，由汝南、
固始一带出发向东，经合肥直抵芜湖、镇
江、南京北岸，由此渡江向东南，由浙东入
闽（少数经江西入闽）。这和当时中原持续
战乱，闽粤社会较安定有关。《五代史》《资
治通鉴》，记载了晚唐五代由河南入闽的
连姓人士，正史记载只有连重遇等几人，
但历史上的迁移总是一人带动一片，老乡
亲族带动同宗一片，故可能有相当数量连
族先后入闽，一批批向江、浙、闽、粤沿海
发展，其中一些人迁往台湾和南洋各地。

一、大陆连姓人口分布

据不完全统计，大陆连姓人口总数约
为 55 万余人，遍布全国各地。福建省 12
万人、广东省 7 万人、浙江省 5 万人、山西
省 31183 人、河南省 3 万人、台湾省 3 万
人、江西省 1 万人、广西省 1 万人。内蒙古
自治区的 3000 人多为从山西忻州迁出。

二、山西连姓人口分布

据 1991 年山西省第四次人口普查统
计资料显示，山西省连姓人口总数为
31183 人，遍布全省 11 个地市的 105 个县
（市、区）。超过两千人以上的地、市有：长
治市 12957 人、忻州市 3434 人、太原市
3040 人、临汾市 2958 人、晋城市 2515 人；
超过千人以上的县（市、区）有：襄垣县
4152 人、忻府区 2572 人、长子县 1949 人、
乡宁县 1503 人、交城县 1082 人、长治市
郊区 1063 人、高平县 1003 人。

位居山西省连姓人口第一位的长治
市襄垣县，位于山西省东南之上党盆地，
全县共有连姓人口四千多人，主要分布在
阳泽河、南峰沟、南峰、黄楼北等 30 多个
村庄，是中华连姓的发祥地。

位居山西省连姓人口第二位的忻州
市忻府区连氏"系出上党，后走洪洞，北上
阳曲"，于元至正三年（1352 年）定居忻州
（即现在的忻州市忻府区），繁衍廿六代，
遍布全区的二十多个村落。其始祖连玉，
为明洪武丙子科（1396 年）举人、国子监助
教，是明建文皇帝朱允炆的老师。现忻州

市境内的宁武、原平、代县和朔州市境内的朔城区以及大同市境内的左云、灵邱等县(市、区)的连氏皆系忻州市忻府区连氏之分支。在内蒙古自治区呼和浩特市市郊的连家营子、什不更、代州营子、雨思格奇等连氏聚居村落的连氏也皆系忻州市忻府区连氏之分支,约三千余人(包括因经商或工作定居在呼市、包头、集宁、丰镇等地的忻州市忻府区连氏)。

连氏文化研究

近年来,随着寻根热的兴起,连姓的寻根联谊活动及文化研究也以各种方式开展起来。

连姓的寻根联谊及文化研究是从1986年开始的。

1985年秋,新加坡连姓实业界人士连瀛洲先生来访北京,辗转托人向著名学者、《人民日报》原记者连云山先生(山西省沁源县人士)探询中国北方连姓氏族源流。据称,新加坡和台湾的连氏原籍都是福建、广东,在当地原为客家人,先祖来自中国北方,不详具体为何地,询问中国北方有无连姓族谱可寻。这是来中国寻根的表示,自应提供全力协助。为此,连云山先生于1986年夏专程从北京来长治调查上党连氏的渊源和现状。时任襄垣县经委主任的连丙收、襄垣县文博馆馆长李天保、襄垣县史志办连磨纯等陪同调查。调查中,南峰沟村支部书记连兴华献出了民国廿六年合修的襄垣《连族谱牒》。

1986年秋和1987年春,连云山先生与全国最大的连氏聚居地福建省泉港区坝头连氏基金会会长连远及台湾连氏企业家连金春先生(泉港区坝头人士),先后在北京和厦门,多次商谈纪念连横逝世五十周年及学术研讨会事宜,达成共识,由台湾连氏企业家连金春先生向连战转达,邀请他届时参加会议并到祖籍地福建漳州马崎和连氏开宗地山西长治襄垣县参观访问,会议地点初步定在泉州或福州,两地政府表示全力支持这项工作,但因当时大陆与台湾关系紧张未果。

1987年2月,连云山先生根据调查,博采史实,写出《中国大陆连姓氏族源流考山西上党连姓氏族源流考》。随后他又出台精论之作《三千年亲情一脉传》,为连姓在全国族人中的讨论拉开序幕。

1994年夏,广东省龙门县永汉中学老教师连敏积十五年的心血,收集了广东、福建、江西、山东、陕西等地的家谱,编辑出版了《上党连氏族谱集锦》。1997年秋又编辑出版了《上党连氏族谱集锦（续集）》。

1994年11月3日，福建省首届闽台姓氏源流研讨会在福州召开，福建省龙岩中学教师连钧文先生参加会议，并作了题为"闽粤台三省上党连氏派系及源流初考"的发言。

1994年11月3日，长治地区十三县（市、区）的连氏族人在襄垣县召开了上党连氏宗亲联谊会，"古上党连氏研究会"应运而生。

1995年，原中国《北方电视台》派记者王有名、梁光芝专程来长治调查上党黎、连两姓的来源及历史情况。连玉林（时任长治市政府办公厅副主任）陪同考察，连安喜、连磨纯等作了详细汇报，提出今后考证之要点。

1997年，纪念台湾爱国史学家、《台湾通史》著者连横先生逝世六十周年学术研讨会在福建省漳州市召开，厦门大学教授连心豪参加会议，并宣读了论文《闽台连氏源流考略》。其论文《闽台连氏源流续考》在台湾发表。

2000年3月，继连敏之后，福建省龙岩中学教师连钧文先生经十几年的奔波，编辑出版了《中华连姓》。把全国南、北、东、西十七省八十一县（市）的族谱要点及姓氏来源收编、整理、归类，并加以阐述。

2000年9月25日，忻州连氏文化研究会成立，适逢始建于清嘉庆八年的忻州市新路连氏宗祠重修落成和创修于清同治八年的《新路连氏族谱》续修完成。"古上党连氏研究会"副会长连安喜、李天保等专程到会祝贺。

2004年9月29日，海南省连氏宗亲联谊会成立，这是大陆连氏第一个全省性质的宗亲联谊组织。

2004年11月7日，首次大陆连氏宗亲恳亲联谊会暨福建省龙岩连钧文先生的《中华连姓》（续本）首发式在福建省福州市举行，忻州连氏文化研究会连旭升、连体义和襄垣县连氏文化研究会连海安、连宏伟应邀参加，在此次大会上成立的"中华连姓源流研究会筹备组"中，连云山被聘为中华连姓源流研究会筹备组顾问，连旭升（忻州）被推选为中华连姓源流研究会筹备组副组长兼秘书长。

2004年11月10日，连云山写信给胡锦涛总书记和温家宝总理，建议在2005年举办台湾历史与人物纪念会、举办台湾爱国史学家《台湾通史》著者连横逝世七十周年纪念会，以这样民间团体面貌进行特殊对台系统工程的工作，以这样一种形式开展持久的广泛的对台湾争取人心的重要工作。这是连云山继 1995 年 10 月 11 日、2003 年 2 月 21 日以后第三次向中央领导建议召开台湾历史与人物纪念会。

2005 年 1 月 5 日,忻州连氏文化研究会连旭升和襄垣县连氏文化研究会连宏伟应邀参加福建省"福安市秦溪连氏宗亲总会"成立大会。进一步拓宽沟通交流渠道,提高了山西连氏宗亲知名度。

2005 年 2 月 20 日,中华连姓源流研究会筹备组的试办刊物《中华连姓》(季刊)创刊发行,连钧文(福建)任主编,连旭升(忻州)、连德森(福建)任副主编。《中华连姓》(季刊)的成功创办,开辟了连氏研究的新天地,提供了百家争鸣的理论场所,为海内外连姓沟通和交流,构建了一个良好的信息平台。

2005 年 4 月,应中共中央总书记胡锦涛邀请,中国国民党主席连战将率团访问大陆,连战因破冰之旅,成为被中华民族铭记的人物,同时也提高了连姓的知名度。大陆和海外连姓对此欢欣鼓舞、奔走相告。3 月下旬,连云山先生专程从北京回长治,约见长治市人民政府杜善学市长商讨此事,3 月 31 日,中国大陆连氏宗亲代表连云山(北京)、连心豪(福建)、连文成

(福建)、连钧文(福建)、连旭升(山西)、连玉林(山西)等,联名写信给国务院台湾事务办公室,希望国台办继续贯彻开展对台民间交流精神,能安排几位大陆连氏宗亲代表与连战欢聚一堂共叙宗亲情谊,并能主动给连战安排寻根祭祖活动以慰其缅怀先祖之情;4 月上旬和中旬,中国大陆连氏宗亲代表连云山(北京)、连环雄(广东)、连果义(广东)、连心豪(福建)、连介德(海南)、连文成(福建)、连钧文(福建)等,先后在福州和深圳聚会,联名写信给连战先生,热烈欢迎他率团访问大陆。信中说,胡锦涛和连战将进行历史性会见,共同推进两岸关系,这是 50 多年来首次出现的两岸和解的重大盛事,中国各地连氏对连战先生准确把握历史契机来访大陆非常赞佩。大家希望,连战先生在来访日程中安排与大陆连氏宗亲代表作一次会见,共叙宗亲情谊,各地将推出杰出的连氏宗亲,代表福建连氏宗亲联谊会、广东连氏宗亲联谊会、浙江连氏宗亲联谊会、连氏上党开宗地的山西连氏宗亲与连战先生欢聚一堂,当面转达问候与多年来对连战先生的关心。

2005 年 9 月 10 日至 15 日,闽、粤、赣、浙、琼、蒙等八省(市、区)27 名连氏宗

亲组成的"中华连姓上党祖地访问考察团",赴上党祖地襄垣县、长治市区、沁源县、忻州市等地访问考察,访问考察团所到之处,都受到当地政府和宗亲的盛情款待。

2005年10月23日,"福建省连氏宗亲联谊会"成立大会在福州举行,这是继海南省连氏宗亲联谊会之后,大陆连氏又一个全省性质的宗亲联谊组织。忻州连氏文化研究会连旭升、连智军和襄垣县连氏文化研究会连有根、李天保应邀参加。

2005年12月20日,襄垣县古上党连氏文化研究会召开第二次全体会议,选举产生了新的一届理事会成员。襄垣县古上党连氏文化研究会,原名"襄垣县古上党连氏研究会",成立于1994年。十多年来,在对古上党连氏文化史料的收集、整理方面,在研究和弘扬古上党传统文化、增强民族凝聚力方面,做了大量的工作,充分发挥了民间组织在开展民间文化交流中的桥梁和纽带作用。新当选会长连有根表示,在今后的任职五年内,一定不负众望,做好续修襄垣县《连氏族谱》、维修南峰沟"上党连祠"和筹建中华连氏始祖"齐大夫连称纪念堂"等三件大事。

2006年,受"中华连姓源流研究会筹备组"委托,2006年《中华连姓》(季刊)由忻州连氏文化研究会和襄垣县连氏文化研究会共同负责承办,连旭升(忻州)任执行主编,已出四期,一年来《中华连姓》(季刊)遵循"报告连姓要闻、举荐连姓贤能、探究连姓今古、传承连姓文明"的办刊宗旨,贴近生活,服务经济建设,做到栏目多样化、文章精品化,深受读者欢迎。2007年的《中华连姓》(季刊)仍在山西编印,连旭升(忻州)任执行主编。

2006年4月19日,连旭升、连有根、连宏伟、连玉林专程从山西赶赴福建省龙海市马崎村参加连战返乡寻根谒祖活动,在祭祖现场他们打出"山西连氏宗亲欢迎连战回上党祖地看看"的横幅,当天的《厦门日报》以"山西宗亲来相邀,欢迎连战去看看"为题作了报道。他们千里驰聘,不辞劳苦,为的就是完成3万多山西连氏宗亲的嘱托,向连战面交"欢迎连战回连氏开宗地上党访亲的邀请书"并恳请连战为正在筹建的"中华连氏宗祠"题写牌匾。他们还向连战赠送了两幅石碑拓片,其中一幅是清代嘉庆年间出土、距今1300多年的《大周故飞骑尉连府君墓志铭并序》,这是保存最久远的反映连氏渊源的历史文物。

襄垣县古上党连氏文化研究会参加

连战福建马崎祭祖活动以来，"欢迎连战回上党祖地看看"系列活动已进入实质性准备阶段，①通过襄垣县政府逐级上报长治市台办、山西省台办、国台办；②兴建"中华连氏文化园"项目现已立项批复，地址选在襄垣县凉楼旅游开发区连氏聚居地；③中华连氏文化园内设：中华连氏宗祠、各省始祖馆、源流馆、历代名人纪念馆，附加服务设施；④2008年奥运期间，海内外连氏齐聚上党，共叙一脉亲情；⑤诚向海内外连氏宗亲征集中华连氏文化园规划设计方案和征集各地碑文、谱序、文征。

2008年夏天在北京召开的奥运会，不仅是世界体育盛事，而且是中华民族盛事，届时侨居世界各地的华人华侨和台港澳同胞，将以更大热忱踏上回祖国的道路，涌向北京，观看赛事，之后到全国各地观光旅游、寻根谒祖、与亲友团聚。这其中一定有连氏宗亲。即使是世居大陆的各地连氏宗亲，也有这个强烈愿望。因此，利用这个最佳时机，在北京奥运会之后，组织全球连氏到祖籍地上党聚会，既满足他们寻根谒祖、观光旅游的需要，同时又促进海外和台港澳宗亲为亲历这一盛事而增强回国欲望。这对于增强民族凝聚力，促

进祖国和平统一，无疑是件好事。为此，连云山先生于2006年4月19日又一次从北京专程赶赴长治，与长治市市委统战部李东峰部长商讨此事，李东峰部长表示愿意在各地连氏的通力合作下，为共同筹备好这一历史盛会做好组织、宣传、筹集、接待等各项工作。

2006年8月27日，由襄垣县古上党连氏文化研究会编印的《中华连氏之根》一书在襄垣举行首发。由襄垣县古上党连氏文化研究会编印的又一本反映上党连氏文化的书画《连苑祖魂》也将在近期面世。

（作者为《新路连氏族谱》主编，《中华连氏》副主编，原载《谱牒学论丛》第2期）

闽、粤、台三省上党连氏派系及源流初考

——在首届闽台姓氏源流研讨会上的发言
连钧文

中华连氏的大始祖是周齐大夫连称（约前479～前683年）。连称后代从山东迁山西上党郡开宗发祥。晋、隋开始上党连氏为逃避战乱也先后加入北方汉人南迁人流，以"客人"身份居住并蕃衍于河南、江南各省。江南（主要是闽、粤）连氏为

纪念先祖发祥之地，取"上党"为郡头（堂号），这就是上党连氏的由来。

在长达千年的历史变迁中，上党连氏自北向南迁徙的途径大体是：初居南阳（开封）、固始，经河南、浙东（有的迳从河南）入闽。当时福建人烟不多，地沃物博，社会较安定，以至到了宋代上党连氏子孙兴旺，枝繁叶茂，聚居地几乎遍布八闽各角落。元初，他们开始向江西、广东分支，明、清代更有从福建和广东沿海出海至台湾和南洋谋生定居。据于这段史实，福建可以说是粤、台、赣上党连氏的第二个发祥地。

现将闽、粤、台三省上党连氏的派系及源流分述如下。

一、福建上党连氏

福建上党连氏聚居地于今分布仍然很广，人口估计有七、八万，为全国之最。考其源流，大体分为如下几个派系。

（一）连江——魁城——胤公派系

这支派系的入闽始祖名谋。此公约于唐中期迁自浙江婺州（今金华），初居连江（有的谱写闽之三山、闽之光山，是否同一地点待考）。现存魁城和龙岩连氏族谱载，此地一片荒凉，经谋公裔孙几代

人艰辛开发成邑，遂以氏命江名，以江命地名，因有连江一名。连江连氏传了数代，至会川公（仲英）于唐开成二年（837年）携眷迁延平郡尤溪，后又迁大田蓬屋村，隐居告老，成为魁城连氏的开基祖。当初，蓬屋村仅有一户陈氏人为邻，后殇无传。会川公裔孙把村名改为魁城，寓意开成年间开基（因魁谐开，载与成同音）。魁城今属大田县太华乡，有连氏两千多人。魁城连氏在那里蕃衍至少三百年以上，此间，先后有分支各地的，特别传到胤公一代，胤公生九子（一说是六子），其裔孙分迁漳平、德化、沙县、龙岩、尤溪、闽侯、莆田、永春、三明等地。这是入闽最早的一支。笔者称之为连江——魁城——胤公派系，这个派系从魁城开始至今已传四十代以上。

（二）固始——宁化——恺公派系

惠安坝头族谱载：我祖传芳河南固始，唐僖宗乾符年间（875年～879年）始祖恺公携母入闽，初居闽侯。先祖世牒：恺公——祖世牒是：恺公——总公——光裕公……二地对照，发现恺公起码生二子，一曰冯，一曰总。据了解二子后来分支成二个支派。

其一，光裕公支派。

光裕公在闽、粤、赣的很多连氏中被

称为始祖或开基祖。特别是江西石城珠坑的族谱记得很详细:"始祖光裕公祖籍闽县(宁化旧称),湖北随州应山令,有善政,民思其德不能忘,留家其地,复任磁、郢二州推官,清风亮节,名重一时,解职后遂应山家焉……卒后葬应山黄榜山。"恺公入闽初居闽侯,其子光裕公却落籍宁化,广东各地上党连氏谱亦说他们的大始祖光裕公光(乳名五荣)祖籍宁化。为何祖孙籍异地?这可有两种解释:其一,光裕光从闽侯迁宁化,这是正常的迁徙。其二,惠安族谱有误,把闽县误为闽侯,一字之差嘛。或是坝头的近祖从闽侯迁来,因而把远祖恺公也认定落籍闽侯。这很有可能,因为光裕公的裔孙有不少迁徙莆田兴化的(与闽侯相邻)。总之石城族谱的说法比较可靠,即光裕公祖籍当在宁化。石城族谱从光裕公开始,系世绵延廿几代,直至清代,有名有传,颇为详细。从中查知,光裕公裔孙,最早分居龙岩,他虽为应山令,且家居应山,但他的四至八代孙有从应山来龙岩做官的,且携眷龙岩。他在龙岩的裔孙后又纷纷外出任职或谋生而不返,致使龙岩连氏到宋末(近百年之久)所剩无几。此间,可查的从龙岩迁出的光裕公七至十世孙很多,有迁归应山的,也有迁回宁化的,还

有迁连江、莆田、临川(属江西)、长汀、连城、武平、建宁、松溪、渭溪(今名不详)、赣州、邵武、南安、泰宁、吉安(属江西)、崇安、乐安(属江西)、顺昌、南剑(今名不详)、漳州、安溪、明溪等地的。今龙岩昆正连氏一支(近2000人)倒是光裕公的十世孙五盛从连江,经建宁、魁城折返龙岩的,时在宋乾道年间(1165年~1173年)。上述这支连氏是福建分布最广的。明初南京金川门下忠烈臣连楹就是光裕公的裔孙。

其二,冯公支派。

前已提及、惠安坝头的连氏当属此支。它与德化格头,仙游连坂连氏较为亲近,均用"凤阿"堂号,俗称凤阿连氏。这个支派相对集中聚居,三地总人口约三万以上,为福建之最,亦为全国之最。其源流大体是:冯公传十世至治公(一作沼公),他于唐僖宗年间(875年~888年)迁仙游连坂开基,后分支惠安、德化。必须指出,德化格头村连振芳先生提供的资料却写道:格头村连氏开基祖为克宗公,是魁城十七世祖宁一公的第五个儿子。这就否定格头属治公一脉了,但为什么长期来格头归属于"凤阿"连氏呢?笔者认为:一是误传,不是格头把始祖弄错便是惠安或仙游弄错了。二是不能排除德化除格头外,其他村

落有迁自魁城的连氏人。德化县尚有后坂村、彭坑村、安村、田底村、潘土村的连氏人，他们或许源于魁城，或许属于"凤阿"。这方面有待进一步查考。另外，惠安、仙游连氏有说是连楹之后的，治公之子应祖，音与"楹"相近，应祖公的几个儿子与楹公传说的几个儿子名字几乎雷同。对此，笔者本来也认为应祖即楹，是同一人。后来发现，宁化连氏也说是楹公之后，又发现应祖与楹二人所处的时代不一致，楹是元末明初人，应祖是宋末人。最近在石城的族谱中发现光裕公十二世孙有名楹者，正是明初人，且有简单列传云："史载忠臣"，"金川门靖难"等，故楹是光裕公后裔孙当无疑，至少可以认为"凤阿"连氏是楹之后裔的可能性不大。笔者最近还得知，山西襄垣连氏族谱的英烈传也载连楹生平事迹，并说他有几个儿子落籍不明。但山西族谱中没有连楹的世牒位置，仅说他的祖籍在山西上党。为此，笔者认为连楹这个人很有必要进一步去考研了。

此外，还有连南夫派系。

漳州史志和龙海马崎连氏族谱载：连南夫应山人，累官宝文阁学士，曾任兵部尚书和广东经略安抚使，为秦桧所恶，谪知泉州府，弃官隐居漳州，卒在北宋绍兴年间。谥忠肃公，葬龙海榜山（墓今在）。又龙海连碧安先生等人考证，南夫作为朝廷命官隐退漳州，裔孙留居闽南并扩散至广东沿海。自称是南夫后裔的有漳州龙海马崎、海澄、厦门、同安等地。这些连氏以"思诚"为堂号，"兵部尚书连府"为灯号，有别福建其他上党连氏。笔者把这些地方的连氏（主要是闽南九龙江下游）暂且称之为南夫公派系。其实，笔者总怀疑，南夫公是否光裕公后裔？可能是，因为他们都居应山，另台湾双溪族谱中也提到南夫："南夫公，知饶州，继知广州，官至兵部尚书。"双溪的族谱显然是根据长泰江都连氏族谱续修。这说明南夫与长泰——漳平支派在前，说到底又是魁城派系。看来，长泰和龙海连氏本属一脉，但长期以来二地连氏各持己见，一说是南夫公后裔，一说是魁城后裔。笔者倒是倾向于南夫公是光裕公后裔，因二人祖籍和所处时代均合乎实际。如真是这样，就无所谓南夫公派系了，只是增加一个光裕公——南夫公支派而已。

大陆研究姓氏人士一致认定现台湾行政院院长连战的祖籍在龙海马崎。当属此派。

综上所述，福建上党连氏主要有二个派系，谟公派系分布在连江、大田、尤溪、闽侯、莆田、沙县、龙岩、漳平、长泰、德化等地。恺公派系分布在宁化、闽侯、邵武、顺昌、龙岩、建宁、泰宁、明溪、连城、上杭、长汀、同安、永春、安溪、漳州、厦门、惠安、仙游、德化等地。有些县市可能同时有二个派系的，但都是山西上党连氏的后裔。福建连氏和命"之树"可谓：根生于唐代，枝繁于宋元，叶茂于明清。

二、广东上党连氏

从连敏《上党连氏族谱集锦》中统计，广东上党连氏不包括海外的有三万多人，全国居第二。聚居地在粤东山区和沿海，先祖是在元明代从福建迁去的，主要可分三大支。

一是宁化——进步三兄弟派。五华、龙川等地族谱记述，广东上党连氏始祖元仁宗元年（1312年）迁自福建宁化石壁下，这说明是福建恺公——光裕公的后裔。具体入粤情况是：以惠州府长乐县（今五华县）为发祥地，开基祖是进步、道步、达步三兄弟。这三兄弟出自何人？广东的族谱说是光裕公之子，笔者分析考研认为不是。因为，光裕公是梁末宋初人，而进步三兄弟是元初人。再说，福建方面只查知光裕公生一子，名总，别无他子。故只能测定，进步公三兄弟可能是光裕公在宁化的裔孙。

进步三兄弟入粤开基于五华不久，进步公后代分别迁到龙门、潮阳、东莞、珠海和江西南康开基；道步公后代分别迁到龙川、乐昌、龙门、江西崇义、奈新、龙泉和四川多堂开基；达步公后代分别迁到揭阳、惠州、潮州、潮阳和东莞开基。这支是广东分布最广的上党连氏。

二是潮阳司马镇大布乡连氏派。始祖祢教公于明代迁自福建莆田兴化七板桥狮子巷。初居潮阳大布，遂分支潮州、惠州、平川、揭阳等地。考其源，由于是莆田兴化迁去的，当也是福建恺公——光裕公后裔。与五华连氏不同的是：此支入粤时代较晚（明代），路径是取海路。大布现有连氏人口二万左右，为广东第一大、全国第二大的连氏聚居地。

以上二支都是光裕公后裔。

三是广东沿海（包括陆丰、汕头、汕尾、顺德、三水）连氏一支。这支源头暂无从考，可能与福建龙海的一样，是南夫公的后裔，因为汕尾东冲镇尤溪乡大园村连氏族谱载有南夫的生平，说他是应山人，宋建炎初年（1127年），官任濠州（今名不详）郡守，遂著蜚声，后升广东转运史，任满，家人亲属多落籍广东（此述与龙海马崎的略有出入）。

另外，大埔连氏的源流已查知：枫朗王兰连氏（连贯祖籍）源于魁城——龙岩（南宋末期），而茶阳连氏亦源于龙岩（明代），但不同支，是今龙岩昆正连氏四房后裔。至于仁化连氏的源流是：福建上杭——江西龙南。

三、台湾上党连氏

台湾上党连氏始于明，昌盛于清。大多是由闽南（主要是闽南）、粤（主要是沿海）为谋生而去定居的。特别在郑成功收复台湾后，去台的大陆人激增。

由于客观原因，笔者手头只有来自长泰江都的资料。长泰连氏于清康熙年间去台开发地（均旧名）有淡水、礁里。清乾隆二十五年去台开发地（均旧名）有双溪、三貂岭。还有连蔡胜去竹北大茅埔，光绪年间连日昌去新竹关西落籍，还有去台南、圳古、石仓的。

连日春（台湾清代名举人）、连横（雅堂，连战祖父）等人的祖籍均在长泰江都。

漳州、泉州也有很多连氏人去台定居。

1949年后，留台定居并蕃衍2至3代的闽、粤连氏人就更多了。

（录自连钧文编著《中华连姓》2000年4月，内部印行）

《雅堂笔记》

（连横著，广西人民出版社，2005年7月第1版）

连横（1878年~1936年），字武公，号雅堂，又号剑花，系台湾宁南连氏第七代传人，是中国近代著名的爱国学者，史学大家，也是一位富有民族大义的民族诗人。他一生著述颇丰，《台湾通史》为其史学巨著，全书共36卷，60万字，记录了起自隋大业三年（607年），迄清光绪二十一年（1895年）近一千三百年的台湾历史。体裁略仿司马迁的《史记》，分纪、传、志三部分，上、下两册，是第一部系统地记述台湾历史的煌煌巨著，连横先生因此获得"台湾史学第一人"、"台湾太史公"的称誉。

连雅堂的著述除《台湾通史》外，尚有《台湾语典》4卷、《台湾诗乘》6卷、《剑花室诗集》、《文集》、《大陆游记》等。又校订有关台湾著作38种，为《雅堂丛刊》，对保存台湾文献，其功至伟。

《雅堂笔记》共7卷，分别为杂记和序跋、诗荟余墨、啜茗录、台湾漫录、台湾史迹志、台南古迹志、番俗摭闻。内容广博，文词雅致，是一部上佳之作。

《雅堂笔记》序文《记外祖父连横先生》由台湾著名学者、连横外孙女林文月撰写；书后附有《史家之笔，故国之情》的编后记一文，对于了解和评介台湾宁南连横、连战家族均有重要的参考价值，故将两文载录于此。

记外祖父连横先生（代序）
林文月

外祖父共有孙儿女八人，其中除表弟连战外，馀皆是外孙。我是外祖父长女连夏甸女士的长女，也是外祖父孙辈中最大的。外祖父在世时只见过三个外孙女，我、我的妹妹文仁以及表妹晓莺。他老人家去世时，舅母连赵兰坤女士正怀着表弟。而即使这三个外孙女之中，对他有一些记忆的恐怕也只有我一人吧？因为他去世时，我仅只四岁，晓莺和文仁都尚在襁褓中，不可能记得什么。但是，一个四岁的幼童能有多少记忆呢？说来很遗憾，也很悲哀，我对宠爱过自己的外祖父只有凭一些模糊的印象，和听自母亲记述的零星片断的往事来追念而已。

少年·身罹家国之痛

外祖父原名允斌，后来改名横，字武公。少年时自号葛陶，后改雅堂，晚年又号剑花。生于光绪四年（西元1878）正月十六日亥时，是外曾祖永昌公的第四子。

连氏祖籍福建省漳州府龙溪马崎。明亡后，外祖父的七世祖兴位公毅然渡海来到台湾府城（即今台南）的宁南坊马兵营居住。马兵营是旧日郑成功驻师的地方，环境十分幽雅，有高大的果树和极深的古井，经过整顿经营后，后此连氏七代子孙便守璞抱真，在这儿安居下来。一直到日本占据台湾后，想在此地建筑法院，强迫当地居民迁散，连氏的家园也同时遭受摧毁，因而不得不家族四散，迁转到西城外去了。

外祖父出身于书香门第，自幼接受优良而严格的家庭教育，他好学不倦，而且秉性聪颖。《史记·项羽本纪》的文字几近万字，他竟能过目成诵，所以在兄弟辈中，最得宠爱。

光绪二十一年，中日甲午战役，清师败绩，订立《马关条约》，割台湾以求和。台湾人不肯服从清廷的命令，挣扎图存。外曾祖永昌公不幸于翌年六月去世，当时我外祖父年仅十八岁,正值少年壮志,于是他利用居丧之暇,开始学习作诗,并曾亲手抄写《少陵全集》。身罹家国之痛,挑灯夜读,诗圣的诗章谅必深深地引起了他心底的共鸣!

在他家居读书的时候,也正是台湾和日本人对抗最炽烈的时期。许多人避地迁散,以躲兵祸,唯独连氏一族仍然屹立不移。他更在这个时候搜集了不少台湾的文告,这些戎马倥偬之际的收获,竟成为他日后编纂《台湾通史》的珍贵史料。

青年·编撰不朽巨著

光绪二十三年,他第一次离开故乡,到上海、南京等地游览。稍后就进入上海圣约翰大学攻读俄文,可是不久却奉母命回台湾,与我外祖母沈少云女士结婚。沈家是台南望族,世代经商,与德商做鸦片土、樟脑等贸易。少云女士是德墨先生的长女,她出身富贾之家,明诗习礼,是一位典型的贤淑妇人。据说,在洞房之夜,新娘仿佛瞥见一只脑后梳着一条红辫子的白猴跳入帐里,瞬即消失踪影,只见她的新婚夫婿躺在那儿。关于这件事情,外祖母一直不解因由,也不曾向外祖父提起过,然而外祖母却毕生相信,她所敬爱的丈夫乃是玉猿的化身。而据说,外祖父晚年时期,每当夏天家居时,穿着白色衣裳,盘曲一条腿,抱着另一条腿,坐在床边抽烟,或吃花生米,那种神情也真像极了玉猿呢!

外祖父婚后暂时不作远游之计,于是更专心吟诗作文,与陈瘦云、李少青等十位同好,设立"浪吟诗社",互相切磋鼓励。

第二年,进入《台澎日报》社主编汉文部。他虽然痛恨日本人,然而感觉此时此地同胞受异族蹂躏,假如不能了解日人的文字和习俗,而只盲目反抗,也是徒然,所以在写作之馀,也开始学习日文。

光绪二十八年,他只身赴厦门,这是他婚后第一次离家远行,但是他愤恨清廷政治腐败,没有多久就回来了。

两年之后,日俄战争爆发,外祖父遂又携眷移居厦门。在那里,他创办了福建《日日新报》。当时正值中山先生领导革命的初期,他以一介书生而执笔鼓吹排满,南洋的同盟会人士看到了这份报纸,都十分满意,特派一位福建籍的林竹痴先生到厦门来商讨,将它改组为同盟会的机关报。但是由于外祖父的言论十分激烈,清廷老早就对他有了戒忌。有一次,当他正在理发的时候,清吏派了人到理发店里来逮捕,幸亏有人通风报信,他顾不得头发才理一半，就匆匆躲开了。后来，满清政府竟索性向驻厦门的日本领事馆抗议，把这个报馆封闭起来。

在此不得已的情况下，外祖父只好又携眷回到台湾，再度主持由《台澎日报》改名的《台南新报》的汉文部。这个报社是当时台湾报界的主流之一，许多有名的文人学者都曾经在他主持的园地里发表过可贵的见解和言论。

光绪三十二年，他与赵云石、谢籁轩等十馀人创设了"南社"。三年后，又与林痴仙、赖悔之、林幼春诸先生创立了"栎社"。这两个诗社都是当时有名的文化组织，台湾中、南部著名的文人多参加在内，颇极一时之盛；由此也可见他对诗文研究的热心。这期间，他和家人已离开台南，迁居台中，进入了台湾报界的另一重心——《台湾新闻》的汉文部。外祖父的不朽巨著《台湾通史》便是在这个时期开始撰写的。司马谈临终时，曾执其子司马迁的手，嘱咐他要完成遗志，编修《史记》；外祖父幼年时代，外曾祖父永昌公也曾购置一部《台湾府志》送给他说："汝为台湾人，不可不知台湾历史。"后来他以著作《台湾通史》为己任，实在与司马迁之著《史记》同样，都是深受先父遗志的影响的。

光绪三十四年秋，他曾经游览过日本，然而每思及台湾正受异族控制，便郁郁不欢。

辛亥革命那一年秋天，外祖父得了一场大病，一直拖延到冬天，病才好。病后，颇有远游大陆以舒畅心中抑塞愤懑之气的愿望。于是，1912年3月，再度经由日本，转赴上海，游历南京、杭州等地。当地适逢四方慷慨有志之士，云合雾起。他一方面主编华侨联合会发行的《华侨杂志》，另一方面又时常与当时豪杰名士相会，共论天下大事，兴奋之馀，身体竟完全康复了。

1913年春，他赴北京参加华侨选举国会议员，事后遨游张家口及平汉铁路沿线，汉口、九江、芜湖、安庆各地。入秋之后，更赴牛庄，转上奉天、吉林，而入吉林报社。

次年春天，他回到北京，接受当时主持清史馆的赵次珊（尔巽）先生之延请，入馆工作，因而得有机会阅览馆中所藏有关台湾省的档案，这对于正在编写《台湾通史》的他来说，实在是一大收获。后来由于外曾祖母年老体弱，家人频频去信促归，才返回台南，再入《台南新报》社。

自从1914年倦游归来以后，外祖父

便孜孜于著述的工作,终于在 1918 年,完成了《台湾通史》此一巨著。在台北由他自己校雠印刷。自荷兰人拓土以来三百年,这个位于"婆娑之洋的美丽之岛"曾经过郑成功的开启,清代的经营,随后又遭遇过外交兵祸的相逼,小小一个岛,却有太多的变故,而文化及政治等一切的规模并不亚于中原各地,但是她始终没有一部系统完备的历史。外祖父在青年时代便已注意到了这个事实,而以为台湾著史为己任。十年来,他在断简残篇之中,行旅倥偬之际,搜罗资料,惨淡经营,有许多且是海内外珍贵的孤本。

书成的次年,举家迁移来台北,由于那间房子面对着大屯山,因此取名为"大遁山房"。

1922 年的年底,《台湾通史》的上册和中册相继出版,次年初夏,下册也出版,外祖父的心愿终于实现了。章太炎先生认为这一部史书是民族精神之所附,将为后人所传颂。章先生实在可以说是我外祖父的文章知己了。

中年·倾力保存文化

1923 年春,由于通史已刊,诗乘也纂成,他稍觉轻松,想暂时放下笔管,使身心得到休息,因此伴我外祖母赴日本游览观光。

这时他的儿女们都已经长大成人,家母夏甸女士已出阁,三姨秋汉女士在淡水高等女学校读书,而舅父震东先生则适巧在东京庆应大学经济学部留学。于是相聚异国,他们三位遨游于镰仓、箱根等名胜古迹,对外祖父个人来说,著述之愿已偿,又得享天伦之乐,心中的欢愉,莫过于此时。

东游归来之后,1924 年 2 月,他创办了《台湾诗荟》,这本杂志多由当时的文坛名流执笔,刊载一些有关台湾古今的文章,而他自己也先后发表了《台湾漫录》、《台南古迹志》和《馀墨》等文。《馀墨》虽然是补白性质的短篇小文,可是内容涉及的范围极广,可以窥见外祖父对治学与对文艺的意见。

外祖父对保存台湾的文物,几乎认为是他生命中的一种天职,因此他非但自己倾心于搜集、编纂、著述的工作,更时时注意着其他人的作品。这时期有一位夏琳先生编了一部《闽南纪要》,记载着郑氏祖孙三代的台湾重要文献,也邀请外祖父为之亲自校订,于 1925 年出版。

外祖父向往杭州西湖的景物,在《大

陆诗草》里有《西湖游罢以书报少云并系以诗》一首说：

一春旧梦散如烟，三月桃花扑酒船。
他日移家湖上住，青山青史各千年。

这个愿望在1926年春，由于携眷旅行杭州，几乎得以实现。他们在西湖岸边落脚，悠游于六桥三竺之间。外祖父便在此次游览之暇编完了《宁南诗草》。这是集《大陆诗草》以后的作品为卷的诗集。称"宁南"以示对故居的怀念。可惜不久之后，"移家湖上住"的梦想却因北伐军起，江南不安而作罢，一家人遂又返归台北。

日本人占据台湾后，为了要彻底实行其奴化教育之目的，严禁汉文，并且不许学生使用台语。外祖父从杭州迁回台北之初，即在太平町(今延平北路)开设"雅堂书局"，专门出售汉文书籍及笔墨扇笺等国货，而日文书籍及日制文具一概不售。他又利用暇时致力于汉文的教学。当时大稻埕如水社曾开办为期三周之夜间夏季大学，外祖父应聘为讲师，讲授"台湾历史"。而他自己的"雅堂书局"也开办汉学研究会，授课时间为每日午后七时至九时。他这种无视于日本政府的独立特行，

终于引起日人有意的阻扰，两年后，不得不宣告停办。结束"雅堂书局"后，外祖父便全力研究台语。在《台湾民报》第二八八号，他曾谓："余台湾人也，能操台湾之语，而不能书台语之字，且不能明台语之义，余深自愧！……然而余台湾人也，虽知其难，而未敢以为难，早夜以思，饮食以思，寤寐以思，偶有所得，辄记于楮。……嗟夫，余又何敢自慰也?余惧夫台语之日就消灭，民族精神因之萎靡，则余之责乃娄大矣。"他编纂《台湾语典》四卷的初衷和苦心都在这篇序文中表露无遗。

外祖父民族意识浓，爱国心强。他深信要解救台湾，必须先从建设祖国开始，所以当我舅父震东先生从日本学成归来后，便积极鼓励他回祖国服务。至于外祖父自己，则因为计划要多保存台湾文献，所以不得不暂时仍留居于台湾。

晚年·决心终老祖国

1933年，舅父震东先生已在西安工作，母亲带着我们在上海居住，而秋汉姨也从高等女校毕业了。外祖父遂毅然带了外祖母和秋汉姨赴上海，决心终老祖国。自马兵营故居遭受日本人摧毁起，外祖父的家曾几度南北迁移，没有定所，而今子

女都已长大,各有成就,自己也次第完成了著作,一家人且能居住国内,所以他心中应该是轻松愉快的。这时他已经56岁了,虽然他的身体一向清癯,但是由于养生有道,所以精神仍然很好。他既然决定长居国内,于是有意继续以著述和游历,来度他的晚年。

1934、1935 这两年里,震东舅父和秋汉姨母也先后结婚了。儿女的终身既定,外祖父母便携手相偕去关中旅行。此行足迹几遍终南、渭水。一直到夏季才游罢,返回上海。他毕生喜游,所到之处,必吟咏留念;这次的游山玩水,也有关中纪游诗二十七首留下来。但是,想不到这竟成为他最后一次的游历!

1936年春,他在上海染患了肝脏病。从辛亥革命那年的那一场大病以后,二十多年间,外祖父几乎没有再患过什么大的疾病,想不到这一次的肝疾竟会使他一病不起!六月二十八日上午,这位爱国的史家和诗人——连雅堂先生竟以59岁的年纪,不及目睹乡邦的重光,抛下敬爱他的人们,与世长辞。

(林文月,连横的外孙女,台湾著名作家,翻译家。台湾彰化县人。1933年诞生于上海日本租界,启蒙教育为日文,至小学六年级返归台湾,始接受中文教育,故通晓中、日语文。自大学时期即从事中、日文学翻译工作。1958年至1993年在台湾大学中文系任教,专攻六朝文学、中日比较文学,并曾教授现代散文等课。1993年退休,次年获为台大中文系名誉教授。曾任美国华盛顿大学、史丹福大学、加州柏克莱大学、捷克查理斯大学客座教授。主要著作有传记《青山青史——连雅堂传》;散文《京都一年》、《读中文系的人》、《遥远》、《午后书房》、《交谈》、《拟古》、《作品》、《风之花》、《夏天的会话》、《饮膳札记》等;翻译作品有《源氏物语》、《破天而降的文明人》、《枕草子》、《和泉式部日记》、《伊势物语》等;论文有《谢灵运及其诗》、《唐代文化对日本平安文坛的影响》、《澄辉集》、《山水与古典》、《中古文学论丛》等。曾二度获得《中国时报》文学奖(散文类)、国家文艺会翻译成就奖等。)

史家之笔　故园之情
——《雅堂笔记》编后记

连横何许人也?内地的一些读书人尚不熟悉此翁,更遑论普通百姓。然而在2005年5月,中国国民党主席连战先生访问大陆所带的礼物中,就有一件是传家宝,那就是他祖父连横的历史著作《台湾通史》。通过连战先生的祖国大陆之行,连横这个名字也渐渐被更多的人所熟知。

连横字武公,号雅堂,又号剑花,1878年1月16日出生于台南。连家是台南望族,连雅堂是连家在台湾的第七世孙。连氏家族的祖籍在福建省漳州府龙溪县。其六世祖兴位公,于清康熙年间移居台南府的马兵营,世代经商,数代之间,家业迭有兴衰。清道光、咸丰年间,连雅堂祖父连长瑞时起,家业又渐兴旺。

连长瑞这一代,连家除有园圃,并在漳州府城坊桥头开一家"芳兰号"店铺,收入甚丰。1893 年,连家开始经营樟脑炼制,进行外销,每年达数万担,获利数十万金,为当时富豪之一。

雅堂秉性聪明,又好学不倦,具有惊人的记忆力,可以过目成诵。据传《史记·项羽本纪》这样的长文,他熟读几回之后便能默诵不遗;十岁能文,好读《春秋》、《战国策》,崇尚仁义忠勇精神。十三岁那年,父亲以两金的代价买了一部余文仪续修的《台湾府志》送给他,并说:"汝为台湾人,不可不知台湾事……"连横怀着兴奋的心情读完了这本书,但他发现这本书的内容太过于简略,因此兴起修撰一部比较完备的台湾历史的念头,这样才不致辜负父亲的一番心意,才不辜负故乡台湾。

1894 年,中日甲午战争爆发,连横开始遭受家国之变。日本统治台湾后,连家的"芳兰号"店铺及水田被日人征收,连氏家族迁台六代经营所得,就此毁于一旦,家业开始衰落。自此之后,连横与大多数台湾人一样,终于沦为异族治民,"前此十八年,他受传统的举业教育,读书赴考求中举出仕是唯一的人生目标,此后俨然已失倚靠"。

1897 年,连雅堂赴祖国大陆知名的上海圣约翰大学攻读俄文。不久,奉母命回台。1899 年 5 月,日本人在台南创办《台澎日报》,连横即进入该报社汉文部任主笔,并加紧学习日文。1902 年,连横曾经赴福建参加科举考试,先去"厦门捐监"取得应考资格,再到福州应乡试,但不第。

1905 年,连横再一次离开台湾,在厦门创办《福建日日新闻》,开始与孙中山领导的革命党人有所往来。1906 年,孙中山抵达新加坡成立中国同盟会分会,曾派人前往厦门与连雅堂联系,研商将该报改为同盟会机关报,结果该报被清政府封馆停刊。其子连震东在《连雅堂先生家传》中说,该报"鼓吹排满。时同盟会同志在南洋者,阅报大喜,派闽人林竹痴先生来厦,商改组为同盟会机关报。嗣以清廷忌先生之言论,饬吏向驻厦日本领事馆抗议,遂遭封闭。"在《福建日日新闻》关闭以后,连横又于同年回到台湾,仍然在由《台澎日报》

改版而成的《台南新报》任职。由于连横酷爱吟诗，他于1906年与赵云石、谢籁轩等十馀人在台南创"南社"。1908年，连横举家迁到台中，工作也换到在台中发行的《台湾新闻》汉文部。也是在这一年，连横开始了他这一生最重要之著作《台湾通史》的写作工程。1909年，连横与林痴仙、赖悔之、林幼春等人创"栎社"，以道德文章相切磋。

1912年，连横假道日本再度赴祖国大陆旅游，先抵达上海，然后再游南京、杭州等地。随后，连雅堂一度在上海华侨联合会担任编辑工作。该会由孙中山设立，是同盟会在上海的联络点。连雅堂在此期间结识了革命党人张继与章炳麟等人，并经张介绍加入中华革命党（国民党前身）。1913年，连横到达北京，参加华侨选举国会议员。同年秋天，又转往奉天、吉林，入"新吉林报社"工作。

1914年春，连横再度回到北京，"时赵次珊先生长清史馆，延先生入馆共事，因得尽阅馆中所藏有关台湾建省档案，而经其收入台湾通史"。同年冬天，连横回到台湾，继续在《台南新报》任职。

连雅堂寓居北京之时，终于实现了一个梦寐以求的夙愿。他亲自向设在北京的

国民政府内务部递送请求恢复中国国籍的呈文："具呈人连雅堂，原籍福建龙溪县马崎社，现籍日本台湾台中厅台中街，现寓北京南柳巷晋江邑馆……兹依中华民国国籍法第十八条及施行规则第六条所规定，呈请许可复籍。"在获准复籍后两天，再向内务部递上申请更改名字的呈文："具呈人连雅堂，原籍福建龙溪县，年三十七岁，现住北京南柳巷晋江邑馆……为呈请事，兹将连雅堂之名更正为连横，理合恳请大部府准存案。"赤子之心，溢于言表。

连横在从北京回到台湾以后，一方面继续在《台南新报》工作，另一方面也利用公馀之暇持续《台湾通史》的著述工作。经过了前后十年的时间，连横终于在1918年完成了这部台湾史学上的重要著作。这本书全书共三十六卷，体裁则略仿司马迁的《史记》，分为纪、志、传三部分。总共包括了四纪、二十四志、八传，总计约六十万字。记录则起自隋大业三年（607年），迄清光绪二十一年（1895年），凡近一千三百年的历史。

这本书的初版共分成三册，由连横自己筹设的"台湾通史社"出版。上册于1920年11月出版，中册于同年12月出版，下

册则于 1921 年 4 月出版。连雅堂也因此而名垂青史，赢得"台湾太史公"的美名。著名学者林衡道称赞他是"日本统治台湾五十一年中，台湾文化界第一人"；国学大师章太炎称此著作为"必传之作"；近代著名学者、《清稗类钞》的作者徐珂在序言中说："知几谓作史须兼才、学、识三长。雅堂才、学伟矣，其识乃尤伟。"国民党元老张继亦予以很高评价："以子长孟坚之识，为船山亭林之文，洵为中国史学之杰作。"

在完成《台湾通史》这部著作以后，连横于 1919 年移居台北大稻埕，受雇于华南银行的发起人林熊征，帮忙处理与南洋华侨股东往返的文牍。同年，十六岁的儿子连震东赴日本上学。1924 年，连横在台创办《台湾诗荟》。

1926 年，连雅堂全家再回祖国大陆，居住在杭州西湖，留下了"他日移家湖上住，青山青史各千年"的诗句，这大概也是他人生之理想吧。次年，祖国大陆内乱再起，连雅堂又迁回台湾，在台中参加林献堂先生主持的暑期汉文教学班。

1928 年，为抗议日本人禁止本省人使用闽南语，连雅堂又与友人黄潘万合作，在今台北延平北路创办"雅堂书局"，只卖汉文书，不卖日文书，颇有民族气节，但效益不佳，经营惨淡，1929 年结束书店经营。

或因战祸或因经济因素，连雅堂不断在海峡两岸奔波。1931 年，举家定居上海。连雅堂尽管奔波海峡两岸，从事新闻与文化工作，并有巨著问世，但在当时并未受到太大重视，因而连家在他这一辈并无显赫地位，家境也不甚好，被他的好友、台湾大学教授杨云萍称为"没落地主之后"。1936 年 6 月 28 日上午 10 时，连雅堂因肝癌病逝于上海，享年五十九岁。

纵观雅堂先生一生，他不仅是一位爱国史家，同时也是一位民族诗人，一位富民族大义的学者。其著作除《台湾通史》，尚有《台湾语典》四卷、《台湾诗乘》六卷、《剑花室诗集》、《文集》、《大陆游记》等。又校订有关台湾著作三十八种为《雅堂丛刊》，对保存台湾文献，其功至伟。

日本殖民台湾后，一心想毁灭台湾的史迹文化，后来更大规模地推行日语，名为"国语运动"。连横深悟必须致力维护汉文台语于不坠，才能保留民族尊严、气节与历史文化。他不能忘怀于自己所立足的泥土，遂又鼓起馀勇，利用报务、著史之馀暇，浏览群籍，以考台语之源，编纂《台语辞源》。连雅堂的另一个重要著作是《台湾语典》。这本语典为当时禁说台语的台湾社会,完整保留了母语文化。他还咬文嚼字,引证古今书籍风俗习惯,每有所得,拍案自喜,颇能自得其乐;而后把这些零星的心得与记述辑成《台湾漫录》。对于台湾地理、山川、人物、风俗、人情以及政治革新、文化递嬗,乃至于异族统治压迫下慷慨悲歌的诸吟咏,又辑成了《台湾诗乘》等。读其文,自然会有"油然故国之思,岂仅结构之佳已哉";读其诗,也可感作者真乃"英雄有怀抱之士"。

连横一生热爱祖国,"虽历试诸难,不挫所守"。弥留之际,他还念念不忘台湾光复事业,勉励其子连震东:"今寇焰迫人,中日终必一战,光复台湾即其时也,汝其勉之。"

连战是连横唯一的孙子,在其出生前两个月,其祖父便已辞世。他曾在《祖父与我》一书中写道:"祖父曾告诉家父,中日必有一战,而台湾的光复就在战争之后,所以,他告诉家父母,假如生的是男孩子,就叫做连战,因为它除了寓有自强不息的意义之外,还有克敌制胜,光复故国,重整家园的希望……很多朋友问起我这个名字的原因,我就把祖父当时这个决定告诉他们,而且我一生用这个名字,也是我个人对祖父最好的纪念。"

因此,台大教授、连横的外孙女林文月在其传记著作《青山青史——连雅堂传》中便有一朴素的评价:"连雅堂是位读书人,他一生与高官厚禄无缘,死后留下一部六十万字的《台湾通史》,另外,还替他的孙子留下一个名字——连战。"

本次出版的《雅堂笔记》内容共分为七卷,分别为杂记和序跋、诗荟馀墨、啜茗录、台湾漫录、台湾史迹志、台南古迹志、番俗撷闻。杂记与序跋收有杂记、序跋等文四十九篇;后几卷均为笔记文字,大多刊于雅堂先生所创办的《台湾诗荟》。《台湾诗荟》是提倡中国诗文、鼓舞民族精神的一种杂志,为月刊,创刊于1923年2月,迄翌年11月而停刊,计出刊二十二期。每期之中,凡有空白,雅堂先生皆以馀墨补之。雅堂笔记以地为经,以史为纬,间有议论,内容驳杂有趣,文字雅致考究,均为在祖国大陆第一次出版。

本书在台湾版本的基础上重新编选,少数篇章作了些技术上的处理,特此说明。

编者于 2005 年 6 月

肆

中

文献篇

连 氏

华

四　碑碣墓志　历史佐证

金石铭文,墓志碑碣,是文献史料的一种特殊载体。其铭刻的文字内容多出自当时、当地、当事人之手,有很高的史料价值和可信程度,可作为古典经传的佐证,补正史、方志的不足,有拾遗补阙的特殊功效。往往有极为罕见的、新发现的珍贵资料,开辟一个新的境界,导致一个全新的论断,有很高的文献价值。历代出土、发现的金石碑碣就为连氏的文化研究提供了历史佐证。

据笔者所知,现存有关连氏史实的碑碣墓志,主要集中在连氏的发祥祖地——上党襄垣,和宋代名士连舜宾、连南夫的故里——湖北应山(今广水)。

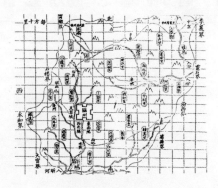

上党襄垣(今属长治市)先后发现有关连氏的碑碣墓志,有以下几种:

(一)《大周故飞骑尉连府君墓志铭并序》(《连简墓志》)

(石高、广皆二尺三寸,二十五行,行二十五字,行书,今在襄垣县)

君讳简,字隆,潞州襄垣人也。原夫后稷,发于台原,鲁郡开於连族。周文王之宝裔,鲁元子之胤绪,详诸史册可略而言矣。祖愿,齐任并州太原县令。韦弦两佩,击雄况凤之津;言刃双挥,化偃斗鸡之路。父公,隋任汴州博士,迁洺州参军事。泛词澜而孤引,挹函杖之清规。业奥三冬,运高十士。入季长之帐,箧笥同收;窥夫子之墙,室家咸睹。惟君良弓嗣美,隆栋驰芳,下丹冗以摛文,洞骊泉而等耀。旁游四术,贯三矢而扬葩;不事雕虫,自有壮夫之节。属三韩旧壤,九种遗黎,恃玄菟以稽诛,控沧波而作梗。君以六郡良家,首膺召募。百夫勇进,□斗先鸣,蒙称飞骑,至随班例也。於是心高一指,体木雁於生涯;三乐当歌,达劳休於彼分。白云齐水,几留酖於青谿,黄肆陈芟,遽辞欢於窀穸。于永昌元年八月十日寝疾终于家馆,春秋六十有六。夫人

山西连氏向连战赠送的大周飞骑尉连简墓志拓片

张氏,南阳西嵝人也。禀训闺议,承规阃则。嗣红姝而挺质,资洛媛以凝神。举案之礼聿修,鼓盆之化俄及。延载元年八月七日卒於私室。粤以天册万岁二年岁次景申,壹月甲辰朔六日己酉,合葬於襄垣县西一十五里纯孝乡之第平原礼也。嗣子哀缠陟岵,痛切蓼莪,恐寒来之暑往,陵谷之变迁,勒哲人之胜躅,庶不泯於千年。

迺为词曰:

后稷之苗,文王帝子。德一隆基,通三命氏,鲁郡浮祯,连休荐祉。冠冕相望,簪裾曳履。

碑略云:连简字隆,暨与妻张氏同穴。

石首行题大周故飞骑尉连府君墓志铭。其序十六行,铭七行,文沿六朝馀习,字兼篆草行三体,其载"年、月、日"等字,武后所制。唐武散官飞骑尉,秩从六品。君以征高丽功,得补斯职。序称"六郡良家,首应召募",与贞观十九年克辽城诏:"率五陵之劲卒,董六郡之良家"合。卒于永昌元年,实中宗嗣圣六年。明年九月,武后称皇帝,改元天授,国号周,飞骑不及见耳。葬于天册万岁二年景申一月,天册万岁次年即万岁通天元年,春时尚未改也。丙作景,犹避唐讳。武后以十一月为正月,故以正月为一月。(以上节录自《通志金石记》)

按,碑今拓本有讹,阙者宜据县志补。连君卒于永昌元年,去贞观十九年凡四十馀年。以史考之,高宗永徽六年,遣程名振伐高丽,显庆五年,苏定方伐高丽,降之。龙朔元年,任雅相等伐高丽。三年孙仁师拔百济,总章元年李勣平高丽。其用兵于东夷皆在贞观后。三韩者,谓马韩、辰韩、弁韩,唐高丽、百济分得其地。《金石记》谓连君以贞观得勋者,亦臆度词耳。(《县志》:石刻在县城西十五里。其东三里桃园,元集贤学士连肇墓,又东二里东镇,明建文御史连楹墓。肇祀乡贤,楹祀忠义。按,志又谓连族环居,衣衿尤众。然则连简者,固未始非襄垣诸连之祖。《县志》又

云:征志词之信,尤欣古冢之完,倭而勒石,俾连氏子孙共勉为孝忠。)则其用意亦良可尚矣。

(本文录自清代胡聘之主编的《山西石刻丛书》卷五。碑文镌刻于唐代武则天天册万岁三年一月六日,故碑铭冠以"大周"二字,该碑现存襄垣县博物馆。此次收录时与襄垣《连族谱牒》所录碑文作了校改。碑文中使用一些武则天自己创造的文字,因而有较高的史料价值和艺术价值,是目前发现最早的关于连氏历史渊源的碑铭,对连氏文化研究具有十分重要的意义。文中标点系编者所加。)

(二)《飞骑尉简公墓表》

道光十一年　知事张力卓撰

(此墓表为道光年间襄垣知县张力卓记述发现连简墓志碑及其重新封闭保护而立,襄垣《连族牒谱》全文收录。)

石工李某言:城西十五里许,麦陇边塌出石刻,内有奇字。拓而观之,盖唐时邑人连简,字隆,暨室张氏同穴,而首行但题"大周故飞骑尉连府君墓志铭",妻统于夫也。序十六行,铭七行,不著撰书人名。文沿六朝馀习,字兼篆草行三体。其载年、

月、日等字，武后所制。时人不识，故云奇。唐武散官，採隋旧名。唐贞观十二年始于左、右屯卫设飞骑，秩从六品，朝会则周卫阶陛，听敕宣入。巡幸则夹驰道，衣五色袍，乘六娴马。连君以征高丽功，得补斯职。序称"六郡良家，首膺召募"，与贞观十九年克辽城诏"率五陵之劲骑，董六郡之良家"合。卒於永昌元年，实中宗嗣圣六年。明年九月武后称皇帝，改元天授，国号周，飞骑不及见耳。葬於天册万岁二年景申一月。天册万岁次年，即万岁通天元年，春时尚未改也。丙作景，犹避唐讳也。武后以十一月为正月，故以正月为一月。至谓"连氏系出伯禽，是东野氏之比意"，当时通姓氏学者多，如李守素。且号人物，志源流，或不谬欤。此墓经今一千一百三十七年矣。连族环居，衣衿尤众，徒以谱牒失传，未能纪远。秋场既涤，约与赴勘，地室隐然。其上平畴六亩，范氏之业，属其公购。仍封志石，并成坟植树以表之。独惜飞骑占籍襄垣已非一世，祖、父皆显，兆域无稽。兹山昔名第平原，颇占形胜。其东三里桃园，元集贤学士连肇之墓在焉。又东二里东镇，明建文御史连楹之墓在焉。楹致命遂志，彪炳史册，葬仅招魂亦足悲已。然肇祀乡贤，楹祀忠义，岂非先流泽孔长哉。

余征志词之信，尤欣古冢之完，偻而勒石，俾连氏子孙共勉为忠孝云。

（三）《大周故人大夫连君墓志铭并序》

夫桂馥兰芳，必因风而致远，珠光玉润，固缘贵以为珍。咸承类以播迁，因官而致邑。长原（源）鲁郡，因穿兹焉。

祖高，独秀孤峰，挺标异望，巍乎嵩岳，湛若滇澜。行守壹绳，言无贰诺，俨然自得，实谓人莫（模）。为领袖于生前，作轨范于殁后。制称东光县令，后除桂州司马，特嘉盛德，称朝散大夫。

祖夫人常氏，□质娥辉，凝姿早落。参从□郁，四德光猗。大息（媳）夫人李，晋大夫赵郡之后，美训节于家庭，阐母仪于绮域。息（媳）父方，雄才挺特，卓尔不群，仁孝爕于玖州，令问光于千里。贰息（媳）夫人栗氏，常州栗长史之幼妹。遂使龙画前空，凤台尘殁。灵空之悲已积，同□之躯斯□。以万岁通天贰年，岁次壹月拾贰日，合葬于村东南贰里平原之野。嗣子□痛，天地之不仁，诉山川而何极。听陇树之悽悽，对霜茔而恻恻。不谓阶途冥府，讵更逢迎。庭宇萧条，无时再面。其地前临漳浦，却负

大周故人大夫连君墓志铭并序

层台。白虎青龙，左凭右据。实亦冥途之胜地，何只俗壤之嘉城。恐陵谷无准，海变桑田，勒记泉□，铭于千古。

其词曰：宇内无双，宸中无两，奄辞明代，归於泉壤，良木其摧，哲人何往，□哉道俗，痛贯性想。（其一）

器宇深沉，□袖廓落，地即卧羊，宾使号鹤，季路□惩，□□□弱，孝悌壹绳，忠无贰诺。（其二）

（墓志中的标点、分段，均为编者释读时所加，□号为一时无法辨释，或残缺之字。如编者释读无误的话，墓主应是连高，当与唐飞骑尉连简为同一代人，抑或连简兄弟，与连简同年同月归葬于襄垣连氏祖坟。）

（四）《御史楹公莹碑记》

大明万历十七年，七世孙大纲撰

高祖楹，当妙龄挟麟经，登洪武壬子科乡贡进士。先任翰林院左春坊太子赞读，后任福建道监察御史，清操凛然，孤忠耿□，直气英风，真可寒星月烈金石。成祖时为建文故，批麟获罪，当引颈受刃之时，有白气冲霄之验。於戏！乃我祖得天地之正气。其生也必有所为，其死也不与寻常等耶。可恨可惜！曩也葬于斯莹，今也□失所考，惟立石以表其耳。

高祖生子五，曰：锡、钊、镛、钜、铢。镛祖业箕裘，由乡荐任大明真定县主簿，厥后衣冠文物，代不乏人。惟我祖精忠厚德，阴佑子孙不穷，故一脉书香迄今未泯也。噫嘻！凤不生燕雀，麟不产狐兔，若夫绳祖武，振家声，宁无望于后人乎？勉旃。兹将实在人丁，照依世次开列于后，以垂不朽，俾后之子孙，庶几有所考云。碑上人名已按世次分列于谱，兹不备载。

（文中标点，系编者所加。碑文收录于《连族谱牒》）

（五）《创建祠堂碑记》(石存东畛祠堂内)

闻之木无本则折，水无源则竭。推是道也，而祖功宗德，宁可以世远年湮，遂可无所凭依，废其祀典乎？清等十一世祖讳楹，字子聪，号栋宇，明洪武壬子乡荐，由国学生授承敕郎，迁翰林院左春坊太子赞读，博极经史，启沃良多。

高皇帝以赋性刚方，堪弹劾之职，特转福建道监察御史，巡城巡仓操江。历奉十余年，每考绩，奏最上，欲重用。迨文皇靖难兵起，抗词直谏，从容就义，以死报国。故文皇遣官祭之，奉勘合发回，建祠专祀，谥忠烈公，从乡贤祠。稽诸国史，历历有据，按之家乘，班班可考。每岁邑候春秋奉上享祭，拟为定制，迄今四百余年，血食不绝。君之待臣者，恩泽既如是其广大。谁非人子，为之后者，能无景仰追远之思乎？清等久欲建祠奉祀，奈门衰祚薄，力不从心。虽连氏繁族，不妨共济，然皆分里数处，难於联属。清等本门积赀，构木经营多年，始成其事。凡我后昆，世世恪守奉行，以垂永远云。是为记。

（文中标点系编者所加。据《连族谱谍》所载资料推算，此碑约立于清代康熙年间。）

（六）《大唐故处士连君墓志铭并序》

（2005 年襄垣县西桃树塔连氏祖茔出土）

君讳哲，上党襄垣人也。后汉平帝中书令、骠骑将军、平阳太守连朗之后。平帝五年，用朗为河东太守。襄垣公自示子孙子弟而家焉，故今潞州大都督府襄垣人也。自周公之后，苗裔遂分，鲁宣馀宗，其居食邑，则源派流长，根深叶厚。自汉文御宇平，即镇南将军。魏惠统承祥，乃尚书判史，诚深启法，业赞经纶，国史犹刊，可略云也。曾祖英，兖州刺史，历代繁华，朝庭俊杰。祖进，远尚潭壑，游啸琴薆。父霸，正东建荣，列效交勋，不殉官名，优游卒岁。惟君挺兹，环器雅洽。名流礼遇，乡亲义敦，雍穆何高，春景落奄。夫天年春秋六十有五，开元六年四月八日卒于桃林里。夫人崔氏，妇德允釐，母仪克备，勤诲藏史，肃事频繁。何水阅暮川，义深同穴。嗣子神佑、庭训，始自弄璋，既升负剑，艺涉文武，多能义结。宾朋有闻，指困不为。逝川南息，青岛之宅地有期，异鹜白鹤变予声斯切。以开元廿六年十一月廿六日合葬于城西一里，桃李村西南一里也。陇山东镇，

唐故处士连哲墓志

蓄残风烟。代郭西峙，氘华气色。惧海陆之回薄，勒坚贞之名德。

其词曰：

周纂唐连，汉重威棱。将相兼替，文武多能。天涯命运，人代奚恒。溢尽朝景，何回夜灯。

（另据襄垣史志工作者和故老讲述，襄垣县原存有大量关于连氏的石刻碑碣，因岁月流逝，几经浩劫，多已失散。但民间仍留存有部分碑碣石刻，均为研究连氏文化的珍贵资料，需进一步收集整理。）

自魏晋、隋唐以来，上党连氏逐次向南播迁，入闽开漳，在江浙、湖广等地均有连氏宗支，尤其是宋代名士连舜宾、名臣连南夫，更是名垂青史，被奉为"应山连氏"、"霞漳连氏"、台湾连氏的开派之祖，也遗存了一批碑碣墓志，石刻文献，现择其要者载录如下。

《连处士墓表》（连舜宾墓）

宋·欧阳修

连处士，应山人也，以一布衣终于家，而应山之人至今思之。其长老教其子弟，所以孝友恭谨礼让而温仁，必以处士为法。曰："为人如连公足矣！"其鳏寡孤独凶荒饥馑之人曰："自连公亡，使吾无所告依，而生以为怀。"呜呼！处士居应山，非有政令恩威以亲其人，而能使人如此，此其所谓"行之以躬"不言而信者欤？处士讳舜宾，字辅之，其先闽人，自祖光裕尝为应山令，后为磁、郢二州推官，卒而反葬应山，遂家矣。处士少举"毛诗"，一不中，而其父正，以疾废于家，处士供养左右十馀年，因不复仕进。父卒，家故多赀，悉散以周乡里。而教其二子以学，曰："此吾赀也。"岁饥，出谷万斛以粜，而市谷之价卒不能增。及旁近县之民皆赖之。盗窃其牛者，官为捕甚急。盗穷，以牛自归处士。为之愧谢曰："烦尔送牛。"厚遗以遣之。尝以事之信阳,遇盗于西关,左右告以处土,盗曰:"此长者,不可犯也。"舍之而去。处士有弟,居云梦,往省之,得疾而卒。以其枢归应山。应山之人去县十里迎哭,争负枢以还。过县市,市人皆哭,为之罢市三日。曰:"当为连公行哀。"处士生四子,曰:庶、庠、庸、膺,其二子教以学者,后皆举进士及第。今庶为寿春令,庠为宜城令。处士以天圣八年十二月十四日卒,享年五十有九。庆历二年十一月四日葬于安陆蔽山之阳。自卒至今二十年。应山之长老识处士与其县人尝赖以为生者,往往尚皆在,其子弟后生闻处士之风尚未远。使更三四世至于孙、曾,所传闻有时而失,则惧应山之人不复能知处士之详也。乃表其墓以告于后人。八年闰正月一日。

（碑文转引自马骐、马晓梅著《连战家族》,东方出版社 2007 年 4 月第一版。碑文末尾署八年闰正月,为宋仁宗嘉祐八年即 1063 年。连舜宾墓在今湖北省广水陈墓镇楼房湾虎蔽山之阳。）

《连都官墓》(连庠墓志)

宋·王 莘

连氏,世家上党,有讳总者,徙居于闽。总生光裕,尝为应山令,后为磁、郢二州推官,其卒也,葬应山,因家焉。光裕生正,正不仕。正生舜宾,有贤行,以处士终于家。欧阳文忠公表其墓。以子恩,累赠金紫光禄大夫,尚书,刑部侍郎。生四子,而伯仲皆力学,有名于时。公即仲子也,字元礼,其名庠,庆历二年及第,调随之光化尉,移襄之宜城令,改秘书丞,太常博士,职方员外郎,屯田都官郎中。其在宜城也,县当南北之冲,调度供馈,颇劳于民。公撙节以礼,而上下便之。知深州饶阳,举监定州便粜仓。粜有羡数,则例当受赏。公不自言,而让其寮段绎,绎因以徙官。公独廉于自退如此。知鼎州,以疾致仕。治平四年六月二十日卒于京师,享年六十有二。公操履如其父,而洁廉方正,不随世俯仰。与其兄庶友爱尤笃。是以应山之俗多信厚而知廉耻者,皆其力也。河南尹师鲁尝称之曰:"良吏也,君子人也。"欧阳六一以其言行比为芝兰金玉。二公皆名重天下。宋元宪公暨其弟景文公皆游处士之门,而欧阳公交际尤密。及三公贵显,待公益厚。而公不以一毫干也。公文章尤长于诗,有集五卷藏于家。始娶朱氏,生一男仲熊,忠信而好善,为开封雍丘尉;一女适进士李岷。再娶李氏,封仁和县郡,后公十有八年卒,生一男仲熙,廉良谨饬,为成州同谷尉;二女,长适宣德郎宋乔年,次适进士李仲舒。仲熊等以熙宁元年十一月三日,葬公于县西之钟山下,以夫人朱氏附。既葬十有七年,得元丰八年十月二十三日,复启圹附葬夫人李氏。仲熊以状谒于汝阴王莘曰:"昔欧阳公欲表吾先君之墓,然文未成而薨矣。今不敢轻以委人,故有请于夫子,愿其哀怜而赐之文。"莘为考公之事,得其所以行于己、施于家、而著于人者,岂非孔子所谓躬行君子者耶?

（碑文转引自马骐、马晓梅著《连战家族》。连庠,连舜宾次子。）

《宋宝谟阁学士任广东经略安抚使谥忠肃连公墓道碑》

霞漳连氏鼻祖讳南夫,宋学士,赠太子少傅,谥忠肃,应山人也。绍兴间忤权相,宦寓于漳,隐郡东尚书峰麓,邱墓在焉。详龙溪邑志,经六百馀年,乾隆丙申孟春,贤裔士乐、天柱、宗英、苍、世巽等,鸠族修封。宗英之子卢□为余弟庶吉士云从婿,走书京邸,属书。予重其请,为揭碑阴,以垂不朽云。

清赐进士出身,荣禄大夫礼部尚书,郡人蔡新撰。

（南夫墓葬已为元兵所毁,马崎连氏宗祠"思成堂"收藏石碑一方,高约1.5米,宽约0.8米,正面镌刻"宋宝谟阁学士任广东经略安抚使谥忠肃连公墓道",与府志相符,碑阴铭文,即上述碑文。另据厦门大学历史系连心豪教授《闽台连氏源流续考》一文载称,上述碑文记述连南夫事迹过于简略。宋代龙图阁学士、吏部尚书、颍川郡公韩元吉在其文集《南涧甲乙稿》卷十九收录有《连公墓碑》,与上述碑文记载不同。说连南夫"绍兴十三年正月二十六日终于福州寓所,春秋五十有八","绍兴十五年十一月十五日,葬于怀安县稷下里崇福山之原"。两说孰是,尚待考证。）

中华连氏源流世系图（部分）

一 上党连氏传承发祥示意图

二 上党襄垣连氏传承示意图

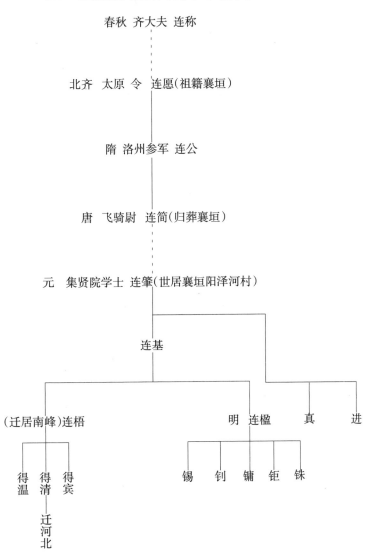

三 福建连氏衍派示意图

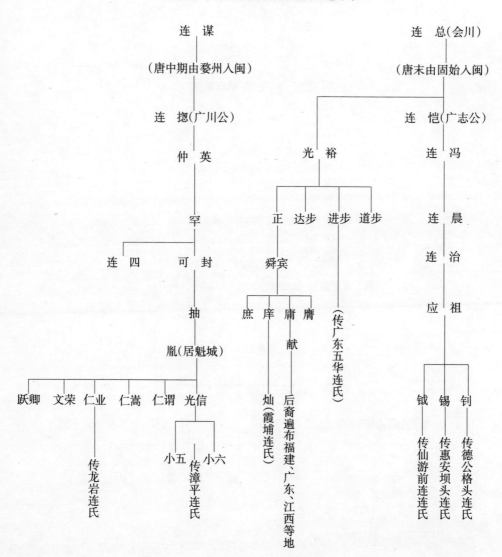

四 龙岩—大埔连氏

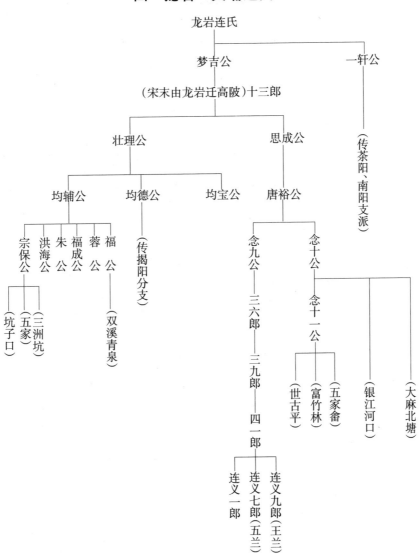

五　广东连氏衍派示意图

揭阳—潮阳连氏衍派

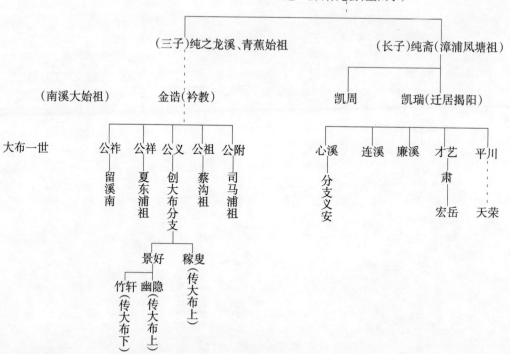

（上党连氏大始祖）（连）称公（齐大夫，葵邱著迹，上党开宗）

（连、颜、邢三姓同宗）（颜）回公（字子渊，孔子弟子，后封复圣）

连恺公（唐末由河南固始入闽）

连重岩（五代闽国大臣，疑即连重遇）

连　公（朴庵公，生四子）

（三子）纯之龙溪、青蕉始祖　　　　　（长子）纯斋（漳浦凤塘祖）

（南溪大始祖）　　金诰（衿教）　　　　凯周　　凯瑞（迁居揭阳）

大布一世　　公祚　公祥　公义　公祖　公附　　　心溪　连溪　廉溪　才艺　平川

留溪南　夏东浦祖　创大布分支　蔡沟祖　司马浦祖　　分支义安　　　　肃　　　

景好　稼叟（传大布上）　　　宏岳　天荣

竹轩（传大布下）　幽隐（传大布上）

六 宁化—五华连氏衍派

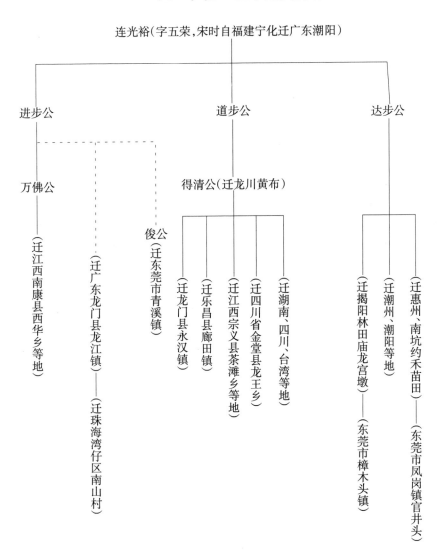

连光裕(字五荣,宋时自福建宁化迁广东潮阳)

进步公　　　　　道步公　　　　　达步公

万佛公　　　　得清公(迁龙川黄布)

俊公
(迁东莞市青溪镇)

(迁江南康县西华乡等地)

(迁广东龙门县龙江镇)——(迁珠海湾仔区南山村)

(迁龙门县永汉镇)

(迁乐昌县廊田镇)

(迁江西宗义县茶滩乡等地)

(迁四川省金堂县龙王乡)

(迁湖南、四川、台湾等地)

(迁揭阳林田庙龙宫墩)——(东莞市樟木头镇)

(迁潮州、潮阳等地)

(迁惠州、南坑约禾苗田)——(东莞市凤岗镇官井头)

七 广西宾阳 必岭村 连氏一世至六世世系图
古双村

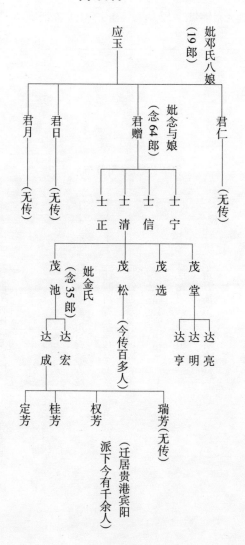

八 广西平南连氏对杨公派下一世至七世世系图

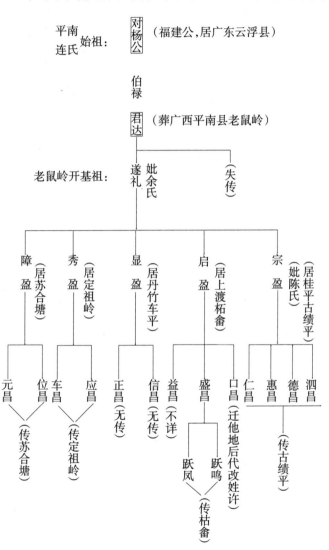

平南连氏始祖: 对杨公（福建公，居广东云浮县）

伯禄

君达（葬广西平南县老鼠岭）

老鼠岭开基祖: 遂礼　姒余氏　（失传）

障盈（居苏合塘）　秀盈（居定祖岭）　显盈（居丹竹车平）　启盈（居上渡柏畬）　宗盈　姒陈氏（居桂平古绩平）

元昌　位昌　车昌　应昌　正昌（无传）　信昌（无传）　益昌（不详）　盛昌　口昌（迁他地后代改姓许）　仁昌　惠昌　德昌　泗昌

（传苏合塘）　（传定祖岭）

跃凤　跃鸣（传枯畬）

（传古绩平）

九 广西贵港市山北乡连氏六世至十四世世系图

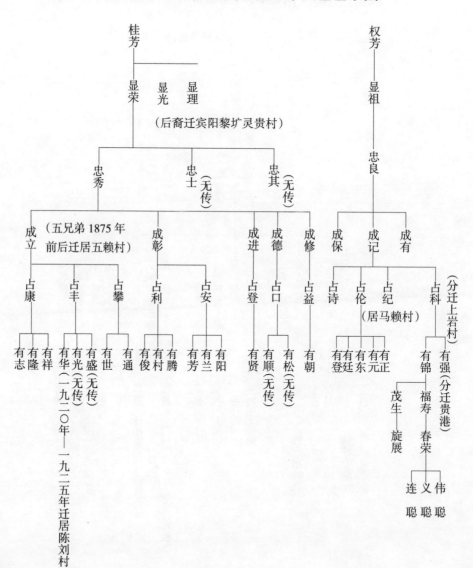

十　江西连氏源流支系图

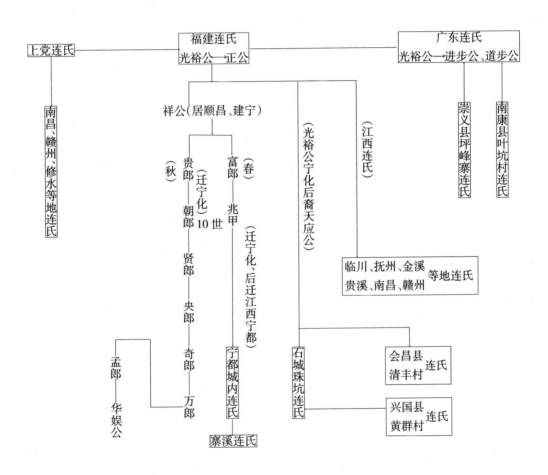

（福建、广东、江西世系图参阅连钧文先生图表）

十一 连横—连战家族世系图(一)

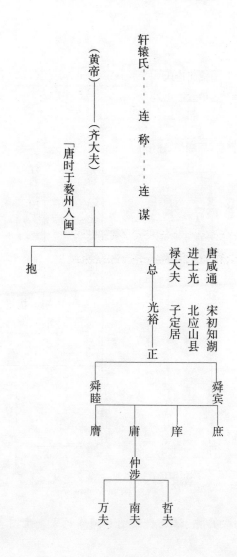

十一 连横—连战家族世系图(二)

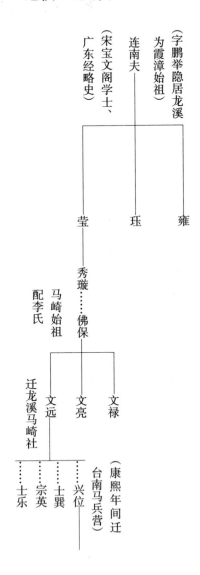

连南夫
（字鹏举隐居龙溪
为霞漳始祖）

（宋宝文阁学士、
广东经略史）

雍　珏　莹

　　　　秀璇……佛保

配李氏
马崎始祖

文远　文亮　文禄
迁龙溪马崎社　　（康熙年间迁
　　　　　　　台南马兵营）

士乐　宗英　士巽　兴位

十一 连横—连战家族世系图(三)

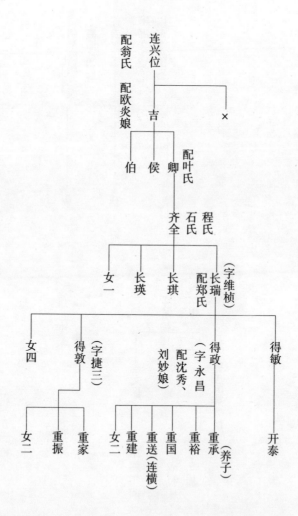

十一 连横—连战家族世系图（四）

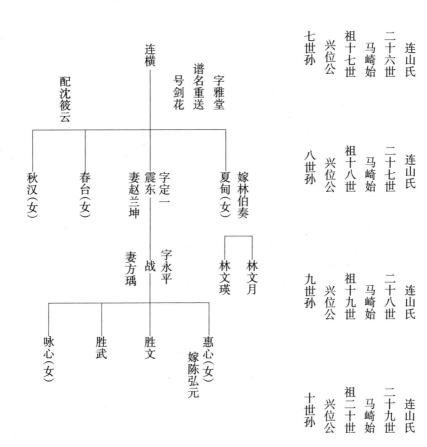

连山氏
二十六世
马崎始
祖十七世
兴位公
七世孙

连山氏
二十七世
马崎始
祖十八世
兴位公
八世孙

连山氏
二十八世
马崎始
祖十九世
兴位公
九世孙

连山氏
二十九世
马崎始
祖二十世
兴位公
十世孙

连横
谱名重送
字雅堂
号剑花

配沈筱云

秋汉（女）
春台（女）
字定一
震东
妻赵兰坤
战 字永平
妻方瑀
夏甸（女）
嫁林伯奏

林文月
林文瑛

咏心（女）
胜武
胜文
惠心（女）
嫁陈弘元

十二 浙江峃前连氏衍派

连称

谋公

光裕公

南夫公

宇茹公（浙江峃前）

山西是华夏文明的发祥地之一,也是众多姓氏的发祥祖地,中华连氏就是"系出连山氏,望著上党"的姓氏之一。在历史发展的长河中,中华连氏英贤辈出,享誉中外,上党祖地成为海内外连氏寻根谒祖的祖庭圣地。

　　为弘扬中华传统文化,开发山西根祖文化资源,山西省委、省政府及晋东南地区的各个部门都加大了"上党连氏"文化的研究、开发力度,通过社会调查,组织专家学者论证,积累了一大批文献资料和研究成果。在此基础上组织了山西省社会科学院家谱资料研究中心和"上党古文化研究会"的专家学者,共同编撰了《中华连氏》一书。

　　《中华连氏》以姓氏为经,以家族为纬,以姓氏通史的形式,记述了中华连氏数千年的发展脉络,展示了中华连氏内涵丰富、绚丽多姿的文化特色。对于建设社会主义先进文化,构建和谐社会,增强中华民族的凝聚力、向心力,都具有一定的现实意义和深远的历史意义。

　　在本书的编写过程中,我们参阅、使用了"古上党连氏文化研究会"及"福建连氏文化研究会"等部门多年来收集、整理或内部印行的资料、图片,也参阅和选录了连云山、连钧文、连敏、连心豪、连德先、连旭升、马骐等众多学者的研究成果,对此,我们深表谢意!

　　尤其是山西省委、省政府、长治市委、市政府、襄垣县委、县政府、县人大、县政府等各级领导,对中华连氏文化的研究都予以大力支持和关爱,三晋出版社的编审人员也为本书的编撰出版倾注了大量心血。我们一并表示深切谢意。

　　本书由李吉、王岳红撰写文稿,连有根提供资料。

　　由于我们水平有限,资料不足,时间仓促,本书的疏漏、失误之处在所难免,敬请广大读者、专家学者和连氏宗亲予以批评指正。

编著者
2008 年 4 月

图书在版编目（CIP）数据

中华连氏／李吉，连有根，王岳红编著.—太原：三晋出版社，
2008.4
ISBN 978-7-80598-880-1

Ⅰ.中… Ⅱ.①李…②连…③王… Ⅲ.姓氏—研究—中国
Ⅳ.K810.2

中国版本图书馆CIP数据核字（2008）第041661号

中华连氏

编 著 者：	李　吉 连有根 王岳红
责任编辑：	李永明
责任印制：	李佳音
出 版 者：	山西出版集团·三晋出版社
地　　址：	太原市建设南路21号
邮　　编：	030012
电　　话：	0351-4922268（发行中心）
	0351-4956036（综合办）
E-mail：	fxzx@sxskcb.com
	web@sxskcb.com
	gujshb@sxskcb.com
网　　址：	www.sxskcb.com
经 销 者：	新华书店
承 印 者：	山西臣功印刷包装有限公司
开　　本：	889mm×1194mm　1/24
印　　张：	15
字　　数：	300千字
印　　数：	1-3000 册
版　　次：	2008年4月　第1版
印　　次：	2008年4月　第1次印刷
书　　号：	ISBN 978-7-80598-880-1
定　　价：	120.00元